活在大宋

·历·史·旅·行·指·南·

刘曙刚 ◎ 著

四川人民出版社

图书在版编目(CIP)数据

活在大宋 / 刘曙刚著. — 成都：四川人民出版社，2018.1

ISBN 978-7-220-10622-4

Ⅰ.①活… Ⅱ.①刘… Ⅲ.①中国历史—宋代—通俗读物 Ⅳ.①K244.09

中国版本图书馆CIP数据核字（2017）第309132号

HUO ZAI DASONG
活在大宋
刘曙刚 著

责任编辑	邹　近　陈　欣
封面设计	周　正
版式设计	罗　雷
责任校对	王　璐
责任印制	李　剑

出版发行	四川人民出版社（成都市槐树街2号）
网　　址	http://www.scpph.com
E-mail	scrmcbs@sina.com
新浪微博	@四川人民出版社
微信公众号	四川人民出版社
发行部业务电话	（028）86259624　86259453
防盗版举报电话	（028）86259624
照　　排	巨鹿图书
印　　刷	艺堂印刷（天津）有限公司
成品尺寸	170mm×240mm
印　　张	20.5
字　　数	300千字
版　　次	2018年3月第1版
印　　次	2018年3月第1次印刷
书　　号	ISBN 978-7-220-10622-4
定　　价	59.00元

■版权所有·侵权必究

本书若出现印装质量问题，请与我社发行部联系调换

电话：（028）86259453

前言
[FOREWORD]

生活这种事，放在任何时代都差不多，无非是衣食住行这几项。咱们今天有幸生活在一个技术进步、科学昌明的时代，享受着现代科技带来的种种便利以及先进文明社会提供的古人难以想象的物质生活。不过现代生活也有烦恼，古人也有让我们羡慕的活法。

就拿大宋朝来说，那是中国几千年历史中较为富庶文明、辉煌灿烂的时代之一。活在大宋，无论穿衣吃饭、睡觉出门都有着封建时代少有的舒适和便利，而且宋代人们生活的方方面面也特丰富多彩，可以说是别有一番风味。您别看宋朝国家不那么强盛，疆土也不那么广阔，但那时候咱老祖先富庶啊！今天很多人都知道，当时咱中国GDP世界第一，比世界所有其他国家加起来的总和还要多，北宋东京、南宋临安都是世界一流的大都会，人口超过百万，能生活在这两座大都市那叫一个幸福！

想认识活在大宋的幸福的宋朝人是什么样子？我们带着您体验和感悟一下：您可以从一些常识出发，学习学习活在大宋的基本规矩和简单知识；您可以漫游大宋政坛、深入大宋宫廷，了解大宋官员的生存状态，探秘皇室成员和皇家群体的生活八卦；您可以全方位、多角度，立体全面地观察和体会大宋商业社会的繁荣和发达；你还有机会近距离透视大宋朝半边天——女性群体的私密生活。

当然啦，来到大宋，您怎能不品味一下舌尖上的大宋风华，又怎能不观赏享受一番精彩纷呈的大宋文艺娱乐呢？大宋是美食王朝，在这里您既能品尝到各种风味小吃，也有机会吃一顿豪华盛宴；大宋也是文化之邦，光是一个百戏就称得上盛况空前；更有接地气的瓦子和勾栏，肯定让您目不暇给……

不过话说回来，这本书不是生存指南，也不是生活教程，就是讲点活在大宋的新鲜事、稀奇事。所以您别指望看了这本书就能对宋人的生活了如指掌，更别认定这是大宋生活百科全书，有了它就可以成为大宋百事通，走遍大宋都不怕——实际上，您也就是通过这本书对活在大宋的人们有个大概的了解，那也就足够了。

最后还得说两句：大宋朝生活再怎么令人羡慕那也是大宋朝，我们也去不了大宋朝。何况宋代普通人活得好像挺休闲，官员们日子也很滋润。但那也就是"好像"，在当时"活在大宋"已经有很大的差距，和今天更是没法比——毕竟，今天的技术和文明是那时候不可比拟的。

所以，羡慕归羡慕，别梦想着来一把真实体验，还是活在当下好。

目录
[CONTENTS]

第一章　衣籍住行很规范，城市治安不混乱

穿戴这种事，要从头讲起
　　——汴梁衣着时尚指南……………… 2

辈分有点乱，礼制比较严
　　——大宋朝的那些奇葩称呼……………… 10

迁徙很自由，城乡分户口
　　——户籍制度很开放……………… 17

一场解放膝盖、拯救屁股的革命
　　——桌椅坐具进化史……………… 23

管你是人是牲口，通行证给我拿来
　　——出行的规矩必须懂……………… 30

北宋骑马南宋坐轿，南北两宋都乘船
　　——交通工具有变化……………… 37

宫殿府宅讲身份，平头百姓只有家
　　——大宋豪宅修建手册……………… 43

专题：天黑别忙回家，小心阴沟"翻船"
　　——城市繁华了，治安怎么办………… **49**

第二章　重文轻武是祖训，福利待遇太诱人

杯酒释兵权，大将退二线
　　——防范功臣很温柔……………… 58

别念官名，听得人头痛
　　——虚衔怎么就那么多……………… 65

公务员招考哪家强，大宋科举最繁忙
　　——进士，读书人眼里只有你……… 72

门第决定官身，庸才也能入仕
　　——有种特权叫荫补……………… 79

发明节日也要放假
　　——汴梁假日很悠长……………… 85

朝廷政策好，官员待遇高
　　——如此高薪，谢主隆恩……………… 91

禁军教头在此，禁军在哪儿
　　——武将地位有点低……………… 97

第三章　商品经济是个宝，物质享受少不了

商业很繁荣，商人地位高
　　——行业歧视没必要……………… 104

出门消费有纸币
　　——交子、钱引和会子……………… 110

济南刘家功夫针铺，认准门前白兔儿
　　——品牌意识很超前………………… 116

五星酒店七十二，连锁品牌不胜数
　　——正店、脚店都是爱……………… 123

有钱不愁没地花，奢侈消费有传统
　　——富裕阶层的消费观……………… 129

外卖也入户，居家好享受
　　——平民消费也超前………………… 136

造船工艺高超，商港闻名世界
　　——海外贸易带动的GDP……………… 142

专题：老弱病残有依靠，灾荒之年也不怕
　　——福利社会数大宋………………… **149**

第四章　宫廷不是禁区，皇族也有秘闻

踢踢球，写写字，作作画
　　——官家爱游艺，更爱文艺………… 156

一年"嗨"不停，月月有节庆
　　——宫廷庆典欢乐多………………… 162

太后也垂帘，亲政就放权
　　——后妃干政不容易………………… 168

皇帝预科班好难，如履薄冰很危险
　　——太子教育不简单………………… 175

命苦，除了皇亲啥也不是
　　——大宋的公主和驸马们…………… 181

御宴烹制专人管，饭菜进奉要求严
　　——御厨总是高风险………………… 187

第五章　有歧视也有尊重，女性地位并不低

文艺女青年是这样炼成的
　　——天天向上的大宋知识女性……… 194

宅女也疯狂，出游消费忙
　　——游玩购物是本能………………… 201

端午斗百草，七夕乞个巧
　　——闺中也有游戏控………………… 208

离婚不算难，财产有份占
　　——婚姻家庭有保障……………………214
抛头露面不算啥，裸体相扑很时髦
　　——大宋的职业女性们………………220

第六章　舌尖上的大宋，饕餮们的汴梁

别看品茶是艺术，宋人从来不含糊
　　——大宋喝茶这件事……………………228
御酒与村酿，都入众生肠
　　——杯中日月知多少……………………236
饭局酒桌讲究多，规矩也烦琐
　　——宴饮必须讲礼貌……………………244
炊饼没馅馒头有，面食天下佛家粥
　　——宋人的主食餐桌……………………251
一品四海珍，食精脍更细
　　——美食超赞，吃货很忙………………257
维C维D不能少，素食同样很美妙
　　——菜蔬与果品的狂欢…………………263

专题：玉盘珍馐直万钱
　　——一份大宋最著名的菜单……………**269**

第七章　精神享受不放松，东京娱乐有攻略

酒足饭饱出门去，文艺演出正当时
　　——瓦子勾栏真销魂……………………278
宝津楼上坐，逍遥看表演
　　——百戏很好玩…………………………285
百戏池中演，龙舟水上游
　　——水中嬉戏也诱惑……………………292
上元夜，宋的狂欢节
　　——灯会撑起的夜生活…………………298
佳节从此普及，风俗南北小异
　　——中秋赏月也观潮……………………305

专题：全民皆豪赌，屡禁不能绝
　　——汴梁是座大赌场……………………**312**

附录………………………………………………318

第一章
衣籍住行很规范，城市治安不混乱

幞头和褙子在宋代是流行服饰的代表吗？大宋的户籍制度有多开放？马匹在宋代是昂贵的交通工具吗？平民百姓的家宅怎么修才不逾制？兄弟儿子都能称呼「哥」，三代女性都能唤作「姐」，宋代的奇葩称呼你能理解吗？不是每个人都熟悉大宋朝的服饰、户籍、居住和出行，我们来告诉你那些应该了解的宋代常识。

[历史旅行指南·活在大宋]

穿戴这种事，要从头讲起

——○ 汴梁衣着时尚指南

上下五千年，大宋朝从建国到灭亡前后历时三百多年，但在这条不短的历史阶段里，宋代百姓整体上还算过着一种幸福的生活。这是一个物质丰富的时代，也是文化大发展的时代。大宋朝正是汉服大发展的一个时期。

不过下面这篇文章给大家详细介绍宋人的汉服发展历程，只能将宋人服饰中最重要、最有特色的几种拿来讲述一下，让大家认识一下宋人的服饰审美观，知道他们都穿戴成何种样子。当然啦，穿戴这种事，还要"从头说起"。

◻ 是谁让乌纱帽展开了翅膀

"上朝啦！""上朝啦！"这是平常的一天，不是年节，不是法定假日，不是皇帝的千秋寿诞，也没有重大活动。一大清早，睡眼惺忪的官员们正聚在文明殿（后改名文德殿）前等着觐见皇帝。这时候，他们一排排、一队队涌入文明殿，班分文武、位列尊卑站到了大殿内皇帝的御座阶前。

"嗡嗡，嗡嗡嗡……"殿中传来一阵阵窃窃私语声，其实这只是官员们正在例行每天早上的"公事"——

传播八卦、交流心得。大宋皇帝这时候走了出来，升上御座。下面的声音低了下来，暂时安静了。但是没隔多久，喊喊喳喳的声音又响起来，让皇帝直皱眉头，恨不得伸手去捂住额头。现在他的手中要是有一根金箍棒，恐怕就要一棒子打过去了。不过不行，他手中没有棒子，也不能把文武百官全都打死。

"得想个办法才行！"皇帝望着台阶下大臣们个个摇头晃脑，头上乌纱帽旁边的两根硬翅微微摆动，心中有了主意……

几天后，大宋官员全体更换官帽——也就是他们平日上朝戴的乌纱帽。新官帽发下来，大家一阵惊奇：帽子还是黑纱做的，内衬了骨架，黑纱涂了漆，显得很硬挺。但帽子两边

赵光义立像

⊙这幅太宗画像形象地展示了宋代帝王常服的组成结构：头上戴的展脚幞头（又称展翅幞头），身上穿的圆领绛纱袍，腰间若隐若现的是红色的玉带，脚上穿的是黑麻软靴。其中最具宋代流行色的要属幞头，这是一种皇帝和庶民都可以佩戴的冠饰。宋代在隋唐软脚幞头、平式幞头的基础上发展出了自己的展脚幞头，成为帝王和官员们的日常服饰。

第一章 衣籍住行很规范，城市治安不混乱

的硬翅却变成了向外平伸展开，而且足足有两尺长，活像两只翅膀！

"这是最新流行款式？"

"难道又要有什么新政策了？"

大家纷纷猜测着。

又上朝了。皇帝高坐在御座上，心里乐开了花：他看到大臣们小心翼翼地保持着距离，生怕帽子探出的硬翅相互碰撞。那位大概有点憋不住了，转头想对旁边的人爆料点最新八卦，谁知硬翅立刻颤动起来，在人群中显得异常扎眼，吓得他赶忙规规矩矩站好。

"陛下圣明！"大臣们当然已经明白了新官帽的作用，忙大拍马屁。坐在御座上的皇帝心中也是一阵得意。这乌纱帽其实从东晋时就有，开始时两边只有垂下的纱布软脚，后来才变成金属丝框的硬翅。再后来隋文帝杨坚给它做了一次形象代言，率先垂范戴上了乌纱帽，让它一下子身份倍增，成了官场流行的款式。到了唐太宗李世民继位，更是大力提倡，要求"自今以后，天子服乌纱帽，百官士庶皆同服之"。现在新皇帝正式把它定为官帽，并因为做了一点小小的改良，从此杜绝了百官上朝时交头接耳的现象。这也算是一点新贡献吧！

那么这位给乌纱帽插上翅膀的皇帝是谁？他就是大宋开国皇帝——宋太祖赵匡胤。当然，前面的情节只是虚拟一下，让您容易理解当时的情景。不过您现在是不是能想象出大宋官员们头戴平翅乌纱帽的样子了？至于宋朝男子的其他首服（头上戴的服饰），还有帝王官员专用礼帽冕和冠，以及普通的曲脚、交脚幞头（又称折上巾）和幅巾，就不多说了。

◻ 中单穿在外，那就叫褙子

现在，您可以继续发挥您的想象——早朝结束，出了皇宫，穿大街走小巷，放眼望去，街市的繁华已经让您的眼睛不够用了，男男女女的穿着打扮更是让您目不暇接。看着看着，您可能发现一个有趣的现象：这些走在街上的男男女女只要有点身份，大都穿着一种类似的衣服——宽袍、大袖、对襟、长裾（衣襟），不过衣服的两边从腋下开始就没有缝合，而是敞开着，像后来旗袍的分岔。只是这分岔两边都有，而且高得吓人。

其实，这衣服叫褙子，不仅官员和平民百姓穿，皇帝也穿——刚退朝，皇帝回后宫换了便服，也会在外面套一件褙子。而且不仅男人穿，女人也穿，还穿得更有特色。

说起这种褙子，宋朝时候最流行，后来明朝时也穿。但褙子的名称，是很早就有了的。根据《古今图书集成·礼仪典·衣服部》的记载，秦二世曾经下令让官员们在上朝穿的官服外套上褙子，那是一种袖子较短而宽大，长度和衫子差不多的衣服。后来在隋朝和唐朝的宫中也有褙子流行，那褙子的袖子只有半臂长，有点像今天的半袖衬衫。到了宋朝，褙子的袖子加长，女性穿的比里面的袍服衫袄袖子还要长，而且衣裾也越来越长，盖到了脚上。

关于褙子这个名称的来历，宋代人还有一种说法：其实褙子就是婢子。因为这东西最早是给身份低下的下人穿的。婢子身份低下，常常站在主人的身后，所以这东西就有了个名字，叫背子，也作褙子。其实，褙子在宋朝时是中单（套在内衣外面，衫袍里面的衣服叫作中单，相当于衬衣）演变而来，穿在外面，就成了褙子。

整个宋朝褙子都是上下风靡、男女通用的时装，不少文献对它有所记载，《宋史·舆服志》甚至把它规定为"女子在室"（未嫁女）和"众妾"的常礼服。不过在北宋末年，褙子却还背负了一项罪名，成了亡国的象征呢。

原来，褙子前面用对襟，不用衿纽——就是不用带子或者纽扣系住，叫作"不制衿"。然后巧合就来了：北宋亡于金，金、衿同音，"不制衿"岂非就是"不治金"？于是乎褙子的罪过大了——大宋要不是从上到下不分男女都穿褙子，怎么会被金国灭亡？于是乎褙子就被定下了罪名，叫作"服妖"，就是说穿着妖异。而且根据古代人的见解，凡是有人穿了奇装异服的时候，就一定预示着有不祥的事情要发生！

不过，背负了亡国之罪的不光有"不制衿"，还有"一年景"。"一年景"也是北宋末年流行的，装饰在头上和衣服上的饰物花样，代表了一年四季。然而这个名目又出错了，因为赵佶禅位给宋钦宗，这个倒霉的北宋末帝仅仅当了一年多皇帝，金兵就

褙子复原图

⊙在宋代，褙子是妇女的一种常服，上到贵族妇女，下到百姓之家，都非常喜欢这种舒适得体又典雅大方的服饰。宋代褙子样式，为对襟、窄袖，领、袖口、衣襟下摆都镶有缘饰。衣襟部分时常敞开，两边不用纽扣或绳带系连，任其露出内衣。

攻入了东京汴梁，北宋也随之灭亡。"一年景""一年景"，宋钦宗果然只有一年的好光景。这"一年景"岂非罪大恶极？

▣ 以下内容，有点私密

前面提到褙子是由中单演变而来，原来其实是衬衣，属于夹在外套和内衣中间的衣物。古人脱掉外套的衫袍，除去中单，再往里就是内衣了。不过这次实在是不好让您想象，因为以下内容已经属于隐私，是不能随便窥探的了。但这种事放在今天其实已经很开放，商场里什么看不到？虽然宋人比较保守，而且要讲礼仪道德，不过咱就是作为学术研究讨论一下，大概也不算为过。

说到内衣，宋人上身贴身穿着的主要有两种，一种是抹胸，一种是裹肚。

抹胸其实相当于现代的胸罩或者文胸，英文名叫作Bra。宋代以前，唐朝的女性很开放，穿的都是酥胸半露的低胸裙装，装束双乳则用一种不系带的词子，传说是唐代杨贵妃发明出来的。不过杨贵妃之前的女人并非袒胸露乳，也有更古老的"胸罩"可以用，所以这个说法并不可靠。到了宋代，人们越来越讲究道德理学，女性也越来越受束缚，唐式性感低胸装已经不时髦，而女人别说酥胸，就连颈项都不能多暴露出一点，否则就是不守妇道，迹近于淫荡无耻了。因此，才有了抹胸。

抹胸其实就是一种胸间贴身小衣，一般以方尺之布制成。宋代抹胸穿着后"上可覆乳，下可遮肚"，紧束前胸，以防风之侵入。宋代不仅女子，男人也有戴抹胸的——1975年在江苏常州金坛区发现的南宋太学生周瑀墓中的抹胸实物，已经证实了这一点。这说明什么？宋人戴抹胸不单是为了美，而且可以保暖——要不然我们实在想不出一个大男人为什么要戴抹胸。

裹肚和抹胸类似，也是一块布，不过要小一些，主要用来裹住肚腹。后来清朝时女人和小孩用肚兜，大概就是从抹胸和裹肚发展出来的。

宋人下身的内衣，尤其是有地位的女性，主要是开裆裤。为什么呢？因为劳动妇女为了行动和干活方便，会把裤子穿在裙子外面，而这种裤子都算是外衣，而且只能是合裆，不然就要露出大腿来了。但皇家、贵族和大户人家的女性要讲究礼仪，裤子外面穿着裙子。但是那种裙子本身就很复杂，穿脱麻烦，外面可能还有上身垂下的褙子、袍服之类的东西，要想穿脱一次可不容易。但女人也要上厕所，这可是谁都没办法的事情。于是乎整个宋朝期间，女子都只能穿开裆裤，让下身自由一些，免得出丑了。

不过也有女性下身连开裆裤都不穿，只穿一件旋裙（这是一种前后开衩，便于骑乘驴马之类交通工具的裙装）。最早兴起穿这种裙装的是京城汴梁的妓女，所以这穿法自然也就被认为是下贱的了。记载了这件事的北

← ← ← 游大宋指南 → → →

京剧《穆桂英挂帅》中有这样一段经典唱腔："想当年桃花马上威风凛凛，敌血飞溅石榴裙……"别怀疑京剧大师们的剧本创作能力，穆大帅身着石榴裙，那是标准的宋代妇女时尚范儿。俗语中说男人被美色所征服，称为"拜倒在石榴裙下"。

第一章 衣籍住行很规范，城市治安不混乱

宋文人江休复就在他的《江邻几杂志》中痛骂那些效仿妓女的女性"曾不知羞耻如此"——简直太不要脸面了！

▫ 禁而不绝的那些风尚

哲人说过，女人对美的追求有着无限的动力。女性追求美可以不顾一切，别说江休复之流骂的"羞耻"，就连国家的禁令都可以视若无物，更不要提什么"胡汉之别"了。所以别以为大宋是理学时代，是一个讲究礼仪道德的时期，一切就都会在规范的制度之内，绝不会越过雷池一步——那您也太小瞧宋人，尤其是宋代的女性了。

一篇《宋史·舆服志》提到"士庶人舆服之制"的只有短短三千余字，其中绝大部分是各种禁令，而且主要是针对女性的：不许穿这个，不许戴那个，不许用金玉，不许学宫廷和外国，等等，那叫个细致周密。但是您想想，为什么会有这些禁令呢？因为屡禁不绝。

例如宋仁宗皇祐元年（1049）有一道禁令，内容是"诏妇人冠高毋得逾四寸，广毋得逾尺，梳长毋得逾四寸，仍禁以角为之。"这里说的"冠"和"梳"构成了宋代女性最靓丽的一道头饰风景——冠梳。冠梳本来是宫廷样式，用漆纱、金银、珠玉做成高冠，高高地戴在头顶，上面插着长长的白犀牛角梳子，还有各种饰物，宋人以为美观。这种头饰虽然深藏在深宫，但还是慢慢传了出来，并且立刻引起贵族女性的跟风效仿，风靡程度一点不比今天的年度时装差。

这种冠梳主要的特点就是冠高、梳长。冠有多高？梳有多长？同样根据《宋史·舆服志》，实际上女人们戴的这种高帽子有三尺高，插的白角梳长度超过了一尺。宋代的尺已经和现代比较接近，一尺相当于31.4厘米，也就是女性头戴的高冠差不多有一米高，梳子也有三十多厘米，可谓壮观。就算在今天这个自由的时代，如果有女性顶着这样一个冠梳出门，也一定会爆红，成为年度最雷人头饰品！

宋徽宗政和七年（1117）还有一道禁令，禁止女性穿钓墩——一种类似今天女孩子穿的裤袜的东西，并且有违犯者，"以违御笔论"——就是犯了大不敬之罪，恐怕要掉脑袋了。这个罪名不小，而且很吓人。为什么会这样呢？您一定猜到了，是宋代女性穿裤袜太猖獗了的缘故。

但是钓墩到底是什么？为什么要严厉禁止？因为这是一种契丹服，也就是北宋前期以至中期最大的敌人辽国的衣服样式。这还了得？简直是大逆不道！

不过实际上当时民间的宋人已经深受契丹服饰的影响，就连那些读着圣贤之书的士人们穿的袍子袖口都越来越窄，靴子也越来越长，完全是"胡服"的样子了。就在同一条禁令中，毡笠——契丹式的帽子也在禁止之列，可见当时不仅女性，男人们也都"崇洋媚外"，不顾道德理学，成了"哈辽一族"啦。

然而服饰文化不仅是继承，而且要融合和发展，更要方便和实用。道学先生们一心复古守礼，禁来禁去禁而不绝，新服饰反而成了风尚，这也是社会风尚一定会与时俱进的一个证明吧。

鹭鸟蜡染褶裙·南宋

⊙这是宋代西南少数民族地区的服装，算是宋代时尚服装品牌中的一抹亮色。蜡染工艺是中国古代三大印花工艺之一，工匠用蜡刀蘸着熔蜡在布匹上绘花，再用蓝靛印染，布面就会出现蓝底白花或者白底蓝花的图案。蜡染图案美观，色条素雅，制作出来的服饰简洁大方，极具民族特色。

辈分有点乱，礼制比较严

——大宋朝的那些奇葩称呼

现代人们相互之间的称呼算是花样百出——比如父亲，多数人喊爸爸，但是广东人则叫老豆，也有时髦点的学西方叫爹地……但可以相信一点：当代人人听得懂，个个都明白。然而如果您是在宋代，虽然人人说的都是中国话，口音您也听得懂，您也很可能一头雾水。

简单地说，大宋朝一家人之间的称呼有点乱，您可能搞不懂辈分。而如果不是一家人，又会礼貌客套得过分，让您浑身不舒服。不信？您试试？

兄弟儿子都叫哥，就是这么扯

为保证体验真实、印象深刻，这次咱来个身临其境。现在设想一下，您是宋代人，至于身份嘛，您就随随便便当个皇帝——南宋的第二位皇帝，宋孝宗赵昚好了。什么？这样不真实？因为身份太特殊？没关系，大宋皇帝也是平常人，皇家和百姓人家一样，相互间的称呼没啥太大不同。

现在交代一下，您这个皇帝即位时，老皇帝宋高宗赵构——也就是您的养父还没有死，正是他把皇位主动让给您的。同时您还有个兄弟，也是赵构收养的皇室宗亲赵璩。赵璩年纪比您小，一口一个"大哥"叫着您。就算您当了皇帝,他赶来给您道贺,私下里也还是叫您"大哥",叫得您心里这个热乎。不过这天您听说老皇帝,也就是您的养父、如今的太上皇想您了,您连忙跑去问安,还带了您刚写的书法作品。一见面,老皇帝十分开心,张口就叫:"大哥,坐!你给我带了什么?哟,原来是你的墨宝啊,不错不错,大哥你最近笔力可进步不小啊!"

您一听就懵了,什么"大哥",不是"大儿子"吗?这么叫不是乱了辈吗?这老头不是老糊涂了吧?不过没等您想明白,老皇帝接着又说话了:"我现在过得可舒心啦,这叫不当皇帝一身轻。大哥,我说你也该学学你老爹我,早点把这个皇位让出去,也好享受人生啊!"

宋高宗赵构像
⊙《宋史·高宗本纪》中对赵构的评价是:"偷安忍耻,匿怨忘亲,卒不免于来世之诮,悲夫!"在岳飞遇害风波亭之后,金国海陵王完颜亮命令其使者王全在出使南宋时当面责骂赵构,完颜亮还对其使者说"彼必不敢害汝"。而在听到金国使者的恶毒谩骂之后,赵构不仅没有发怒,而且还可怜巴巴地躲到屏风后面哭泣。

第一章　衣籍住行很规范,城市治安不混乱

"学学你老爹我?哦,敢情这老头没糊涂啊!"您心里想着,但还是有点犯嘀咕,"不过怎么又是'老爹'又是'大哥',这都哪跟哪啊!"事后,您跟您身边的内臣一打听才明白,原来宋朝人兄弟之间都叫哥,父亲管儿子也叫哥,排行第几就是几哥。

"这么叫还真简单,就是好像哪里不对劲。"您嘀咕着。内臣看您还有点糊涂,忙详细跟您解释:"官家,就拿太上皇他老人家来说,老官家排行第九,他的父亲,也就是故先皇徽宗皇帝就叫他'九哥';他的大哥,故先皇钦宗皇帝排行老大,但也叫他'九哥'……"

"原来是这样……"您点点头,总算有点明白了——管他兄弟还是儿子,一概叫"哥"就对了;至于父亲,正常叫爹没错,跟儿子也可以自称"老爹"。但是您猛地又想起一件事,低声问身边的内臣:"你刚才叫我什么?"

"官……官家呀。大家平时只要不上朝,不都这么叫您吗?难道这次咱叫错了?"内臣吓了一跳,以为您要给他小鞋穿。没想到您一脸茫然,继续问:"官家,为什么叫官家?"

"三皇官天下,五帝家天下,所以叫官家呀……"内臣小声回答着,也不知道这对自己是福是祸……(注:非正式场合大家都称皇帝"官家",那么皇后叫什么呢?叫"圣人"。)

▫ 三代都可称姐姐,是不是更扯

够了够了,虚拟体验到此结束。您现在想必已经知道宋人父子之间的称呼有多复杂了吧?其实,这还算容易理解的,宋人对女性亲属的称呼才叫复杂。

不过咱也不用再虚拟情境了,就直接开讲:这次说的是宋高宗赵构,但不是他本人,而是他的妻子,被称为宪圣皇后的吴皇后。这位吴皇后在宋高宗绍兴十三年(1143)当上皇后,而这正是因为此前一年,宋高宗的生母显仁皇后韦氏被金国释放回来了,听说宋高宗正宫皇后的位置一直空缺,这才把吴氏扶正。说来吴皇后是韦太后的儿媳妇,又因为韦太后归来才能当上正宫皇后,当然要讨好这位婆婆。所以,她张嘴就和韦太后套近乎:"大姐姐,这么多年您一直待在遥远的北方,儿媳妇我一早一晚也没法到您身边孝敬您,实在是抱歉加惭愧呀！"（《宋史》原文为：大姐姐远处北方，臣妾缺于定省。）瞧，儿媳妇可以叫婆婆作"大姐姐"（其实儿子也可以这么叫，宋高宗赵构自己也这么称呼韦太后）。而在古时候，婆婆正式的名称应该叫"姑"，和"翁"（公公）相对。至于宋人叫"婆婆"，可能指的是祖母或曾祖母，这两辈人又可以叫"太母"（北宋时称谓）"大妈妈"（南宋皇家）"太婆婆"（南宋民间）。

"大姐姐"是母亲或婆婆，但"姐"不仅指女性长辈，还可以是真的姐姐，甚至女儿、侄女。女性亲属中同辈年长者叫姐没什么说的，今天的人也这样称呼。不过女儿、侄女也要叫一声"姐"，例如大女儿叫"大姐"，二侄女叫"二姐"，现代已经没这种称呼了。

母亲婆婆是"姐"，姐姐是"姐"，女儿侄女还是"姐"。"姐"跨越三代，宋代人的称呼也真够热闹的。当然了，光是一个"姐"还不够热闹——其实大女儿不仅可以叫"大姐"，还可以叫"大娘"。在宋代"娘"不仅是长辈，也是平辈或晚辈。实际上，"娘"这个字搭配不同，还真就辈分不同。例如"娘娘"连在一起可以指母亲，并有"大娘娘""小娘娘"的区别——宋仁宗赵祯，就是民间故事狸猫换太子中的那个太子，自幼由宋真宗的后妃刘皇后和杨皇后养大。刘皇后是正宫皇后，仁宗称其为"大娘娘"，杨皇后是妃子，仁宗称其为"小娘娘"。（民间也有类似的称呼，比如子女称呼父亲的妾"少母"。这有点像近代"小妈"的叫法。）

关于"娘"，还有个"娘子"。娘子不一定是自己的妻子，只要年纪不是太大，不管熟悉还是陌生的女性都可以叫"娘子"。当然啦，如果人家明显是青春美少女，或者还没有出嫁，就要叫一声"小娘子"。《水浒传》中的西门大官人调戏潘金莲，就是一口一个"小娘子"。

▫ 自称讲个谦卑，尊称要有礼貌

除了家庭生活外，宋人也要交际——官场有交际，文人有交际，就算是平民百姓之间，也有个交际。不那么熟悉，又没什么血缘关系、亲属关系的人见面，应该如何相互称呼呢？您首先要记住一个原则：作为体面的大宋人士，称呼自己就该谦虚，甚至卑下，称呼别人则一定要有礼貌。

整个大宋朝，也可以说整个皇权时代唯一不用谦卑的人是皇帝。大宋皇帝人称"官家"，不过那是平时。只要叫个场合，哪怕是每天上朝，人人见了皇帝都要尊称"陛下"。实际上陛下指的是朝堂大殿皇帝御座前的台阶下面。一般总有个侍者站在那里，等着在皇帝和大臣之间传个东西递个话，这个人的职位就是陛下。大臣们喊"陛下"，其实意思就是不敢直接跟神圣尊贵无比的天子说话，而是让陛下那个人给"皇君"带个话。至于皇帝，在这种场合一定要矜持，不能随口就说"我""吾"，而要自称"朕"。这个字从秦朝就已是皇帝专用，彰显出帝王天子与众不同的身份。

除了皇帝，一般人自称都比较谦虚。不论是皇子、亲王还是文武百官，在天子面前都要自称"臣"；如果是女性，比如后妃、皇女、太子妃、命妇，则要自称"妾"或者"臣妾"。

普通人之间，别管是官是民，自称都可以用"我""吾"，就算是皇帝平时也是这样用。如果要表示谦卑，文艺范儿一点可以用"鄙人"，市井化的则有"小可""小底""在下"之类。女子的自称一般是"奴""奴家"，要是年纪大了，有点身份，就自称"老身"。比较有意思的是：老年男子自称"老朽""小老儿"，不过"老儿"又是对人提起自己父亲时的用法，有点像现代人称自己的父亲"老头"。另外，宋朝的老头还可自称"劣丈"，北宋名相寇准就曾这样称呼自己。

"丈"在称呼他人的时候是尊称，和"公""君"一样，都可以在前面加"某"，比如"张公""李君"。不过"丈"还可以在姓氏后加上排行，如范仲淹行六，就叫"范六丈"。或者在别号后加上排行，如苏轼号东坡居士而行二，可以叫"东坡二丈"。

对别人的尊称除了用"丈""公""君"，还可以称字、号、籍贯等，但不能直接叫人名字，那很不礼貌。当然，一般指称对方"尔""汝"也是可以的，不过那样的意思就是说您没觉得对方有什么了不起，不需要尊重。至于要像《水浒传》中"撮鸟""直娘贼"般的骂起来，那就完全不是您需要了解的了——咱不和那种没素质的人来往。

此外，称呼自己和别人的家人原理相同。自家有贱内（妻子），人家那是尊阃（别人的妻子）；自家有犬子（儿子），人家那是令郎（别人的儿子）；只有提起自己的父母时不必太谦卑，可以说家父、家严（都是爹），而人家的是尊府、令尊（人家的爹）……

大官都是相公，岳飞不是元帅

官场上的称呼更要有礼貌，而且要守制度，讲等级。大宋公务员相互称呼一般用官职：像《水浒传》中花和尚鲁智深还在渭州做军官时，应该被称作鲁提辖；那个在孟州逼得武松血溅鸳鸯楼报仇的，是张都监；而武松打死大虫，在阳谷县做的是都头，人称武都头。

提辖、都监、都头这些都是武职，文职也有讲究。还是《水浒传》，梁山泊的一个大对头是祝家庄，祝家庄庄主人称祝朝奉——这朝奉就是朝奉大夫。"苏门四学士"之一晁补之官居吏部员外郎、礼部郎中，根据他的官职就可以叫他晁员外（《水浒传》中的晁盖、卢俊义等也被称为员外，不过只是当时富家大户主人的通称，未必真当员外郎），也可以叫他晁郎中（郎中是官名，当然从宋代开始也指医生了）。南宋爱国词人辛弃疾自己做过安抚使这样的地方官，可以叫他"辛安抚"。他还写过一首词，名叫《满江红·送李正之提刑入蜀》，这个李正之官职是提刑，也就是"李提刑"；一度热播的电视剧《大宋提刑官》中的宋慈，

龙图阁学士包拯像

⊙宋代家庭称呼复杂，官场的称呼一样有很多讲究。比如这位清官典范包大人，如果你是他的同年或者朋友，可以称呼他希仁兄或者希仁贤弟（包拯字希仁）；如果你是他的下级或者民间仰慕者，可以称呼他包待制或者包龙图（包拯曾经的职务）；如果你比包拯晚生了一百多年，那你还可以称呼他包孝肃（包拯谥号孝肃）。

第一章 衣籍住行很规范，城市治安不混乱

则是"宋提刑"。所谓提刑，就是提点刑狱公事的简称，主管司法、刑狱、监察，甚至还管农桑。

辛弃疾这个安抚使的官职已经不小了，可以称为"安抚相公"。大英雄岳飞还是个小小武将称呼自己的上司刘光世，就叫他"安抚相公"。后来岳飞自己也升官，成了"相公"——先是"宣抚相公"，也就是宣抚使；后来人称"岳枢相"，这时候他已经官至枢密副使，相当于副宰相了。不过评书演义小说中提起岳飞总喜欢叫"岳元帅"，那绝对是错误的，岳飞从来没做过元帅，杀害他的罪魁祸首宋高宗赵构倒有过"天下兵马大元帅"的头衔。

最后要提醒大家的是：宋代宦官不叫太监，那时候没人这么叫。太监在当时是指国子监、军器监、司天监这类机构的长官，比如写出大宋百科全书《梦溪笔谈》的沈括就当过司天监监正，可以简称"沈大监"或"沈太监"。

避讳好强大，死后百年都要改名

宋朝是避讳制度的巅峰时代，宋朝的避讳无比强大。避讳是指回避和忌讳。在皇权时代，皇帝的名、字，前任皇帝和皇后的名、字、年号、谥号，甚至生肖等，都在避讳之列。

记得《爱莲说》的作者周敦颐吗？他本名周宗实，但因为北宋英宗赵曙（1063～1067在位）原名叫赵宗实，他只好改名叫作周惇颐。这时候他已经四十七岁，再过十年就死了。

照说人死都死了，应该再没什么麻烦。但谁知到了南宋光宗赵惇（1190～1194）在位，问题又来了：先前他名字中用的"惇"字又犯了忌讳，需要回避。

怎么办？再改！改成周敦颐！

这次总算没事了，天下太平！但周宗实就这样被莫名其妙地改了两次名字，而且第二次还是在他死掉一百多年之后。皇权时代避讳的威力果然强大！

16

迁徙很自由，城乡分户口

——户籍制度很开放

穿一身大宋服装，操一口大宋腔调，您觉得自己也挺像个大宋成功人士了。但是想想上学落户、旅游出差、寻亲访友等一连串问题，您不禁又有点疑虑——大宋朝的生活真就那么好吗？要是一旦成了黑户，或者被困死在穷乡僻壤连个小县城都去不成，不是到处被通缉就是出不了门，那又有什么意思，又怎么体验大宋的幸福生活？

没关系，大宋朝是一个户籍自由和开放的年代，您的担心基本不会成为事实。任何人，只要薄有资产或者一技傍身，就能在大宋境内来去自由。

一份大宋户口本

话说您现在已经是一位光荣的大宋子民啦。不过很可惜，您并没有生在天子脚下、繁华帝都，而是常住庐陵永丰（今江西吉安市永丰县）乡间，和那位著名的"醉翁"欧阳修是同乡。至于尊号嘛，就叫钱百万好了。

这天早上您刚起来不久，户长（宋代负责课督赋税的基层小吏）就来了。您迎出去一问，原来是"人口普查"，您连忙叫家人到后房把户帖拿来，并亲自展开，拿给户长看。户帖就是您家的"户口本"，而且也是"田产证""不动产证""纳税证""服役证",说穿了就是您家为大宋朝贡献了多少人口、该交多少税赋、应尽多少义务的证明。

只见上面记载着:

主户一户钱百万 吉州庐陵郡永丰县某乡某村中户计家五口

本身 钱百万 年四十五 丁

叔父 钱大款 年六十五 老

长子 钱富帅 年二十一 丁

次子 钱巨多 年一十四 小

三子 钱土豪 年一岁 黄

家有良田百亩、庄院一座、房舍十间 牛、豕、鹅、鸭各若干

元丰元年某月日

户长详细地对照了一下,又问了几句您的叔父还在不在、身体是否康健,您家有没有添丁进口的话,就起身告辞,"人口普查"算是结束了。

不过这时您可能要问了:这就是我家户口本?上面怎么还记着田地、庄院、房屋,甚至连猪牛鸭鹅都有?那些丁、老、小、黄又是怎么回事?

其实,户帖是宋朝百姓一家的身份、财产记录和证明,由自家保存,就像咱们今天的户口本。不过,它上面不仅记录着丁口,还有您家的土地财产,作为一家纳税、服役的依据。像您这样虽然并不是真的家财百万,但算有百亩左右田地的,就算是中等户了(宋朝有五等户,一二等是上户,三等为中户,四五等就是下户了)。当然实际的户帖格式更复杂,对一家的财产记录得更详细,就连田地的位置边界、房屋的坐落占地都记得清清楚楚,所以也

《蚕织图卷》(局部)·南宋·梁楷

⊙这幅南宋画家梁楷的《蚕织图卷》现藏于美国克利夫兰艺术博物馆,是一幅记录蚕织生产技术和社会底层人民劳动的画卷。

相当于今天的房产证和土地证。

至于丁、老、小、黄则表示的是年龄段。宋朝规定三岁以下为黄，十五以下为小，二十以下为中，二十一至六十为丁，六十以上为老。您和您的大儿子属于丁，正在服役的年龄。政府如果摊派个修桥补路之类的任务，您和您的大儿子就得扛起锹镐上阵。

也许您会问，您的夫人和女儿怎么没在户口本上？实在对不起，大宋朝从太祖皇帝开始就规定，女人不用上户口！

城里人和乡下人

送走了户长，您坐在屋里发呆，觉得生活真是无聊，心里想着：为什么不到东京汴梁去见识见识呢？心动不如行动，说走就走——您想起在东京还有一个远房亲戚，对，就去找他！

说话间您已经来到北宋都城汴梁，坐在了您远房亲戚孙洪福面前。一番寒暄之后，您又吃了个酒足饭饱，这才和主人说明来意：您想在京城住上一段日子，一方面感受感受京都文化，另一方面也顺便做点小生意。没问题，孙洪福拍起了胸脯。不过他也立刻派人去请来了厢吏（城市里派出所的干部），向人家汇报家里来了外来人口，并且准备临时居住。厢吏一边听着，一边郑重地做了记录，把您的姓名、年龄、籍贯填在孙洪福家的户帖上，这才离去。

您傻头傻脑地见证了整个过程，也回答了厢吏的问题。心里感慨着：这京城就是不一样，规矩就是多！主人看您不说不笑，忙和您解释：您这不是要在我家住嘛，那么就算临时人

第一章 衣籍住行很规范，城市治安不混乱

口。暂住证倒是不用办，但临时人口登记那是必须的。等您啥时候要走了，还得去注销临时户口呢。

您一听就明白了，而且心里一阵羡慕：老孙啊老孙，真有你的，都混上京城户口了。

老孙打着哈哈说：可不是。这城市户口和乡下户口就是不一样。如今，咱也是坊郭户啦。

接下来，经过老孙一番解释，您总算全明白了。您家那户帖上虽然没明着写，但您也就是个乡村户，说穿了就是农业户口。但老孙可就不一样了，人家那叫坊郭户，身份都不同，属于城里人了。老孙这些年做生意赚了不少钱，又是买房置地又是扩门开分号，在坊郭户中也算五等上户，和那些贫贱的五等下户不同。坊郭户是新生事物，宋代以前还没有。因此，正是从宋朝开始中国人有了城市户口和农村户口的差别。

当然，老孙也没啥骄傲的，他跟那些权势更大、财富更多的上户——包括富有的官户和大地主相比还差得远，与形势户（其中也包含官户，但土地财产较少，还有无品的小吏以及乡役户）也没法攀比——人家有特权不说，还不用服役。

除了官户和形势户，大宋特殊的户口还有兵籍（禁军和厢军这些职业雇佣兵）、寺观户（和尚道士尼姑们）以及杂户（各种工匠等专业技术人员和管家、仆役、保姆之类）。这些户籍都是按照职业划分的，和财产关系不大。不过在这些特殊的户籍之外，无论乡村户还是坊郭户中都有主户和客户之分。您和老孙都有点土地或产业，属于主户。那些租种您家农田或者给老孙这样的城里人帮工的就是客户。

不管怎么说，您和老孙活得还算滋润，比上不足、比下有余。

▫ 期满可落户，回乡受鼓励

您在东京城潇洒自在了一阵子，觉得这天子脚下、繁华帝都真是个好地方，称得上人间天堂，于是乐不思蜀，再也不愿回到您那个穷乡僻壤去了。但长久吃住在亲戚家实在不方便，而且这样坐吃山空也不是办法。您心里这么一合计，一边托人送信，让家里人把您这些年的积蓄都送来，准备买房置地做生意，以后在京城落户，一边请来您的那位远亲孙洪福，向他咨询在东京安家落户的相关政策。

老孙听了您的想法很高兴，而且很负责任地告诉您，安家落户一点都不难。大宋政府早有规定：居作一年，即听附籍。也就是说您在任何地方居住工作一年期满，就可以在当地落户口，变成正式居民。这条政策全大宋朝通用，东京汴梁也不例外。您一听来了精神，连忙又问：不会让交移民投资赞助费之类的吧？是不是有钱人买了房才可以落户口呢？老孙连连摇头：怎么会？咱大宋这自由迁徙政策适用于全体大宋子民，绝无贫富等级之分，公平得很！

再听老孙解释下去，您渐渐明白了——原来这"居作一年，即听附籍"的政策最主要是为了解决对"流民"的管理而制定的。流民，也就是流动的人口。就像东京汴梁，不仅有您这样前来观光游玩的游客，还有来自全国各地四面八方的各色人等：经商的、应试的、做官的、出差的，当然，还有进京谋生的、求发展的，以及流落在这里无法回乡的。这些人，尤其是后面几种构成了流民的主要成分。他们离乡去家、转涉四方，给户籍管理和征收税

砖雕挑担·宋

第一章 衣籍住行很规范，城市治安不混乱

赋、摊派徭役等工作带来了巨大的不便，而且很容易造成社会治安问题、激起变乱。不过大宋朝皇帝能够顺应时势，因此制定了这条人性化政策，给大宋国境内的老百姓充分的迁徙自由。

当然了，迁徙自由归迁徙自由，大宋皇帝还是希望大家都老老实实回原籍耕田种地。比如宋神宗在熙宁七年（1074）下诏说："流民所在，令州县晓谕丁壮，各愿归业者，并听保结，经所属给银，成人给米豆一升，幼者半之。妇女准此。"国家给路费，沿途按人口给吃喝，送流民回老家。而在此之前，宋仁宗早就下令流民回乡要由政府提供住宿了。更为优惠的政策是免税，在南宋高宗绍兴二十六年（1156），甚至给了两淮地区的农民免除租税十年的特惠期，让他们回归家乡，恢复生产。

大宋朝对流动人口还真是够体贴的。

异地能"高考"，不得占"指标"

从迁徙权利来看，大宋朝算得上是一个自由的时代。但是迁移落户不仅仅涉及纳税服役，还关系着生活的很多方面，比如科举考试。

在大宋朝，科举考试这决定人生命运的大宋"高考"也要按地区报名参考。您如果离家千里，来不及赶回去，很可能就会与三年一度的"高考"失之交臂。不过您放心，大宋规定：您要是在京城住久了，离家又远，可以通过本乡官员的担保，在国子监参加考试。

当然了，科举取士按地区划片，每个地区都有固定的录取名额，叫作解额。您在东京城参加考试可以，但想占京城地区的指标可不容易。根据大宋的规定：只有取得京城户口并实际居住七年以上，或者有京城田产，才能拥有当地考生资格，占一份东京解额。

一场解放膝盖、拯救屁股的革命

——桌椅坐具进化史

现代人讲究休闲舒适，光一个坐姿，就有靠坐、仰坐、倚着桌子坐、半仰半卧地坐，或是盘膝而坐、抱膝而坐……但现在的国人很少会双膝着地跪坐了，因为那姿势实在太累。然而在中国古时候，一直到宋代以前，先秦、两汉、魏晋南北朝，甚至唐朝五代的大多数人都是跪坐的。

人们要解放膝盖，让"坐"不再是一种痛苦，至少需要来到大宋，当然最好是南宋——到这一时期，绝大多数人终于可以"垂足而坐"了。而这种变化，需要感谢从胡床开始的家具，尤其是坐具的革命。

▫ 跪累了，伸伸腿

您想亲身体验古人最正确的坐姿吗？您想深刻感受中国古代礼仪文化中的"坐礼"吗？首先，您需要双足并立，再屈膝，慢慢下蹲，以两膝盖着地，小腿向后平伸，接着身体向下，臀部压在脚跟上，将整个躯体的重量放在上面，最后挺起腰背，抬头平视，双手自然垂下或者抱在胸前。好啦，大功告成，您已经完成了跪坐的基本姿势。

您或许会觉得这一点都不难，也不辛苦，别急，坚持一会儿。要知道您这可是"坐",人们坐下来进行的活动有很多,比如读书、喝茶、吃饭——就说吃饭吧,至少要个十几二十分钟,如果是正式的宴席,几个钟头也是可能的。所以您慢慢"坐",不要心急,不然怎么感受和体验呢?停停停,别动。您瞧瞧,这才几分钟您就坚持不住了?当然知道您现在膝盖生疼,腿肚子转筋,而且腰背挺得有点酸,但您要知道,咱们的老祖宗可是这样一坐就是几千年,而且只要是正式场合,需要讲究礼仪的时候更是只能这样跪坐着,每次跪半个钟头、一两个小时甚至小半天都稀松平常……

当然啦,您要是实在累了,稍微伸伸腰还是可以的。现在,您慢慢抬起臀部,让它离开脚后跟,将身体挺直,把全身的重量都放在两只膝盖上。这样是不是好一点?至少换换姿势也能让您稍稍舒服一点嘛。对了,这个姿势叫跽,也是古人跪坐的一种。有一个词叫"长跪不起",跽就是长跪,姿势是一样的。

您觉得还是受不了,说什么也不体验这古人传统的"正坐"了。也难怪,说实话古人自己也不喜欢这种"正坐",但却偏偏规定这是最符合礼仪的坐法,只有尊长在卑下者面前可以不用这么坐,而是舒舒服服地将腿盘坐在那里。但其实盘坐也没有那么舒服,时间长了还是会腰酸腿麻脚抽筋。不过您别担心,您不用继续体验盘坐,先伸伸腿,很快就可以更舒服地垂下双足,让您的尊臀去负担您坐下时身体的重量了。

席子、床榻太矮,换胡床试试

要想坐下时双腿可以下垂,您的尊臀总得离地面有些距离才行。然而这在更早的古时候是做不到的。为什么呢?那时候古人都是"席地而坐",就是在地上铺一张席子,然后坐在席子上。席子紧挨着地面,谈不

←← 游大宋指南 →→

椅子作为坐具革命的代表产物,在宋代有了更为丰富的种类,靠背椅、扶手椅、交椅、圈椅、连椅等分别问世。不过,尽管椅子作为一种坐具已经被宋人所接受,但如何使用它宋人还有着自己的"规范":非厅堂不设,妇女居所不设。南宋诗人陆游就曾在他的《老学庵笔记》中记载:"往时士大夫家妇女坐椅子、杌子,则人皆讥笑其无法度……"

《春游晚归》· 南宋 · 无款

⊙这是一位佚名的宋代画家所画的春游踏青的场景，画中的老者策马徐行，几个仆从各自携带着交椅、凳、食盒跟随其后，既展现了南宋时期官僚偏安江南的悠闲生活，也从一个侧面说明宋代的坐具已经有了很大的发展。

第一章 衣籍住行很规范，城市治安不混乱

上有什么距离，您的双腿当然也就无处可垂，只好压在身子下面，或者盘起来了。

古人的"席"有竹编的筵和蒲草编的席，连在一起就是筵席。古人吃饭就坐在筵和席上，所以筵席就是宴席。但不管宴席多么诱人、席上的肴馔多么美味，您那么跪坐在席子上又累又辛苦不说，席子下面还可能又冷又湿又硬，让您一百个不舒服，哪还顾得上品尝美食？所以您一门心思想着，怎么才能离可恶的地面远一点。

人的创造力是无穷的，办法总是会有的。席子只能直接铺在地上，

25

但如果给它做个框、垫层板、加上腿，不就可以离开地面了吗？于是，这样的东西就产生了，那就是床和榻。但在那时候，无论床还是榻的腿都很短，稍微抬抬脚就可以迈上去，而且它们的主要功能是供人坐在上面而不是躺卧。所以古人很多时候说到"床"其实都不是今天的床，而是坐具。例如著名的"东床快婿"故事中说，东晋大将郗鉴听说王导家的子侄个个英俊潇洒、出类拔萃，就跑去给他的女儿挑老公。王导很大方，让郗鉴的门人到东边厢房随便挑。门人去了一看，王家的子侄们早得到消息，一个个装模作样地摆起了造型，唯独有一个人袒露肚腹在东边床上吃东西，一副满不在乎的样子。门人回来一说，郗鉴乐了：这正是我的好女婿呀！后来就把自己的女儿嫁给了这个搞行为艺术的家伙。

此人正是大书法家王羲之。但他可不是躺在床上——东厢房是王家的书房，供子侄们读书的地方，当然不会放一张大床，铺上席梦思在里面。所以王羲之坐的"床"应该是坐具。

不过早期床榻的腿还是太短，人坐在上面是没办法将双腿自然垂下的，只能斜斜地搭在地上或者两腿交叉。所以那时人坐在床榻上还是跪坐，不那么正式的场合或者为了显示身份，可以盘坐。

像王羲之，估计当时就是盘坐着的，而且嘴里在吃东西。吃什么呢？胡饼。胡饼有点像馕，是从北方胡人那里传来的。胡人还带来很多东西，也给了汉人许多启发，这其中就有胡床。胡床也不是床，而是坐具。它的四条腿两两交叉，用轴连接，上端用绳子交叉成网，展开形成平面，可以供人坐在上面。这其实就是今天的折叠凳，明清称为"马扎"，又叫交机。王羲之那个时代其实已经有了胡床，所以王羲之当时坦腹吃着胡饼坐的，也可能是胡床。

因为胡床比当时汉人的床榻要高，所以人坐在上面双腿已经可以自然下垂了，人们终于可以坐得比较舒服，不会觉得"坐"是一种痛苦了。但是从汉朝时胡床传入开始一直到隋唐，这种先进的坐具也没有得到官方认可，形成主流。原因很简单，不合礼制。唐朝时胡床虽然开始在宫廷和上流社会流行，但也远没有普及。胡床真正普及和由此引起的坐具乃至家具的革命，要等到大宋。

▫ 太师椅非交椅

终于到了大宋，胡床更加流行。不仅如此，受胡床启发，符合人们享受坐姿需求的各种高脚坐具和家具也渐渐普及。大约在南宋时候，人们基本告别了"席地而坐"，迈进"垂足而坐"的新时代了。这时候的坐具有椅子、凳子和墩子，其中光是椅子就有靠背椅、扶手椅、交椅、圈椅等种类。

椅子，在宋朝或者在开始出现的唐朝更多人叫它"倚子"。倚是倚靠，所以"倚子"和其他坐具最大的区别在于它有靠背，不单能坐，还能让人倚靠。

那么"椅"又是什么东西呢？其实"椅"是一种树，叫作椅树。北宋的婉约派词人秦观写过一组诗，叫作《次韵邢敦夫秋怀》，其中一首有句"果欲鸣凤至，还当种椅梧"。要引来凤凰，就要种下椅树和梧桐树。如果说种下椅子，就有些莫名其妙了。

宋朝的椅子已经有这么多种，靠背椅、扶手椅都很容易理解，交椅您也听说过——英雄好汉上了梁山，总要先排下座次，分出坐第几把交椅。但这交椅到底是什么东西呢？说穿了就

第一章 衣籍住行很规范，城市治安不混乱

砖雕桌椅·宋

⊙ 砖雕是在青砖上雕出山水、花卉、人物等图案，是古建筑雕刻中一种重要的艺术形式。这件宋代砖雕上雕刻了两把靠背椅和一张方桌，是宋代家具进化的重要证明。

是改良版的胡床，即增高加靠背甚至扶手，在现代可称之为折叠椅的东西。胡床可以折叠，携带方便；交椅同样可折叠携带方便，而且还能倚靠，功能强大了不少。交椅之中，有一种在宋朝被称为太师椅，是在交椅的靠背上又加了一个荷叶样式的托首，让脑袋可以靠在上面，人就能坐在那里打瞌睡了。这种交椅之所以称为太师椅，说秦桧当权的时候，有一次坐在交椅上打瞌睡，结果官帽坠地，大出洋相。一位下属官员为了奉承这位当朝太师，忙赶制了一批荷叶托首，给宰相大官们装在交椅上，因此才有了这项发明，这种交椅也被称为太师椅。

不过白马非马，后世的太师椅逐渐跳出了交椅的家族。比如在明清，太师椅其实分别指靠背椅和扶手椅，根本不是可以折叠的交椅了。

至于凳子和墩子，也都是随着"垂足而坐"兴起而发展起来的坐具。宋代的凳子有长凳、方凳、圆凳和月牙凳等形状，墩子也有古墩、圆墩、方墩的不同，而且还有绣墩、藤墩这样特别材料制成的墩子。

◻ 高桌围坐，不再分餐

坐具高了，配套的用具也要相应升高。原来席地而坐的时代，大家坐下来喝茶吃饭或是办公，前面放的是案或几，而且各人分席而坐，几案也是自己用自己的。既然是席地，几案就不需要高，矮墩墩地放在身前，根据用途不同放置不同的东西即可，实在累了还可以靠在上面。但现在大家越坐越高，再弯腰伏下身子去取用矮几、低案上的东西就不方便，更何况有时古人要弹弹琴或做学问、看看书，这些装备就更显得与新款坐具不兼容了。于是乎更具实用价值的家具——桌子，开始大行其道了。

作为现代人，桌子谁都见过：下面四条腿，在靠近桌面边缘的地方支撑着桌面；桌腿与桌面基本呈垂直状态。当然，桌腿要高，以便和椅子配合，供人成套使用。还有炕桌、地桌，是供人在炕上和地上盘坐或坐在小凳上使用的，桌腿就短一些，属于低桌。

宋代的桌子种类已经很多，按功能分类就有琴桌、棋桌、书桌、画桌、茶桌、酒桌以及供桌、经桌等。这么多种类的桌子各司其职，大多有专门用途。其中最值得一提的是餐桌，也就是吃饭的桌子。因为在宋代，正是由于高足桌椅的出现，发生了一件大事：大家不再一人占据一个小食案，以非常讲究而又卫生的方式单独进餐；而是围坐在一张高大的桌子前，共同享用公共餐盘中的食物。用一句简单的话说，就是宋代人渐渐放弃了分餐制，开始合餐，也就是会食了。

为什么有了桌子大家就要合餐而不是分餐了呢？这恐怕和案、几通常不会太大，而桌子容易制成宽大的形状，便于人们围坐在旁边有关——既然垂足坐在椅子上方便又舒服，而且打造一张大桌子容易又省料，大家为什么不聚在一起，热热闹闹地吃喝呢？

盘点三大不雅坐姿

跪和跽是正式坐姿，符合礼仪，所以也叫"雅坐"。有"雅坐"就有"非雅坐"，一直到大宋，某些坐姿还被认为是不雅的，比如踞坐、箕坐和胡坐。

踞坐其实就是蹲坐，古人用以表示傲慢，例如范雎就曾踞坐见客，显得很没有礼貌。

箕坐是臀部着地，双腿向前平伸或叉开，如同簸箕。这样坐含有蔑视对方的意思。荆轲刺秦王一剑没刺中，知道不可能成功了，于是就箕坐着大骂一通，算是在精神上胜利了。

现代人肯定觉得箕坐没什么不好。但在古代，那姿势确实不文雅，尤其是女性更是不妥。为什么呢？古人没有内裤，箕坐叉腿，非走光不可。

最后一种是胡坐，其实就是坐在胡床上的姿势——双腿交叉垂下。这个不雅坐姿的原因并不清楚，估计与这是胡人的传统，而不是天朝大国、礼仪之邦的传统有关。

[历史旅行指南·活在大宋]

管你是人是牲口，通行证给我拿来

——○ 出行的规矩必须懂

上次您为了体验大宋京城文化生活，从庐陵永丰老家出发，"说话间"就到了东京汴梁。但是要知道，这"说话间"可是作者的春秋笔法。

在那个没有汽车、轮船、飞机和高铁的年代，一个宋人要想出趟远门，翻山涉水、风餐露宿不说，单是通行手续和关防查验就够人应付的。更不要说过关有过关的麻烦，渡河有渡河的危险，每到一处还有各种复杂的规矩，一点疏忽或应对有误都可能把自己送进监牢甚至丢了性命。怎么能说在大宋出行毫无压力，"说话间"就到了呢？

▫ 请为您和随行马匹货物申请公验

话说在大宋朝，大家都还没有身份证。一个人要出行，山高水远到另外一个地方去，在当地人生地不熟的，人家谁知道您这位外乡人贵姓，有没有作奸犯科，是不是逃兵、逃犯或者无名黑户，又会不会破坏当地的安定呢？所以为了证明您本人身世清白，同时也为了让当地政府知道您有权利出入和经过这片土地，出具一套合法的手续就是十分必要的了。

自汉唐以来，尤其是大唐，老百姓出门要有一种叫作"过所"的东西，相当于通行证，也是身份证明。不过到了宋代，"过所"虽然在《宋刑统》中有记载，但事实上已经没人使用，成为故纸堆里的法律名词了。以至再到南宋时，人们读到"过所"这两个字甚至都不知道是什么意思了（见洪迈《容斋四笔》）。那么，宋代人出行要出具什么手续（也就是说宋代通行证叫什么），又从哪里获得呢？宋代通行证叫作公验，又叫公凭、公据。有资格审批和发放公验的，是出行旅客的原籍当地政府。

所以一个宋代人要想出门离开自己的家乡，第一件事就是要到辖区的户籍管理部门申请公验：首先要证明自己的身份（还记得户帖吗？或者户长、当地的乡绅大户大概也可以作证），还要说明自己出行的目的以及前往何处，途经何地，逗留几时，等等。这还不算完，此次出行随行的都有谁，准备带什么东西或者货物，甚至骑几匹驴马，牵多少牲畜，也都要——汇报。

为什么要这么复杂呢？证明本人身份容易理解，但带上几个仆役跟班也总该说清楚吧？不然其中有不属于良民的坏分子怎么办？还有驴马牲畜——要知道在宋朝这些喘气的活物也都是财产，尤其马匹（可用于军事用途的战马）更加宝贵，怎么能允许牵着到处乱跑呢？至于货物就更容易理解了——买卖东西要交税，运输也要交税嘛！

所以您瞧，要出门得有通行证，而且不光是人要有通行证，随行的马匹牲畜货物，统统要有通行证！

▫ 出城进城有时间，您别误了点

申请通过，公验到手，可以出门了。公验主要是到关津——交通要道和重要的江河渡口接受检查的，但一些大的市镇城门也会查验，而且在任何地方查出公验有问题都属于违法，要受到严厉的惩罚：没有公验的判有期徒刑一年，偷渡罪加一等，冒用别人名字申请公验的，冒名者和被冒名者都要判刑一年，就连公验上注明的财物、马匹、牲畜和实际情况不符都要受到相应的处罚……看来随身保管好公验很重要，丢失后果很严重啊！而且出门一定要奉公守法讲诚信，千万别弄虚作假，更不要以身试法才行。

看到这里，您一定觉得"一纸公验在手，大宋任我行走"了吧？没那么简

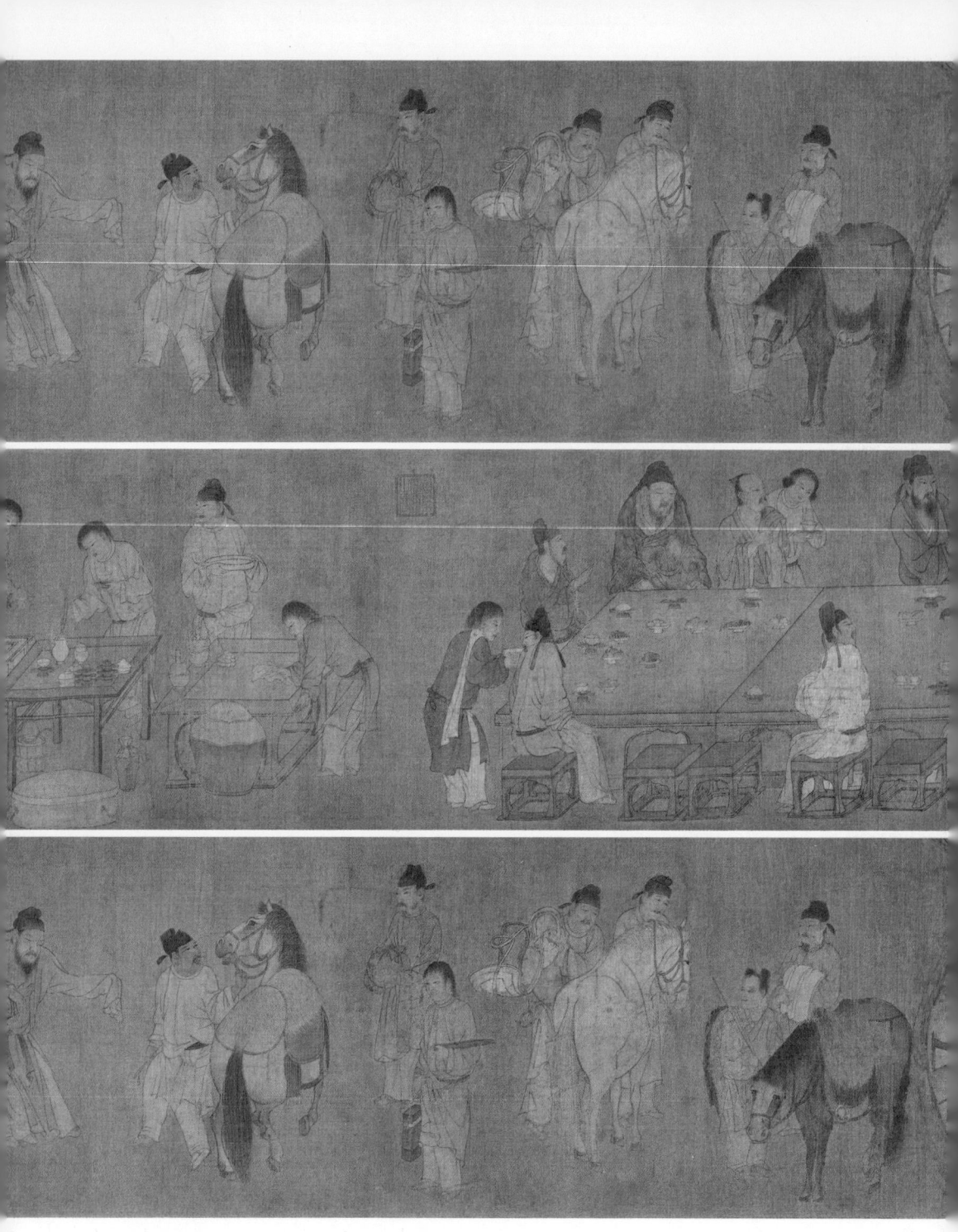

《春宴图卷》·宋

⊙这是一幅南宋的佚名画家,借用唐朝杜如晦、房玄龄等十八学士宴会的名义创作的画作。主人公虽然是唐朝,但画中的宴会场景、桌上的食物杯盘,以及出行方式、家具座椅却是典型的南宋时期实物和社会生活风貌。

第一章 衣铺住行俗尚篇 城市治茶

单！在大宋，随便走到哪个城市，如果不懂规矩，不了解人家的作息时间，都可能引起麻烦，甚至获罪。

就以北宋都城东京汴梁为例：这座大宋朝京城每天天亮城门打开，入夜城门关闭，是制度最严格、把守最严密的城门。比如在宋神宗熙宁九年（1076），东京各城门开闭时间分别是五更一点（约在深夜3点半左右）和三更一点（约在夜半11点半左右）。也就是说在夜半十一点半到凌晨三点半这段时间城门是关闭的，不许闲人出入。而白天城门大开的时候，人们也要受到详细的盘查——包括查通行证，搜随身货物，等等。至于原因，是为了防范敌国奸细，也为了收税。

城门关了不让出入，不像现代开放性城市这么自由。如果偷偷翻城墙，那就是刑事犯罪，在大的州府要判一年有期徒刑，即使是小县城也要打屁股九十下，打到半死。即使城门开着，人们的行动也要受到限制，尤以官员为甚。京城的官员要出城，得汇报姓甚名谁，居何官位，奉了什么差遣，到哪里去公干等情况。这些情况还要被报告到御史台和尚书省以备查考。

宋仁宗时有个宰相张士逊，年纪大了退休在家养老。一次他出城郊游，回来时受到守城官吏盘查，老爷子感到憋屈，写了首诗说："闲游灵沼送春回，关吏何须苦见猜。八十衰翁无品秩，昔曾三到凤池来。"他也不过发了顿牢骚，没敢破坏制度。看人家退休人员这番遭遇，就该知道宋初城门管理的严格了。而身为平民百姓，最好是奉公守法，准备好税款和通行证。同时可千万别误了时间，弄得被关在城外进不去，或者锁在城里出不来。

▫ 过江过河要小心，私渡请慎乘

进出城市规矩多，走在路上总没风险了吧？更不好说。光天化日、朗朗乾坤的官道不说，走到荒郊野岭、深山密林之中，还要提防黄泥岗、野猪林这样的险恶地方，即使是过个江、渡个河，也得祈祷别遇到"船火儿"张横、"混江龙"李俊一般的"车匪路霸"。

南北两宋时期，北宋地处中原，南宋偏安江南，但都有江河湖泊、水系支流。宋人出门在外，怎能不涉江渡河呢？大宋朝的水上交通和两岸联系除了架设有桥梁的地方之外，运送商旅游客主要靠官渡和官办民营的渡船。不管是国有的官家渡船还是承包的私营渡船，都要受国家的统一管理，按统一标准收费，还要承担盘查过往商旅行人的责任。总之一句话：津渡是国家的，禁止任何无组织、无纪律、无标准的私人经营行为。

皇帝不让老百姓私人设渡船招揽生意、方便行人，当然不全是为了自己。盘查商旅以免有人携带违禁物品或者偷税漏税那是自然的，此乃国家根本利益所在，古今中外没什么区别。再者，防范奸细和各类打入大宋内部的西夏、辽、金细作也关系到国家安危。而最重要的，直接关系大宋百姓人身安全的一点就是私渡不安全啊！

读过《水浒传》的都知道，宋江在陆地上被穆家兄弟追杀，慌不择路之际又误上了贼船，要不是被早有交情的"混江龙"李俊搭救，恐怕早吃了专害过往客商的"船火儿"张横的"板刀面"。张横、李俊之徒的"事迹"虽然是小说家的杜撰，但也更是当时私渡泛滥而又让旅客没有一点安全感的真实写照。

官府设立的官渡毕竟有限，而且手续烦琐，很多地方又要买牌又要查验货物，还有固定营运时间。因此老百姓选择私渡也就是图个方便。不过私渡乱收费不说，营运地点又往往是急流险滩——官府不设官渡、也不容易监督的地方。所以说，乘坐私渡，即便是幸运，没遇到船匪船霸，也很可能被宰上一刀或是不幸翻了船，做个冤死鬼。

私渡很危险，乘坐需谨慎。不过官渡也未必尽如人意——大宋官渡船费不贵，有的地方才三十文钱。不过吃拿卡要一样免不了，这一点从大宋政府一再严令官渡营运人员——艄公、不得"邀阻"客商，"横索"财物，并且将这种行为定为重罪，就可以知道。

▫ 出境游，不只是一张关引

游遍了宋朝大好河山，您是不是还想"出国"转转，欣赏欣赏"异域"风情？很遗憾，大宋没有旅行社，也不开办"出国"旅游业务。所以您想报个旅行团参加十天辽金西夏畅游之类的，基本不可能实现。况且尤其在北方，大宋和周边国家关系紧张，时不时就会开战。如果去的时候不对,很可能国境都出不去,出去了也很危险。不过您如果实在想要出境游,办法也不是没有——您可以办个"商务贸易出境护照",也就是关引,这样您就能够短期到边境看看,顺便赚点外汇了。

关引是南宋护照,北宋时用的也是公验,大概和境内的通行证略有不同,因为限制更为严格的关系。两宋和辽、金、西夏邦交时好时坏,不过边境贸易有利可图,所以只要是不打仗,生意还是要做的。大宋朝和北方邻国有边境贸易市场,在两国交界地带,叫作榷场。到了榷场就相当于到了边界,一脚国内一脚国外,可以自由出入了。比如北宋在澶渊之盟后在雄州、霸州、安肃军、广信军设立了对辽榷场,而辽国也在自己境内的涿州新城和朔州南设置榷场——您要是申请到去涿州和朔州经商的关引,就算真正出国了。

关引不容易申请,榷场也不是总开放。您好不容易从当地州衙门领到了关引,上面写着您的姓名,准备卖的货物名称和数量,从哪个口岸过境,到哪个榷场去,还有州税务局长的签字。您觉着万事俱备了?且慢?出境还有几项须知,您不能不了解,这可是生死攸关啊!

第一、时间有限制。南宋绍兴二十九年(1159)规定,过境贸易限期五日,到期不回,强制遣返,私下藏匿,抓住以偷渡论处。

第二、出境不得寄送书信,否则就有里通外国、泄露情报的嫌疑,被举报查获就要判刑。

第三、严禁夹带违禁物品。这里尤其要注意:出国不可以带钱,金银铜钱都不行。根据大宋法律,最严厉的时候带一贯铜钱就要处死。此外,粮食、书籍也是违禁品,私自贩卖到国外一样是重罪。

所以在宋朝,出国可不是一张关引就足够了,需要了解和遵守的规矩、规则还有很多。不过如果您荣任大宋使臣,自然可以出国考察顺便参观游历一番。此外,您要是有兴趣乘坐大宋商务客船,倒是可以体验最长为期一年的东南亚旅行。当然,公验手续是不能少的,而且辽、金不许去,有时候就算是高丽(朝鲜)也不行。

[历史旅行指南·活在大宋]

HUOZAI DASONG

北宋骑马南宋坐轿，南北两宋都乘船

——交通工具有变化

一千多年前的大宋可不像有着高铁、飞机的今天，在那个科技尚未昌明的时代乃至随后的千百年间，人们想要出门，在陆地上除了依靠两条腿，只有有限的选择——驴马等牲畜或别人的腿。至于水上交通，除了乘船别无办法可想。而且那时候的舟船，在人力之外只有风力，什么燃油发动机、蒸汽机都是一种奢望。

不过，没条件也要出门，大宋照样有形形色色的交通工具。

▫ 马儿少，才显得不得了

在幸福的大宋朝要想出门远行，首选的交通工具是什么？当然是马。马是既能被人类驯服又能在陆地上较快速度奔跑的动物，早在商周时候就有了古人骑马的记载。《诗经·绵》中曾记载：周文王的祖先亶父"来里面说朝走马"，迁居到岐山（今陕西岐山县），奠定了周朝的基础，这个"走马"应该就是骑马。但一直到战国的赵武灵王之前，华夏民族的老祖先更多的还是用马拉车。

"胡服骑射"让中原地区的汉民从北方少数民族那里学会了骑马作战，同

第一章 衣籍住行很规范，城市治安不混乱

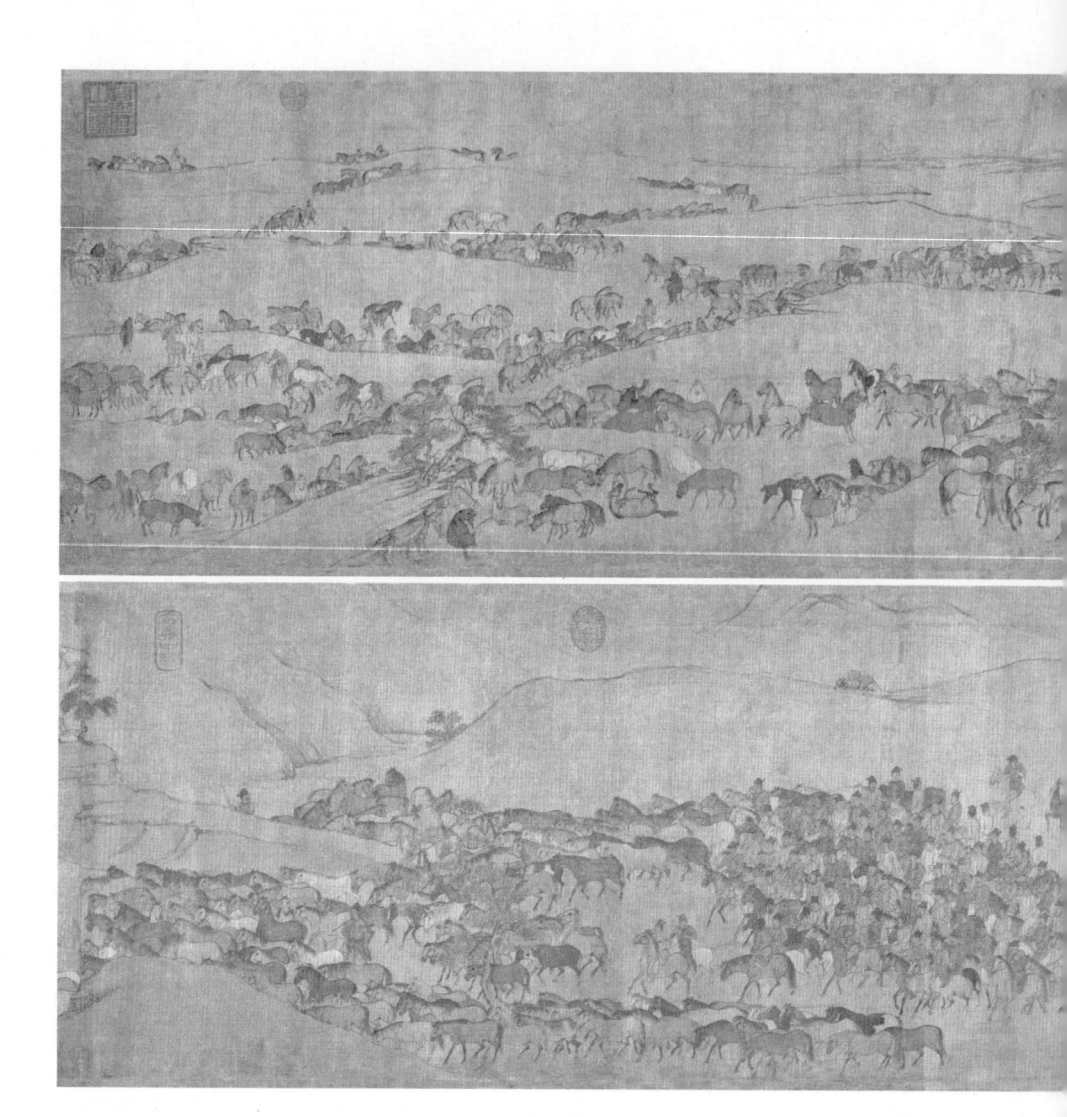

《临韦偃牧放图》·宋·李公麟

⊙这幅《临韦偃牧放图》是宋代画家李公麟奉宋徽宗赵佶之旨，临摹唐代画家韦偃的作品，表现了唐代皇家马匹放牧的壮观景象，画中共出现1286匹马和143个人，展现了大唐帝国的强盛。和唐朝相比，宋代的马匹拥有量就相当可怜了。赵光义在灭掉北汉之后，从全国征集马匹，也不过得马四万多匹。宋神宗熙宁二年（1069），北宋朝廷自己的养马机构牧监养出了多少匹马呢？一千四百六十四，其中可以用来作战的战马只有两百六十四匹，大宋朝缺马就缺到了这个份上。

时也改变了古代交通工具单一的历史。然而当时能骑马的大多是武将，文人士大夫和平民百姓，甚至皇室帝王大多不骑马。唐朝时骑马之风渐盛，马作为一种交通工具开始普及。"春风得意马蹄疾，一日看尽长安花"描写的就是唐朝

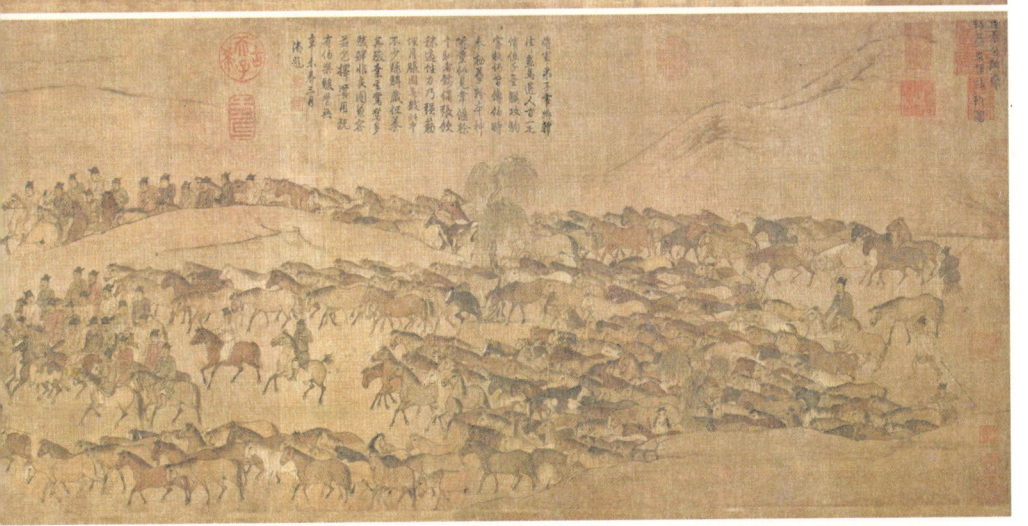

士人高中科举后，骑了高头骏马，在长安市上得意炫耀的情形。

到了宋朝，"马上得天下"的太祖皇帝赵匡胤很重视皇室后代的文治武功，立下传统让子孙从小接受骑马教育。有皇家带头垂范，上自文武百官下至士庶平民自然也都崇尚骑马，何况马的速度的确够快，算得上古人的"奔驰""宝马"了，怎能不受欢迎？

然而身为宋人，真正有马骑乘的还是少数。所谓物以稀为贵，今天的"奔驰"也不是人人能够享受的，何况大宋的"宝马"？

马在大宋的确宝贵。纵观两宋，都称得上"积弱"，再没有盛唐时纵横天

39

下的雄风，也没了万里疆域。当时盛产良马的地区，都不在大宋的控制范围内。自家没马，只好进口，大宋每年都要从辽、西夏这些国家购入马匹，而这些马主要都要用于军事战备，再就是供给皇家和官员骑乘，最后轮到民用的，当然是少之又少，弥足珍贵了。

不过也正因为稀少，在大宋能有马骑绝对是了不得的事情。想象一下您要生活在宋代，穿戴着锦帽貂裘，马搭佩着玉蹬金鞍，鲜衣怒马闹市中走上一遭，那叫什么范儿？整个儿一大宋版的"高富帅"！

不过您问了，要是没那个身价，骑不成大宋的"奔驰""宝马"怎么办？那就只好退而求其次，买头驴对付对付得了。大宋的士大夫阶层还有商旅远客骑驴的可真不少，毕竟也属于"小康"水平，出门也算"自驾游"不是？

如果您连驴都骑不起，抱歉，您还是迈开双腿，乘坐"11路"算了。

▢ 坐轿，有身份还倍儿舒服

宋人骑马，在北宋蔚为风尚。但是到了金兵攻占东京汴梁，宋室南迁的时候，骑马已经不再是一件时髦的事情。因为更为舒适、更有面子的新型交通工具——轿，渐渐普及了。

轿这种东西大家都知道，是一种靠人力抬扛的厢式交通工具。古时候给帝王专用的轿称作"辇"或"舆"，在民间又有"檐子""兜子""昇"等称谓。早期的轿子其实只是一张平板两边加上横杆，乘客盘坐于其上，"轿夫"将横杆扛在肩上，所以轿还叫"肩舆"。后来，轿上有了座位，乘坐者可以"垂足而坐"了（这大概也是宋代开始实现的），而且渐渐加了篷盖甚至全部封闭起来，成了后来轿子的模样。这时候人坐在轿子里由别人抬着走，不用自己费力，又不怕风吹雨淋，非常享受。同时，坐轿又是身份的象征——俗语说"八抬大轿"，八个人抬着轿子，还不够排场风光？

这么好的交通工具，北宋时为什么没有多少人使用呢？前面说过，开国皇帝立下规矩，皇家子弟都要学骑马，皇帝以外，除了年老多病的皇亲国戚和皇帝特别批准的大臣，都不许乘轿。皇亲国戚都不坐轿，文武百官怎么坐？何况人家北宋的士大夫还是很有人文精神的，王安石就说"奈何以人代畜"——怎么能让人干畜生的活儿呢？

上不行则下不效，北宋时虽然没有不许百姓坐轿的规矩，但一般士大夫向官场看齐，大多是不肯坐轿的。普通老百姓可以坐，富商大户也不是不喜欢，不过国家有规定：坐轿可以，抬轿只能用两个人。您想"四平八稳"，多用几个人？对不起，那叫"逾制"，是犯法的。

不过到了南宋，为什么又盛行乘轿了呢？一个很重要的原因是：跟金国交战吃了败仗，绝大多数马匹和车辆都被抢走了，官员们想骑马或乘车也行不通，只好坐轿。

当然啦，不管怎么样，您在北宋当个老百姓或者到南宋随便混个什么身份，都可以坐进轿子，品味一下这古时候的民俗风味，享受着宋代"文明"带来的舒适感。

▫ 乘船也不错，轻松又休闲

坐轿好是好，但长途跋涉未免太慢。骑着驴马虽然快，却免不了一路颠簸，没有健壮的体魄和吃苦耐劳的屁股恐怕不行，更何况有些地方光靠人力、畜力过不去也到不了。所以说，有运河的地方，乘船也不失为一种合理的选择。

说起来，坐船比步行或骑马更加轻松——"两岸猿声啼不住，轻舟已过万重山"，不用您费劲，扬起风帆就能把您送到目的地，何乐而不为？就算您乘坐的不是帆船，一路上自然有船夫和艄公出力，无须劳动您的大驾，岂不是美事一桩？

别看大宋朝马匹数量不多，造船业可是空前地发达——从北宋时期在东京汴梁和东南沿海的众多城市就有了不少造船厂，每年都生产出大量的客船、货船、漕运船、战船和海船，要保证百姓出行、商旅贸易那是绝对没问题。北宋东京城有着四通八达的运河、水系连接南北、贯通东西，基本上想通过水路出行不会太困难，可以大大缩短行程，更能让人体验轻松的出行方式。

到了南宋，行在临安城就是如今的杭州，城中城外江河密布，又兼江南水乡，本来就是舟楫胜车马，乘船就更成了最佳的选择。

不仅如此，在江南舟船已经不单是一种交通工具，同时也是休闲赏玩等娱乐活动的重要载体。在苏杭、在扬州、在金陵（南京），您要是未曾

41

泛舟西湖、览胜太湖、游历大运河……您简直就等于没来过江南。

就说南宋的临安，在西湖之上，每天有数百艘画舫，大的"约长二十余丈，可容百人"，小的"亦长数丈，可容三二十人"。这些画舫"皆精巧创造，雕栏画拱，行如平地"，让人一望就感到美不胜收，与湖光山色相映成趣。乘上画舫，您可以一边饱览西湖美景，一边尽情享乐——湖面上、画舫间穿梭的，有专门贩卖各种茶果点心、酒水饮料、菜肴小吃和海鲜肉食的小船，还有吹拉弹唱、杂耍表演的艺人歌女，可以说物质享受和精神享受都不曾丢下。

在西湖上乘船是如此风雅有趣，以至于赶上寒食节、清明节这样的踏春旅游旺季，还得预订。另外，前文已经说过，在大宋朝您就算想出洋远游也不是难事。不过关于宋代海船的先进和航海的发达，还是等到后面再说吧。

搞货运，咱有车

"胡服骑射"以前中国古人都不骑马，即使到了魏晋南北朝，汉族封建政权的皇室贵族和士大夫也还是不爱骑马，那他们出行乘坐什么交通工具呢？答案是车。不过唐朝以来，骑马形成了风气，又渐渐普及了轿子，乘车的人就越来越少了。

宋朝时车已经不是行人的主要交通工具。那么宋人还造不造车，造了又用来干什么呢？答案是当然要造，造了用来搞货运。也就是说，宋代的车很少拉人，主要装货，可以说是专门的货车，而不再是商周时候的多功能工具——又能战斗，又能载客，还能拉货。

宋代拉车主要靠牛和骡，也有小型车辆用驴。当时有太平车，是一种笨重的载重工具，由一头牛驾辕，三四头牛拉车，要用四五头牛才能让车行动。

[历史旅行指南·活在大宋]
HUOZAI DASONG

宫殿府宅讲身份，平头百姓只有家
——大宋豪宅修建手册

第一章 衣籍住行很规范，城市治安不混乱

活在封建时代任何一个王朝，衣裳鞋帽都不能随意穿戴，骑马坐轿也不能乱来。当然，居屋住地同样需要讲身份等级，不是有钱就可以任性，更不能想什么是什么——僭越很危险，在大宋也不例外。

活在大宋，您得知道您住的地方叫什么，是无可比拟的宫殿，还是象征权势的"府"，区分官民的"宅"，或者只能叫"家"？当然啦，您家是有"苑"，有"园"，还是有"院"？这也是个问题。要知道，不是谁家在屋后开一片地都可以叫"苑"，花园和菜园也不一样，就算是"四合院"，也不是谁都能够拥有⋯⋯

▫ 皇家宫殿："寒酸"难掩规格高

如果您免贵姓赵，并且在大宋朝有一个"当今"天下独一无二的身份，可以使用"朕"这个特别的第一人称的话，那么恭喜您，您住的地方也不一般，应当称为宫殿。原因很简单，您是皇帝啊。

皇帝家住皇宫，皇宫又称皇城、宫城，是京城内城的内城，可谓内城的"城中城"，与其说是皇帝一家子的私人城堡，或者不如说是禁锢皇帝和他那些后妃

43

晋祠圣母殿

⊙圣母殿始建于宋仁宗天圣年间（1023～1031），是现在晋祠内最古老的建筑。圣母殿高19米，重檐歇山顶，面阔七间，进深六间，黄绿琉璃瓦剪边，雕花脊兽，四周围廊，殿前廊柱上木雕盘龙八条。殿的内部采用减柱法，扩大了空间，是中国现存规模较大的一座宋代建筑。

们的牢笼——因为实际上，有宋一朝，皇帝很少有机会离开皇宫。

但是不管怎么说，皇宫毕竟是天下第一"豪宅"——规模最大、规格最高，而且只有它可以使用那些象征着权力和地位的建筑结构和装饰元素，比如重檐庑殿（有两层屋檐，屋脊也分一条正脊和四条垂脊共五条，所以也叫五脊殿），比如规格达到九开间、五进深的大殿（四根立柱形成的空间为"间"，横向就是"开间"，纵向称为"进深"，九五象征着至尊），比如屋脊和檐角上脊兽与角兽的种类、数量，比如皇家帝王专用色——黄色和金色……甚至连门洞也是最高级别：北宋皇宫正南的宣德门有五个门洞，而根据之前唐代的规定，都城城门才有三个门洞，州府城门两个，县城城门只有一个门洞。

说大宋皇宫规模大其实不大准确，因为比起前朝来说，两宋无论汴梁还是临安的皇宫，都和大唐在长安和洛阳的皇宫没法比，也赶不上明清两代的北京皇宫（即今天的故宫），简直可以用寒酸来形容。汴梁皇宫最早是唐代宣武军节度使的治所，大概相当于省政府的规模，后来后梁和后周政权先后以此为皇宫，宋太祖赵匡胤接手后虽然加以扩建，但整个皇城的周长也只有五里，比故宫小了不少，跟大唐的洛阳宫更不是一个重量级的。

到了南宋时期，临安皇宫就更"寒酸"了。它是以原来的杭州府的"治所"为基础扩建的，面积一直不大。其中皇帝朝会和庆典时接见百官的崇政殿是最重要的大殿了，但根据《宋史》记载，"其脩广仅如大郡之设厅"，也不过只有较大城市"政府宴会厅"的规格。

当然啦，崇政殿再小也叫殿，正就像只有皇帝家的建筑群才可以称作宫。宫和殿都是皇帝家的专属建筑名称。除了皇帝本人，再没有人有权使用这些名词，除了皇宫，就只有道观、佛寺、祠堂中有这个宫、那个殿的称呼了。

▫ 府宅民居：门面装修有说道

皇帝们从来都要和活人保持距离，在活人堆里搞特殊，只肯礼敬祖先与神灵。所以如果您不是皇帝，那您家无论如何也不会叫宫殿。

除皇帝以外的宋人（咱就说一家之长，不算家里的妻儿老小们），家的最高规格是"府"——倘若您是亲

第一章 衣籍住行很规范，城市治安不混乱

45

王，或是宰相级的权贵重臣，您家就属于"府"，可以称为王府、相府、某府了。

亲王是皇帝亲兄弟、子侄，但也要达到爵位，绝不是所有宗室都算。宰相级人物则主要看品秩和荣誉头衔，宰相、枢密使自然不用说，此外还有"开府仪同三司"这种荣誉头衔，也就是建宅和出行的规格标准都是第一等，即仅次于天子的"三公"（一般指太师、太傅、太保）等级。"三公"等级"开府"可以修门楼，大门可以更气派宽阔，正堂可以开间更多、进深更长，而且只要不违反皇家禁忌，尽可以随便装修。

那么大宋朝"府"的规格到底如何呢？这个《宋史》没说，众多史料中也没有明确规范。不过根据唐朝的制度猜测，大约宋代的"府"正堂开间最多七间（因为皇帝才可以用九间），进深最多十一架（此处"架"和"间"意思差不多，下一个等级是九架。另外，皇宫大殿也不一定是五架，九五只是皇帝的吉利数字），而且门楼、屋檐的样式也是最尊贵的。当然啦，整个大宋朝"府"也没几个，所以您跟宋人聊天可别一口一个"尊府"，基本上说了就错。

倘若您大小总算是个官儿，但还达不到"开府"的资格，那您的家就该称为"宅"。宅的等级不同，大小也有区别，主要还是由开间和进深来决定。而且同样是宅，"大宅门"也不一样——根据宋朝的规定，只有六品以上官员才可以用一种牌楼式的"乌头门"；六品以下，七八九品虽然也是官，但已经不入流，用了就是僭越，会犯法的。

在大宋，区分官民建筑还有一个办法，就是看有没有重拱和藻井，以及室内室外有没有彩色的雕梁画栋。如果有，那么这户人家肯定是当官的，至少祖上有过当官的，留下了这套房产。如果没有，那么再宽大的房子也只能是民居，而且民居不叫"宅"，只能叫"家"。

▪ 空间格局：城乡各有各的好

宫殿不用说，就算是府、宅、家，能有个窝毕竟是好事。但是把窝安在哪里好呢？是在城市中体验都市繁华，还是到乡下去感受自然宁静呢？实际上，这就取决于您的个人爱好和追求，当然更取决于您的经济实力和现实需求了。

比如您在京师城里安个家，就

算您是小家小户，毕竟能图个方便、凑个热闹——京师里商业密集、设施齐全、交通便利，生活购物、餐饮娱乐都不愁，肯定有数不尽的好处，这一点和您在现代的感受没什么太大的差别。当然啦，缺点也不是没有：城市比乡村人多，何况像东京、临安这样的"国际大都会"？人口稠密、城市拥挤，住房面积自然大不了，要知道连两宋的皇帝想扩建皇宫都遭遇拆迁难，皇城边的居民说什么都不答应，最后只好作罢了。不过办法总比困难多，人家大宋人民"以高度换空间"，尤其是在临街地段，建了不少楼房，充分利用土地，也解决了不少问题。所以，您如果住到城里，完全可以选择在街边买一栋楼房，二三楼（大宋也就这标准，一般就是二层楼，三层也有，四层以上就不多了）居住，一楼还能做生意，也算不错了。

您不想住得太局促，环境太吵闹？没问题，您可以到乡间建别墅。前后搭建几排平房，有前厅，有正堂，还有后面的寝室，两边再盖上耳房、厢房或者偏院，房舍之间的空地还能够形成院落，那不就完全是个像样的宅院了嘛。当然，这样的宅院建在城里也行，只是京师里寸土寸金，您要是资本不够雄厚，估计整个宅院的规模就得成倍缩小，到时候弄成"微缩景观"可就不值当了。何况京师哪有乡村的自然宁静呢？乡村还有山水田园，在自家宅院后开一片空

第一章 衣籍住行很规范，城市治安不混乱

竹雕庭院·宋

⊙竹雕，就是在竹制的器物上雕刻装饰图案和文字，或用竹根雕刻成各种陈设摆件，中国的竹雕艺术从南北朝时肇始，宋代开始出现竹雕精品和知名的竹雕艺人。比如南宋时就有名为詹成的竹雕巧匠，他所雕刻的竹鸟笼"纤毫具备，玲珑活动"。

地，圈起后园，种花种菜也是好的。

说起后园，城里人想有这样一个私人空间可就难了。皇帝自然没的说，人家有御花园。王公贵族们也行，人家有后花园。不过御花园、后花园都不会太大，毕竟空间有限嘛。想大？最好到城外想办法——皇帝可以有御苑，王公贵族们可以有私人园林。

御苑其实也是园林，是皇家私人园林。大宋朝的园林已经很有名了，赵家在汴梁建了琼林苑、金明池，还有内城东北角的艮岳，洛阳、苏州也有很多著名的园林。

您说您家也有园林？您那就只能是菜园子。菜园也是园，但和风雅高贵的花园，可就差得远啦。

多层建筑有佛塔

在大宋，人居住的建筑没有建的太高的——皇宫一般只有城楼才属于"楼"，民居也不会超过三层。然而另外一种特别的建筑——佛塔，就既可以很高，也可以有很多层。大宋有许多著名的佛塔，例如杭州钱塘江边的六和塔，高六十米，外观为十三层木塔，为清代所建，内部的七层砖石结构建筑则是南宋时建的，后来又经过了多次修缮。此外，杭州的保俶塔、雷峰塔都是北宋初年所建，可惜都毁掉了，现在的实物都是后人重建的。

另一座更高的塔在河北定州，名叫开元寺塔，共十一层，高八十四米。定州在北宋时是宋辽边境，所以这座塔还有个功能是瞭望台，因此又叫"瞭敌塔"。不过，这座多功能砖塔后来也倒塌了。

> 专题

天黑别忙回家，小心阴沟"翻船"
——城市繁华了，治安怎么办

一部通俗而又有趣的《唐朝穿越指南》告诉我们，盛世繁华的大唐，住在城市里的居民夜间竟然不能随便出门，活动范围仅限于自己居住的坊区甚至私人宅院之内。这简直是岂有此理！如此大唐，怎么配得上它当世四大强盛帝国之一的名声？如此唐朝帝都长安，又怎么彰显它世界第一大都会的地位？

反观幸福的大宋：坊市破除，厢坊兴起，街面店铺林立，城中夜无宵禁，真是夜夜笙歌、一派繁华——当然，繁荣背后总有代价，祥和之中亦有暗流。坊市变作厢坊，城市治安同时面临更多的新问题、新情况……

趣评大宋1：
推倒坊墙，建个自由开放城市

假如您到宋代以前的任何朝代去走一遭，身为现代人，您最感到不便的可能是什么呢？语言不通？饮食不惯？水土不服？都不是——正确答案是坊市分开的城市结构和街道入夜封闭，禁止百姓出行的宵禁制度。

何为坊市？坊就是居民区，市则是商业区。坊市分开，简单说就是居民区和商业区完全分开。现代城市也有居民区和商业区，但这些居民区和商业区都不是严格意义的，而是我中有你，你中有我，相互融合，混杂难分。反观古代坊市，尤其是汉唐时候，居民区只能居住，商业区只准经营，二者泾渭分明，绝无混

《清明易简图卷》局部·宋·张择端（款）

⊙这幅《清明易简图卷》清晰再现了开封城的城市布局和其中市民生活的场景。都厢到厢再到坊，这一系列等级分明的城市管理划分在当时的世界范围内都是首创的，大宋朝的城市管理相当领先。

渚。在汉唐几乎所有的城市，无论是住人的坊还是开买卖做生意的市都修建得方方正正，规划得整整齐齐，四周围上围墙。民宅、商铺都只能建在围墙内，毗邻城市街道的一面除得到特许的官员之外任何人不准开门。

住在这样的城市，出去吃个饭买点东西都要走上很远的路，就算是骑马坐车也很不方便，何况时间还受限制——例如在唐朝，根据《唐律疏议》，每天晚

上"闭门鼓"响过,您要是还在街上闲逛,被巡街的官兵抓住,就要挨鞭子,甚至被"杖杀"。唐宪宗时候,有个名叫郭旻的,就因为喝多了酒"犯夜"(违反宵禁制度)被大宦官刘贞亮下令"杖杀"了。还有一个崔姓书生也因"犯夜"被抓,被打得狼狈不堪:"幞头拳下落,高髻掌中擎。杖迹胸前出,绳文腕后生"。帽子也掉了,发髻也乱了,身上是棍棒伤痕,腕上是绳索勒印,简直斯文扫地。

这就是宵禁!即使是到了宋代以后的明清,类似的宵禁依然存在,而且"犯夜"依然会受到惩处——那时节您要是和巡逻官兵说您只是想买两瓶啤酒回家当

夜宵，或者说出去和朋友K歌，铁定没用。除非您是公家人，有紧急公务，或者家里有婚丧嫁娶这类的红白喜事，以及家人得了重病，有街道开的介绍信（坊官许可），才能在城里大街上通行。

不过在大宋，您完全不必担心，因为宋代没有宵禁，而且更重要的是，从北宋初年开始，夜间禁绝行人，限制居民行动的坊墙就渐渐被推倒。随着新的、更为自由和开放的厢坊出现，宋代的城市成为坊市结合，商铺随处可见的新型城市；而没有了宵禁，宋人的夜生活也丰富起来，把那些大宋著名城市，诸如北宋东京城、南宋临安城、大名府（今河北邯郸大名县）、平江府（今苏州），变成了不折不扣的不夜城……

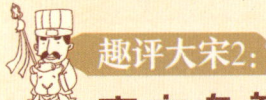

趣评大宋2：
夜市连着早市，时时处处可消费

推倒了坊墙，传统意义的"坊"就不存在了。人人都可以沿街开店，就连供皇帝出行的御街两旁一度也不例外，于是"门市"出现，各种市场、美食街、休闲娱乐区繁荣起来。

在北宋东京，从内城皇宫宣德门出来就是御街，宣德门到州桥之间的御街宽有二百步，两边有御廊，一直到宋徽宗政和年间（1111~1118）之前都允许老百姓在御廊内做买卖，后来才禁止，把这段大街变成了国家举行元旦和元宵节庆典的专门场地。御街过了州桥两边多分布民居，商家店铺也多了起来：大街东侧接连有车家炭、张家酒店、王楼山洞梅花包子、李家香铺、曹婆婆肉饼、李四分茶……一直到朱雀门；西边有鹿家包子，还有众多羹店、分茶、酒店、香药铺等，也延续到朱雀门——成了美食一条街。从朱雀门再过桥（龙津桥），向西是西大街，又叫曲院街，街口南有遇仙正店，北有薛家分茶、羊饭、熟羊肉铺，继续西行就都是妓馆了。

除了繁华的御街，州桥东西都是商业街：东有"鱼市、肉市、金银铺、彩帛铺、漆器铺，琳琅满目"，西有"珠子铺、果子行等，五颜六色，光怪陆离"。此外还有马行街、牛行街、东华门大街等专门市场和繁华街市，热闹非凡。

走在这些大街小巷上，真可以说无奇不有、争奇斗艳，您无论想购物还是要饮酒喝茶又或者娱乐休闲，都不愁找不到地方。一天游荡下来，日已西沉，天色渐晚，您也不必着急回家，更不必害怕"犯夜"，因为生活在大宋，您的城市夜生活完全自由。只要您不出城，在灯火不绝的城市之中，您肯定能找到地方消磨一个晚上。

在刚刚提到的州桥一带，有东京城最繁华的夜市。走在街上，路边到处是小吃摊：水饭、熬肉、干脯、肉脯、鳝鱼包子、鸡皮腰肾鸡碎，还有旋煎羊白肠、冻鱼头、抹脏红丝、批切羊头、辣脚子、姜辣萝卜等，让您胃口大开。夏天，您能品尝到清凉的砂糖冰雪、冷元子、水晶皂儿、生淹水木瓜、药木瓜……冬天，您可以吃上盘兔、旋炙猪皮肉、野鸭肉、煎夹子……这些都叫"杂嚼"，即大宋小吃，一直卖到三更，让您不重样地吃，撑到肚皮外也吃不够。

食色，性也，吃饱喝足，您可以转悠到朱雀门外的曲院街，或者到杀猪巷、东西鸡儿巷、中瓦、里瓦这些地方，那可都是娱乐场所、消遣圣地，在那里包您赏心悦目、流连忘返。

宿醉醒来，您睁着惺忪睡眼出了门——天还没亮，刚交五更，街上却又喧闹起来：茶坊点起了灯，卖衣服的，卖字画的，卖珍宝玩物的，卖各色早点的纷纷出动。原来，一天的早市——鬼市子又开始了……

就算您到了南宋，这样的夜生活一样不会中断甚至会更胜一筹。临安城中的夜市通常从天黑直开到四更，往往刚结束不久，五更的早市又开张了。一些热闹繁华地方的商铺甚至昼夜不休，通宵达旦。这真可谓夜夜有笙歌，无处不繁华，您只要不缺银子，随便走到哪里都能找到消费的地方。

趣评大宋3：

有了厢，就要有厢吏

推倒坊市四面的围墙给城市带来这么大的变化，可以说是一个了不起的大变革。城市，从此更加名副其实，更有了近现代城市的样子。但坊墙既然不复存在，城里人居住的坊也就名存实亡，由坊官负责管理坊内居民并维持城市治安的

宋代文官服

⊙按照宋代典志，三品以上官员的服装为紫色，五品以上官员的服装为朱色，七品以上官员的服装为绿色，九品以上官员的服装为青色。管勾左（右）厢公事应为从七品的京官，官服颜色为图中的青色。虽然品级不高，能担任首善之区区长职务的，一般都是地方上成绩斐然、资历深厚的知县和通判才能担任。

坊市制度同时也失去了存在的意义。

坊墙推倒之后，城市管理的基本单位是什么？什么事都要府尹（比如说东京汴梁有开封府，市长一般为开封府尹或权知开封府，包青天就当过这个官）亲自过问处理吗？显然不行！市长精力也有限啊！于是，"厢"出现了。

厢作为新的行政区划，有点像现在的区，下辖原来的坊（相当于今天的街道、社区），这就是厢坊制。但实际上厢主要管理的是消防、治安这些事，倒有点"像消防支队""公安分局"。北宋东京城内最初设八厢，后分十厢，城外又有九厢，即整个东京城及其周边共有十九厢。各厢少的只管辖一个坊，多的有二十几个。南渡之后宋高宗将临安定为行在（指天子巡行所到之地），杭州原来的两厢被分成四个，后来又渐渐增到九个，还有城外南北两厢，所以临安共有十一个厢。从这些数字看，南北两宋京城的"公安分局"还真都不少，管理起来肯定不容易。

有了厢，就要有厢吏。厢的吏员有都所由、所由、街子、行官、厢典、书手等。这些职位听着就乱，也不容易搞清楚，大概都所由是头儿，每厢只一名。

所由、街子、行官都是各类办事员，厢典负责档案，书手干书记、秘书的活儿。他们职位都不高，而且也不是官，只是吏，也就是没有品秩，连最低的从九品都不够。

在厢之上还有都厢（正式的名称叫厢公事所），管着几个厢。都厢由朝廷选派当过通判、知县之类的职务，有一定经验的官员担任，所以在都厢管事的可就是官了。北宋东京城管理都厢事务的官员从两个到四个又到两个，前后变了几次。如果说厢相当于公安分局，则都厢就是公安局了。不过这种"公安局"级别挺高，其"局长"甚至不买"市长"的账。

宋神宗时候，大奸臣蔡京的同族、后来官至尚书左仆射（宰相）的蔡确"勾当右厢公事"——当上了"公安局长"。这时候的权知开封府是刘庠。刘庠让蔡确来参拜他，蔡确不干，告诉刘庠：咱俩都在京城干活儿，属于平级，凭啥让我参拜你？结果两个人争执起来，谁也不服谁，到最后却谁也没扳动谁，不了了之了，可见都厢权力不小。

都厢管着厢，厢下还有巡铺，就是派出所。那时候派出所的"警官"都由大宋正规军，也就是禁军担任，相当正规，只是人数不多——北宋末年的时候，每巡铺有"铺兵五人"，警力单薄了一些！

趣评大宋4：
总有阳光照不到的地方

林子大了什么鸟都有，城市开放了也就鱼龙混杂。生活在大宋的城市，您可能感到休闲活动丰富多彩，饮食娱乐应有尽有，但是您也要小心，那些大宋朝的城市并非美好天堂，更不是人间净土，一样有市井无赖和黑帮歹徒，一样的藏污纳垢、危机四伏。所以在宋代，您同样需要保持警惕，有些危险之地更是不可不知、不可不防。

《水浒传》中杨志落难东京，在州桥卖刀遭遇没毛大虫牛二就不必说了。州桥虽是闹市，更可以说正当天子脚下，但泼皮恶棍依然不少，还有那高衙内的官二代和恶少，倚仗着父辈的权势无恶不作、无所不为，成了当时城市的顽疾。惹

不起躲得起，您想着，咱注意点避开这些恶人不就结了？这样做可以是可以，但还远远不够。

东京城最危险、最阴暗的角落是什么地方？是城里的阴沟——那些分布极广，挖得又深又密的沟渠。这些阴沟"亡命多匿其中"，藏着的都是些穷凶极恶的坏人，却偏偏有个优雅动听的名字"无忧洞"。但它们的另一个"雅号"可就没那么好听了，叫"鬼樊楼"。外乡人初来东京，人生地不熟，又找不到落脚处，就经常被劫掠到"无忧洞"中谋财害命，而女子误堕其中，更是会惨遭拐骗，然后被卖入妓院，再也难见天日。这种阴沟地洞曾经是汉唐时犯了宵禁回不去家的小民的临时避难所，现在却成了地下犯罪团伙的逍遥窟、大本营。宋仁宗时期开封府就曾经抓住过以逃兵张兴为首的，长期藏匿在"无忧洞"中的一伙贼人，并且建议朝廷"修闭京城里外渠口"，想来它个釜底抽薪，破坏掉他们生存的环境。可见开封府都知道这些阴沟难以治理，最好是封闭、填平，让坏人无处藏身。后来，陆游在他的《老学庵笔记》中也承认"无忧洞"和"鬼樊楼"现象"虽才尹不能绝也"，就算是能干的市长如包大人也治理不了。所以，这些地方可要离得远远的，千万别拿自己的生命财产安全开玩笑。

然而就算不掉到这些真的阴沟里，在一些看起来不是阴沟的"阴沟"也一样可能翻船。北宋就曾有一个官员便装到浴池去洗澡，险些被勒死。幸亏这位老兄机警，装死逃过了当场毙命的危险，又趁人不备光着屁股跑出来大叫"救命"，这才保住了自己的小命，也揭露出东京城竟然还有这样的杀人浴堂！

所以说纵然是在开放自由的大宋城市，也总有阳光照不到的地方——大宋都市游，欢乐无限多。但别忘了出行需谨慎，"阴沟"会翻船！尤其是女性朋友们，在大宋更要洁身自好，远离僧道！

磁州窑黄釉花卉枕·北宋

第二章 重文轻武是祖训，福利待遇太诱人

宋朝的开国皇帝赵匡胤吸取了五代时期武夫干政的教训，用「杯酒释兵权」的办法不流血地解除了亲信将领的兵权。此后，他抬高文臣的地位，限制武将的权力，他的继任者们也继续执行「重文抑武」和「高薪养仕」的政策，形成了宋代特有的官场形态。

杯酒释兵权，大将退二线

——防范功臣很温柔

历朝历代的老百姓过日子，最关心的还是切身的问题——农民心忧天气，念念不忘的是土地里庄稼的收成；商人盯紧市场，时刻关注的是自家买卖的收益；做手工的匠人但愿人人手头都宽裕，买得起他制成的用品；茶水铺盼望烈日炎炎、行人口渴……

不过老百姓的生活，还是和政局息息相关。要了解宋人的生活，就不能不了解一下大宋政治那点儿事。而要认识大宋的政局，明了南北两宋积弱的原因，就要从宋太祖赵匡胤的杯酒释兵权说起。

▫ 黄袍加在身，心头多块病

说起大宋朝的建立，很多人可能都知道陈桥兵变、黄袍加身。陈桥指陈桥驿，是东京汴梁城向北前往河北地区（泛指今天的黄河以北地区）的交通要道。公元960年，后来的宋太祖，当时的后周殿前都点检、归德军节度使赵匡胤正是在这里被部下将象征皇权的黄袍披在了身上。随后，赵匡胤挥师返回汴梁，迫使年仅七岁的后周恭帝禅位给自己，由此开创了两宋三百多年的基业。

试想一下，赵匡胤从一个高级军官"黄袍加身"摇身一变成了皇帝，算得上一步登天，心情还不得美滋滋的？但事实却不完全是这样，可以说从当上皇帝的那一天起，赵匡胤就吃不香睡不好，多了一块心头病。

什么心病？自然是担心"黄袍加身"的故事重演，也就是担心别人效仿自己，也来个黄袍加身。要知道赵匡胤在当上皇帝之前职位是殿前都点检，这个职位是由赵匡胤的"前任老板"周世宗柴荣设立的，掌管中央禁军的最高长官，掌握着京师地区的军权。不然赵匡胤怎么会那么容易就发动了兵变，甚至没流一滴血就推翻了后周政权，取而代之呢？

赵匡胤可以这么做，别人当然也可以。而且实际上赵匡胤"黄袍加身"也不是首创，这一创造性"王朝建立法"的发明专利权属于后周太祖郭威，人家才是"黄袍加身"第一人，并且也是因为手握重兵才能夺权当上皇帝的，比赵匡胤发动陈桥兵变再早十年，即公元950年。后汉大将郭威在澶州披上一面黄旗（这郭威倒有点事起仓促）。

前事不忘，后事之师。现在轮到赵匡胤自己当皇帝了，他当然不可能整天管着军队，他的手下也有心腹将领正掌管着禁军，这些将领的势力也越来越大，赵匡胤又怎么能保证同样的故事不会再上演第三次呢？

▫ 一场酒局，祛除心病

殿前都点检手握重兵，成了赵匡胤最大的一块心病，更像是悬在他头顶的一把利剑。要想去除心病摘下利剑，最好的办法是不再设置殿前都点检。赵匡胤代周立宋，自己不做殿前都点检，继任的是大将慕容延钊。大宋建立才一年，这位貌似最有资格上演"黄袍加身"的慕容老兄就被调任，而且赵匡胤和他的继任者们再没把这个职位任命给任何人——殿前都点检已不复存在。

但这还不算完，殿前都点检没了，其他手握兵权的人还在。当初支持过赵匡胤，把黄袍披在他身上的那些袍泽兄弟成了功臣，人人手里都有军队。还有那些节度使、地方将领，他们在每个地方都拥兵自重，掌握着军政大权，如同统治着自己的小王国。这些人都不能让赵匡胤放心，都成了潜在威胁者。

怎么办？历朝历代的统治者都会面临这样的难题，尤其是对开国功臣——他们功劳大，支持者多，也最容易受到诱惑。但解决的办法也不是没有先例：刘邦不是干掉了一大批吗？后来的朱元璋不是也毫不逊色？赵匡胤还是很仁慈的，他不忍心对自己的功臣爱将们下杀手，他最后想出来的办法是请功臣们喝酒。

大家都是同甘共苦过的兄弟，如今虽然是君臣，不过聚在一起喝顿酒有什么大不了呢？所以很快，大家就都有点酒酣耳热的感觉了。这时候赵匡胤端起酒杯说话了：诸位兄弟，我有今天可全靠大家帮忙啦！但我现在虽然当上了皇帝，这日子过得可不踏实，整夜整夜地失眠哪！

功臣们听得冷汗直流，酒也醒了，忙问赵匡胤有什么好担心的。赵匡胤倒也不客气，当即就实话实说：当皇帝这种事，谁敢说不想？再说了，要是赶明儿有人给你们也披上黄袍，你们躲得了吗？

得，就这么一句，大家都明白了。要知道"君疑臣死"，皇帝对你不放心了，你的小命还能保得住？所以大家都吓得直磕头，还鼻涕眼泪地求饶：这一点俺们可是从来没想到啊！还求陛下您给俺们指一条明路，只要能活着，俺们是怎么样都行啊！

赵匡胤一看，行啊，你们这帮家伙还算上路，这就好办！接着，赵匡胤就声情并茂地发表了一通演说，把自己的人生观灌输给这帮老部下、大功臣们，告诉他们：你们只要如此这般，这般如此，自然能够金银花不完，无病无灾到百年……

功臣享清福，全民讲享乐

赵匡胤发表的演讲总结起来就一句话：你们只要放下权力回家去享清福，那就万事大吉啦。他说："人生如白驹过隙，所为好富贵者，不过欲多积金钱，厚自娱乐，使子孙无贫乏耳。卿等何不释去兵权，出守大藩，择便好田宅市之，为子孙立永远之业，多致歌儿舞女，日饮酒相欢，以终其天年！朕且与卿等约为婚姻，君臣之间，两无猜疑，上下相安，不亦善乎！"

您看这赵匡胤讲得多么在理，为将领们考虑得又是多么周详：人生短暂，人人追求富贵，图的是什么？不都是为了多赚钱多享受，给子孙后代攒个家底吗？你们这帮兄弟要想不让我担心，那就把兵权交出来，然后找个地方当个自在官儿，买下土地豪宅，让后世万代都有个依靠，这有多好？至于你们自己，在家里多养几个

第二章 重文轻武是祖训，福利待遇太诱人

《雪夜访普图》·明·刘俊

⊙这是一幅著名的历史故事画，描绘的是北宋开国君主赵匡胤在大雪之夜造访重臣赵普家，询问政治决策的故事。画家按照《宋史》中的叙述，再现了这一历史场景：赵匡胤和他的心腹大臣赵普二人盘腿而坐，身边放置炭盆烤肉，赵普的妻子露出半个身子，双手捧着酒壶，侍立一旁。按照史书记载，正是在赵普的大力劝谏下，赵匡胤才坚定了杯酒释兵权的决心。

歌手、舞女，天天喝着小酒欣赏着歌舞，又是多快活逍遥？照这样活到晚年，不是很幸福吗？你们这么做我就彻底放了心，再和你们结成亲家，你们也不用怕我哪天再对付你们了。最后我皇帝当得舒心，你们也能安享富贵，大家双赢，不也是好事吗？

赵匡胤这样动之以情，晓之以理，功臣们哪能不识相？于是第二天就个个请假告老还乡。赵匡胤也信守诺言，给了他们每人一大笔安家费，让他们回家养老去了。赵匡胤只请了一次客，就把历朝历代要千百人头落地，血流成河才能收场的大难题解决了，他的政治智慧可真不低。不过赵匡胤没有料到的是，他的这番言论产生了另外一个副作用，那就是享乐之风大盛。试想一下，开国皇帝带头宣扬当官求富贵就是为了享乐，大宋朝的官员们怎么能不积极响应？这样自上而下带动起来，先是文武百官们，接着是文人士大夫，再次是富商大户、庶民百姓，到最后就形成了人人求享乐，个个讲奢靡的风气了。

在这方面，最有代表性的就是官员士大夫蓄养家伎的风气。由于赵匡胤的倡导，有宋一代官员士大夫阶层就以声色娱乐为荣，我们所熟知的那些大宋名人，像欧阳修、文彦博、韩琦、晏殊、苏轼等人，甚至包括南宋抗金名将李纲和主战派中坚胡铨这样在今天看来的"正人君子"，几乎家家都有十几个、几十个甚或多达数百个家伎，一个文人没有家伎都不好意思和同僚朋友打招呼。像南宋的穷酸文人姜夔养不起家伎，范成大送了一个叫小红的歌伎给他，可把他高兴坏了，还成就了一首名诗《过垂虹》，大大地抒发了心中的满足：

自琢新词韵最娇，小红低唱我吹箫；
曲终过尽松陵路，回首烟波十四桥。

这样的流风所及，平民百姓们就算蓄养不起家伎，也把宴饮游乐当作了时尚。直到北宋灭亡，大宋王朝被金人赶到长江以南偏安一隅也没有改变，继续演绎着"西湖歌舞几时休"，直到元军渡江，彻底结束了赵宋王朝的统治，才算告一段落。

▪ 武将很悲哀，武功渐废了

用温和的方法解决了功臣们，这只是赵匡胤保障子孙万代皇位无忧的第一步。功臣们都是武将，他们走了还会有新的武将接替他们的职位，威胁也就依然存在。何况赵匡胤就算没读过史书，历史故事总还是听过的，尤其是唐朝后期藩镇割据，地方节度使权力过大（就连他自己也是节度使出身），这些事实给了赵匡胤不少前车之鉴，让他看到最大的威胁来自能带兵打仗，又敢拥兵自立的武将。

绝不能再给武将任何推翻大宋、黄袍加身的机会，这成了赵匡胤的长期防范目标。要达到这个目标，就要限制武将，尤其是节度使的权力。经过一系列改革，这个目标基本实现了。老功臣们纷纷交出兵权回家养老，新接任的再也没有那么多权力。朝廷派遣文官到地方管理政务，财权另有转运使负责，地方

《帝鉴图说》之赵匡胤解裘赐将·明·无款
⊙赵匡胤遣大将王全斌帅师征蜀。时值寒冬，大雪纷飞，赵匡胤设毡帷于讲武殿中，身穿紫貂裘，头戴紫貂帽，思及士兵征战的寒苦，不禁感同身受，当场解下衣物派人赐给大将王全斌。

精锐部队也都被编入禁军，不再受节度使指挥——政权、财权、军权都被架空，节度使成了空衔。

在宋代其实不光节度使，只要是武将地位就都被贬低，屈居在文臣之下。《水浒传》中的花荣与刘高同为清风寨知寨，一文一武。只因花荣是武官，就低了刘高一等，处处受到压制排挤，终于被逼上了梁山。这就是宋时武将身份地位的一个缩影和写照。

别说花荣只是一个小小知寨，就算地位更高、功劳更大，战功赫赫的名将，在宋代同样难以得到重用。例如狄青，他是宋仁宗时的名将，与西夏交战屡战屡胜，收复了不少失地，并迫使西夏与宋议和，可以说是大大的功臣，更是一位良将。但是随着他的功劳越来越多，官越做越大，文官也就越来越看着他不顺眼。为什么？就因为他是武将，而有宋一代重文抑武，武将更受猜忌。就这样，狄青最高的官职做到枢密副使（相当于国防部副部长），而且没做几年就被免职，调到陈州当地方小官去了。身为功勋卓著的大将得不到重用，又经常被认为是皇权的潜在威胁，狄青怎么受得了？他终于在担惊受怕和抑郁中死去，年仅四十九岁。

狄青的悲哀正是大宋全体武将的悲哀，但其实更是大宋本身的悲哀。武将得不到重用，"内忧"的危险是没有了，但"外患"也同样难以抵抗——武将没权没兵没积极性，大宋朝等于是"自废武功"，又怎么能不慢慢走上"积弱"的道路？赵匡胤为子孙后代的皇位计，开创了"重文教、轻武事"的大宋特色传统。殊不知"得之桑榆，失之东隅"，保住了皇位，却没有保住王朝！

狄青像·明·无款

别念官名，听得人头痛

——虚衔怎么就那么多

在开始这篇短文前，先给大家念念大宋名相司马光在宋神宗在位时的全套官名：端明殿学士兼翰林侍读学士、朝散大夫、右谏议大夫、充集贤殿修撰、权判西京留司御史台、上柱国、河内郡开国侯、食邑一千三百户、食实封四百户、赐紫金鱼袋……您听着有没有感到头痛？这一连串的头衔、官衔、职位、爵位、封邑等足以令人头晕眼花，更让现代的名片党自愧不如，光是这全套官名一张小小的名片只怕就印不下。

由此也可以看出宋代官制的复杂，官员头衔的众多。要想真正搞明白宋代官制，只怕没有十数万字的专著不成。所以在这里，大家也就只能简要了解一下了。

▫ 散官寄禄祠禄官全是虚的

大宋朝从一开国接的就是五代后周的整套班底：从国土到军队，加上官员、官制，全部继承。后周的官制是从更早的后汉继承来的，再往前推，依次是后晋、后唐、后梁，然后就到了唐朝。所以说，宋朝早期官制基本是沿袭唐朝的。

在这一整套官制中，体现官员品秩的是文武散官制度。大宋文武散官以从一品为最高，从九品为最低，共

程颢像（上）、程颐像（下）

⊙程颢、程颐兄弟是宋代的理学大家，他们的父亲程珦曾任黄陂县尉、兴国县令，历知龚、凤、磁、汉诸州，后官至太中大夫。这一系列官名可就有讲究了，前面几个都算是差遣官，也就是程老先生的实职，最后的太中大夫是散官官职，属于文官散官中的第八阶，从四品。

分二十九阶（这二十九阶，自四品开始又分上下，如四品分为正四品上、正四品、从四品上、从四品四阶），也就是有二十九个等级。例如文散官，最高品秩是开府仪同三司（意思就是您当官当到这一级，就可以像三公——太尉、司徒、司空，赵佶以后则是太师、太傅、太保——那样建豪宅、列仪仗了），以下依次是特进（正二品）、光禄大夫（从二品）、金紫光禄大夫（正三品）、银青光禄大夫（从三品）……直到将仕郎（从九品）。前面提到的司马光的官衔中朝散大夫属于文散官序列，相当于从五品，也就是说那时候这位名相官还不大，级别也不高。

至于武散官，最高的一级是骠骑大将军，然后是辅国大将军、镇国大将军、冠军大将军、云麾将军、忠武将军……最低等为陪戎副尉。《水浒传》第一百十九回讲到梁山好汉征方腊损兵折将，班师回朝后赵佶追封诸阵亡将领，"正将封为忠武郎，偏将封为义节郎"。有人认为这个忠武郎就是忠武将军，位列武将散官第六阶，属正四品上，官位不小了。

但如果忠武郎就是忠武将军，那么义节郎又是什么呢？事实上武散官二十九阶中并没有义节郎或者义节将军，连个"义"字都没有。倒是有宣节校尉和宣节副尉，但已经是第二十二阶和二十三阶，属正八品上和正八品，和忠武将军相差太远了。

另外，死了的封官，活着的自然也要封官。书中说征方腊正先锋宋江被封为武德大夫，副先锋卢俊义被封为武功大夫。这两个职位属于寄禄官，但只有正七品。寄禄官，顾名思义是寄寓俸禄的，显示着官位的大小，而且和赚多少钱、受多少封赏有关，还能传给子孙或者用来顶罪。然而武德、武功这两个官职在寄禄官序列中排在第十五、十六阶，而且武功在前，武德在后。也就是说，皇帝给卢俊义封了一个比宋江还高的官职。这显然不科学。

实际上，武德大夫和武功大夫这两个官名甚至都不是赵佶时候的，要到南宋高宗绍兴年间（1131~1162）才有。其实说起寄禄官，北宋初期、中后期和南宋时三个阶段就有三种制度、三套官名，想搞明白也没那么容易。就像最后一次改定寄禄官名是在南宋绍兴年间，这时武将的最高寄禄官职是太尉，居正二品。但接着第二级就是通侍大夫，只有正五品

了。而文臣寄禄官的名称和等级改的次数更多，这里就不多说了。您只需要记住，元丰（宋神宗年号，1078~1085）改制后，寄禄官实际上替代了散官，这就足够了。

这么说，忠武郎不会是忠武将军（赵佶时这个散官官名已经不用了），宋江卢俊义的武德大夫和武功大夫估计也是乱盖的。施耐庵大概不大懂宋朝官制，所以都弄错了。

而另一方面，无论是宋朝初期的散官还是后来的寄禄官都只是虚衔，和实际的职权没有一点关系。此外，除了散官和寄禄官，大宋朝还有一种祠禄官，是朝廷派驻道教宫观的兼职官员。但这些祠禄官只吃俸禄，一般都不去上班，而且往往是六十岁以上"退居二线"或者没别的职位安排了，才会从事这个工作。

▫ 有差遣有职事才会有实权

那么什么官名才体现具体职权呢？

宋朝前期，有差遣的官员才有职权，也就是担任实职。司马光官名里的充集贤殿修撰、权判西京留司御史台这两部分中，"充"和"权判"都

表示差遣，这才是他当时实际担任的职务。除了"充"和"判"，"知""直""管勾""提点"等字样也都表示差遣，像您耳熟能详的知州、知府、知县，就都是差遣到州、府、县去干实际工作，当省长、市长、县长的意思。不过这些名称后来保留下来，成了约定俗成的官名。

　　知州、知府、知县这三个名称大家都很熟悉了。此外像知审官院事、判户部事、转运使也都是差遣官名。这里加在后面的"事""使"也是差遣的意思，表示到某个部门去做事，或者行使某方面的职权。大宋朝的宰相、副宰相一度叫"同中书门下平章事""参知政事"，这两个"事"就都是差遣，不是固定的职位。而有时候某位官员刚刚担任某个职务，还要有试用期，这时就要在前面加"权"字。比如司马光"权判西京留司御史台"，就是说他这个奉差遣而来的"西京留司御史台"还只是试用，不算正式职位。

　　元丰改制之后，原来的散官没了，变成了寄禄官。但是宋朝前期也有寄禄官，并且用的都是正式的官名，例如文臣寄禄官的尚书左右仆射，还有吏礼户兵刑工六部尚书，以及尚书之下左右丞、各部侍郎、中书舍人、给事中等——这些官名原来都是虚衔，根本不管事，那么现在还用不用了呢？当然用，而且现在它们变成了职事官，也就是实际的官职，又重新有了权限。就像司马光那个"右谏议大夫"，因为当时是在元丰改制前，所以只是寄禄官名，并不是实际的职务。但如果后来他继续担任这个职位，那就是职事官，要干点实事，不能领干薪了。

　　不过还是有些差遣官名保留了下来，像枢密使和枢密副使，地方上的官名也基本没变。另外，新的官制仍然存在寄禄官和职事官不对等的情况，这时候就要用"行""守""试"来区分："行"是寄禄官比职事官高，"守"是寄禄官比职事官低一品，"试"则是寄禄官比职事官低二品。

虽然只有职事官才有职权，但另有一种贴职是荣誉头衔，不另外单领一份工资，而且升官很快，很受重视，那就是诸殿、阁学士和馆阁职位。司马光任"端明殿学士兼翰林侍读学士"，就是这样一种贴职，"集贤殿修撰"也是贴职，但可以搞学术，所以算是具体工作。司马光能主持编著近三百卷的编年体史书《资治通鉴》，正因为他任职集贤殿修撰，而又远离政治中心东京，才得以集中精力。

> **游大宋指南**
>
> 在宋神宗元丰改制之前，北宋政权为了避免宰相权力过大，将宰相的职权一分为三，设立了中书、枢密和三司三个部门。中书的最高长官为中书门下平章事和参知政事，也就是宋代文官系统中权力最大的"宰执"（宰相和执政），相当于今天的政府总理和副总理。枢密又称枢密院，是处理全国军务的最高机构，相当于今天的国防部。三司是北宋前期最高财政机构，最高长官为三司使，号称"计相"，大体相当于今天的财政部部长。

爵位不世袭，食邑不靠谱

除了散官、寄禄官、祠禄官、差遣官、职事官和贴职这些官职，大宋朝官制中还有许多附加性的官职，它们各有各的作用，很难一下子说清楚。不过，爵位、食邑、食实封这几种不可不懂，因为这和官做到多大，钱赚了多少紧密挂钩，所谓"生计攸关"者也。

大宋朝的爵位也和历代类似，无非王、公、侯、伯、子、男，不过王公两级分得细些，又不断变化，前后等级数量也不大相同。例如王一级有王、嗣王、郡王三等，但实际上南北两宋加起来只有四个嗣王，数量少得可怜，而且都是特封，不是惯例。

嗣王，实际上就是王位的继承人，一般要嫡子（正宗长子）继承。不过宋代的爵位向来就没有"子承父业"的惯例，更没有形成制度——爹是王，儿子不一定会封王，最多封个公，且名额只限一个，其他的还得论资排辈慢慢熬。

皇亲国戚当个王都这么不容易，外人就更难了。其实自古以来皇帝就不喜欢封外姓为王——道理很简单，肥水不流外人田嘛！但其他朝代多多少少还有几个外姓王：像汉朝时韩信曾受封楚王，英布为淮南王，彭越为梁王……汉高祖刘邦一口气就封了七个异姓王。唐朝时也有高祖时期的吴王杜伏威，唐中宗时候的汉阳王张柬之以及和他共同拥立中宗李显，并称"五王"的另外四位郡王。宋以后的明朝，死后追封的异姓王不少，像徐达、常遇春等人都是，清朝在初期也有平南王尚可喜、定南王孔有德、靖南王耿精忠、平西王吴三桂和义王孙可望这五位异姓王。唯独大宋，从头到尾活着时被封到"王"一级的只有童贯、韩世忠、张浚等几个人，而且只是郡王，死了被封王的也只有赵普、王安石和岳飞寥寥几人。

爵位高低象征着地位，同时也和食邑关联。比如男爵至少有食邑三百户，子爵五百户，伯爵七百户，到侯爵就至少有一千户了。但这个食邑并不靠谱，只有食实封才真正和工资挂钩。司马光"食邑一千三百户、食实封四百户"，一千三百户这个数字没有实际意义，但食实封的四百户却意味着他一个月能多得到十贯，也就是一万文钱，算是一笔额外奖金了。

此外附加的官衔还有勋官、功臣、检校官、检校兼官、试官和象征身份待遇的赐。还是在司马光的那一长串官衔中，"上柱国"是勋官，"紫金鱼袋"是赐——关于"赐"，您可能听说过"剑履上殿、诏书不名、赞拜不名、入朝不趋"，这都是尊荣无比的事，一般人想都不要想。

比如"剑履上殿"，就是可以穿着鞋子，佩着宝剑到皇宫大殿去。您要不是立了大功，皇帝要不是对您非常放心，这事怎么可能呢？不过皇帝轻易不会放心，更不会随便给谁这种殊荣，所以历史上能这么做的倒大半都是"恶人"——像三国时的董卓和曹操，还有几乎所有在皇帝身边弄权，"挟天子以令诸侯"的人。

宋朝的官职还有很多中央和地方官，比如中央最高权力机构中书门下（又称政事堂）和三省（门下、中书、尚书）、六部、九寺、五监以及御史台、谏院的官员们，还有各地州府郡县的地方官，真是说也说不完。

第二章 重文轻武是祖训，福利待遇太诱人

岳飞像

⊙绍兴七年（1137），身为抗金名将的岳飞已经被宋高宗任命为宣抚使、太尉。宣抚使是岳飞的实职官，负责统领一路或数路的军队，地位和中枢的宰执相同。太尉则是岳飞的寄禄官职，只是有名而不任事，仅为升迁排位之用。

[历史旅行指南·活在大宋]

公务员招考哪家强，大宋科举最繁忙

——进士，读书人眼里只有你

有意加入大宋朝公务员团队吗？希望一举成名、为国效力，开创一片美好前途吗？请不要犹豫，马上报名参加大宋公务员统招科举考试！三级考试、多重渠道、成熟模式、完美规划，并且完全无年龄限制——您可以少年高中、一鸣惊人，也可以老来题名、光耀门第！

▫ 公招门类多，首选进士科

有志加入大宋公务员队伍的您，应该首先有个目标。国家部门多，样样人才都需要，所以公务员招考也不是只有一种，而是分成很多门类——宋代科举有贡举、武举、制举以及词科四大类，还有通过国家级医、算、书、画等专门学校学习并通过考试成为公务员的途径。这么多条跻身大宋公务员之列的道路，应该如何选择，参加哪一种学习考试比较好呢？

武举就不必多说了。您一听就知道武举出身将来要从军当武将。前面咱们刚说过，大宋重文抑武，当武将虽然威风但不受重视，而且前途悲哀，就算有机会成为狄青、岳飞那样的名将也很难有好下场，所以您还是别打算了。至于制举，那是由皇帝下诏举办的临时考试，时间不定，录取名额又少，而且大多数时候要有官员的举荐才行，自己不能报名，您也最好别抱太大希望。此外还有词科，是选秘书的，专考古代公文，什么诏书、表啦，还有檄、箴、铭、序等。有宋一代前后有宏词科、词学兼茂科、博学宏词科、词学科四种，且名额更少，每科最多才录取五人，终大宋朝也只有一百多人被录用，您觉得自己有希望吗？

想想武举、制举、词科，不是不理想就是太难考，您觉着学点专业技术或者走艺术特长路线也不错。当然，您如果能在太学开办的医学院、算学院、书学院和画学院学有所成、名列优等，的确可以直接当官。不过从这些专业技术口和艺术口出来只能做专门的工作——当个医官啦，审审财税啦，做个抄写员或者画师什么的，这些职位起点低（最低的只相当于文官从九品，也就是将仕郎），升迁机会少，想做高官更是恐怕终生都没指望，实在说不上是什么好选择。

这也不行，那也不行，还说大宋公招好？这不是笑话嘛！您别急，这不还有贡举吗？其实大宋科举考试中最重要的就是贡举，也就是常科。它是大宋公务员招考主要的途径，同时也是招收和录取公务员最多的考试，当

《帝鉴图说》之唐玄宗召试县令

⊙中国的科举制度，肇始于隋唐，健全于两宋，成熟于明清。这幅唐玄宗召试县令的插画表现的就是唐代科举考试的场景，而到了两宋时期，科举考试更加制度化、组织化，成为后来封建社会选拔官吏的重要手段。

然是您的首选。

在北宋前期，贡举考试又分进士、明经、诸科三种科目，其中的诸科又包括九经、五经、三礼、三传、三史、学究、开元礼、明法等不同的级别和内容，要说清楚实在是件麻烦事，一本本专业教材加上考试的内容和方式说出来保准让您头痛。不过没关系，您听到"进士"这个词是不是眼前一亮，科举考过了不就是中进士吗？没错，大宋公招招生范围最广、考中概率最大、考中后最为荣耀、当官机会最好、升迁机遇最多的，正是进士科！

所以您如果想参加大宋公务员考试，进士科绝对是首选中的首选！实际上，在经过王安石变法之后，大宋朝贡举考试也只剩下进士一科，明经和诸科后来都渐渐被取缔了。

▫ 限制比较少，人人可报考

目标有了，您一定急着去报名了吧？但是您也在担心：我这个身份、学历够不够资格？大宋朝会不会"唯血统论"，讲个家世出身？又有没有身体和相貌等方面的要求？

您放心，大宋朝在招考公务员这件事上基本上坚持"不拘一格选人才"的原则，从皇亲国戚宗室子弟到贩夫走卒、山野乡民可以说来者不拒。您只要不违反以下条件，报考大宋公务员绝对是没问题的！

第一，您没出过家，也就是没当过和尚、道士。大概宋朝的皇帝认为出家人"跳出三界外，不在五行中"，是不应该再入俗世，再惹尘埃的，所以就有了这么一条禁令。北宋时有个进士杨何，人家老爸是道士，母亲是尼姑，自己照样当公务员——看来出家人虽然出世，却不妨碍后代子孙做官。

第二，您不是吏，即不是专门给官儿们写写文书、抄抄案卷，身在官府却不属于官儿的人士。关于为什么吏不能当官，宋元之交有个历史学家叫马端临这么说："盖惟恐杂流取名第，以玷选举也。"就是说吏只能算"杂流"，不够"高大上"，难怪宋江宋押司这个"笔墨小吏"要愤愤不平，反上梁山等招安，寻求新的做官

朱熹像

⊙朱熹是南宋的理学大家，也是中国历史上著名的哲学家和经学家。根据《宋史》记载，朱熹18岁参加乡试，次年参加礼部试，赐同进士出身。宋代的科举考试将进士分为三等，第一等为进士及第，第二等称为进士出身，第三等为同进士出身。朱老先生学问名气不小，应试教育的考试成绩却还不算得学霸。

门路呢！

第三，就算您是下九流的工匠商贾也没关系，只要您属于"奇才异行、卓然不群者"，照样可以报考。神宗朝的宰相冯京，曾经连中三元，他爹就是商人。

第四，您的人品一定要没问题。大宋朝注重公务员的个人道德品质，决不允许滥竽充数，更不让道德败坏、违法乱纪之人混入大宋公务员队伍。所以，您要是犯过罪，不孝敬父母，和兄弟姐妹不友爱，或者被认为是"为害乡里"的恶人，甚至您的爸爸还有爸爸的爸爸犯过重罪，您都不能报考。

第五，身体不能有重大残疾。在宋代，伤残人士也分几等：聋哑弱智、四肢之一残废、腰背脊柱断折和侏儒属于废疾，得了疯癫绝症、两个以上肢体残废和两眼全盲则称为笃疾。废疾和笃疾是不能报名参加科举考试的。但要是程度没有这么严重，还是可以的。南宋淳祐十年（1250）的状元方梦魁不仅跛了一条腿，还瞎了一只眼，但依然名列榜首，可见大宋朝对人才的重视。不过当时南宋已经风雨飘摇，这位方状元后来虽然被升到礼部尚书，但还没来得及上任，南宋就灭亡了。

除去上面这些条件，就算您没上过大宋国家公办的学校，在家请家教或者是自学成才都没关系，一样可以报考。不过有一点需要注意：如果赶上家里有人亡故，需要服丧，那可就不能报考了。服丧的期限是一年，或者至少超过三个月，才准许报考。

▫ 考场纪律严，犯规很危险

顺利报名成功，您可以准备参加考试了。宋朝和之前的唐朝一样，科举考试有解试和省试，宋太祖开宝六年（973）又增加了殿试，这样就总共有三级考试。解试在中央（京城）由国子监组织，在地方则由州府和转运司分别负责组织当地普通考生和地方官的家人亲属们参加。解试一般在秋天（农历八月）进行，考试通过的考生被称为解士，也就是要被解送到京城去的士人。而解士第一名叫作解元——明朝江南四才子之一的唐伯虎就被称为唐解元（明清的公务员第一级考试称为乡试而不是解试）。

解士们被解送到京城，到第二年正月再参加省试（明清后称会试，故省试第一为省元，后来的会试第一为会元）。省试结束，通常在二三月放榜公布通过考试的考生名单，再然后就是最后一级由皇帝亲自主持的殿试了。殿试结果要给最终高中的进士们排定名次，也就是决出一甲前三名状元、榜眼和探花以及以下各甲名次。这样，三年一度的大宋公招才算基本结束。殿试排名的决定权在皇帝，因此进士们最要感谢和效忠的是皇帝，而不再是主考官——这也是创立殿试制度的赵匡胤独揽大权的又一妙招。自此，"恩归有司"变成了"恩由主上"，您的进士身份和名次是皇帝给的，您不感谢皇帝、不效忠皇帝，又去感谢、效忠谁呢？不过，自从宋仁宗嘉祐二年（1057）开始，省试放榜之后基本就确定了进士的身份，殿试只决定名次，考生不管怎么样都已经是大宋公务员了。

考试过程复杂，还要一级一级去考，而且考场纪律也很严肃，想要胡混过关或者作弊过关可不容易。违反了考场纪律，后果会很严重！

说起大宋公务员招考的考场纪律，首先是对号入座，也就是考生要按照发榜规定的考场、考号入场就座，参加考试，不能随便调换位置。其次，考试规定在白天进行，不许晚上点上蜡烛继续答卷，以免考生借着昏暗的灯光作弊。再次，考生和主考官有关系的要另设考场单独考试，就连录取名额都是单独规定的，称为别试或者别头试，以避嫌疑。

除了这些考场秩序和纪律的制度安排之外，对考生行为当然也有要求：带资料、打小抄、传纸条、找人代考当然是不可以的。例如挟带，除了大宋官方指定的参考书《韵略》之外严禁携带其他书籍资料，否则当即清出考场，至少一届或两届不得参加科举考试，后来甚至加重处罚，五届不得应考。还有传义，不管是口头指点还是写纸条给别人，都会立刻被取消考试资格，不准再参加考试。至于代考就更不可以了——凡是发现代考的，本人终生不得再参加科举考试，更不能做官。就连相关人员都要受连累：考生报名参加考试的证明人知情的四届不准参考，不知情的也要两届不得参考。还有受贿协助代考者的，当官的罢免，待岗的丧失三次上岗机会，推荐人五届不准参加考试。

大宋公务员考试三年一届，称为"三年大比"。动辄两三届或四五届不准考试，一耽误就是六年、十二年甚至十五年。因此这种惩罚不可谓不重，对于热衷于科举的读书人来说不啻于断送了政治生命，实在是很可怕的。

▫ 科考一成功，从此官路通

　　考试如此艰难，又有这么多危险，不过您行得正坐得端，一路过关斩将通过解试、省试加殿试，成了一名光荣的大宋朝进士，您的前途也就一片光明了。

　　殿试之后录取的进士，前期分为三甲，后来又分五甲。进士五甲，一二甲为进士及第，三四甲为进士出身，第五甲最差，也算同进士出身——各甲名次排定，就要进行唱名赐第了。届日，皇帝带着宰相和相关大臣们来到崇政殿（宋神宗之后是集英殿），封好的试卷已经被放在御座旁，专有官员按照事先拟定的名次拆开试卷，交给中书侍郎和宰相观看。于是两人同观试卷，照字唱名，逐个宣布当科进士。这就是唱名，又叫作"传胪"。又据《宋会要》，皇帝也有亲自唱名的，宋太宗赵光义就干过这个"特别嘉宾"的活儿，以示对进士们的恩宠。

　　唱名完毕，进士们就算是及第的及第，出身的出身，同出身的同出身，不再是一介布衣，而是朝廷命官，堂堂大宋公务员了。不过科举考试虽然结束，后续

《木鸡集序》·南宋·文天祥

⊙《木鸡集序》是文天祥应同乡好友张疆的邀请而写的文章，文中强调学习应从难从严，先学《诗经》后读《文选》才能有所收益。文天祥是著名的爱国者、民族英雄，他还有另一个身份——南宋末年的超级学霸。《宋史》记载，文天祥20岁中进士，宋理宗宝祐四年（1256），对策集英殿，擢为第一。看明白了？文天祥是南宋丙辰科（1256）的状元，殿试第一名。

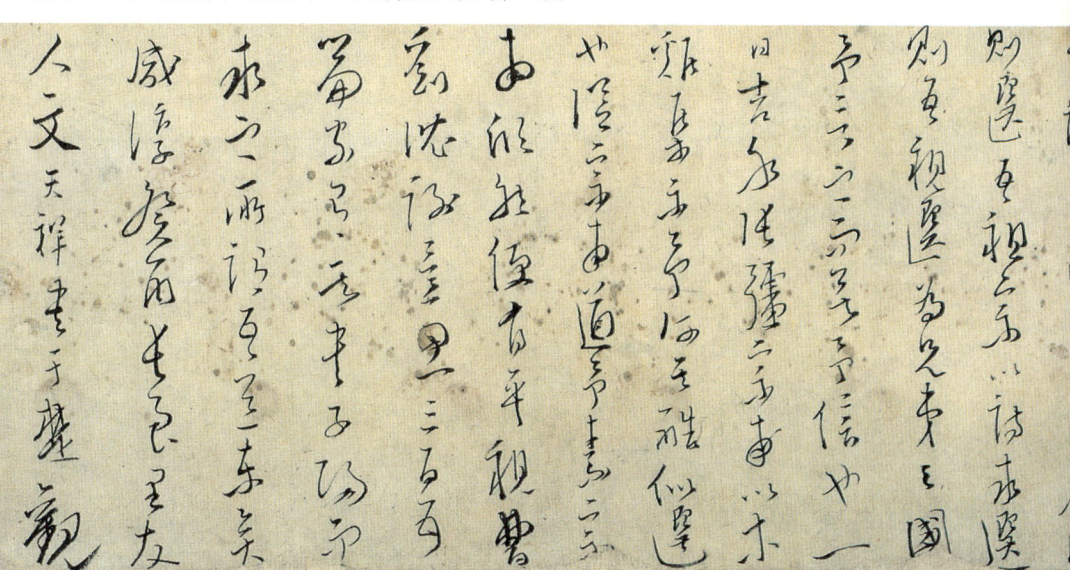

第二章　重文轻武是祖训，福利待遇太诱人

> **游大宋指南**
>
> 在王安石变法之前，宋代的科举考试沿袭唐制，除了进士科，还有明经科。进士科主要考诗赋和策论，难度大，录取比例低，但一旦考中就是科班出身，是文官集团中当之无愧的"绩优股"，仕途上升空间更大。明经科主要考试儒家经典，先笔试，再口试。明经考试及格，也能进入文官系统，但由于考试难度低，录取比例大，明经科的文凭并不太受欢迎，仕途的上升空间也相对狭窄。所以，一般有志向的读书人都以进士科为奋斗目标。唐代就有"三十老明经，五十少进士"的说法，意为30岁中明经科你都算太晚了，50岁考中进士那都是正当年的青年才俊！

活动却还有不少。进士们还要吃一顿饭，谢一次恩，搞一番庆典活动。

吃饭吃的是皇帝的赐宴，也就是琼林宴（不过南宋临安没了琼林苑，只好在礼部贡院里赐宴，估计也只好叫"礼贡宴"了）。谢恩要向皇帝谢恩，叫作"朝谢"。感谢总要意思意思，所以最早的"朝谢"是要送银子的，每人足足的纹银一百两。不过估计后来皇帝不好意思，所以就不收这份谢礼，改为让大家写一篇"表"赞美一下皇帝算了。至于接下来的庆典活动，包括祭拜孔子、孟子等圣贤先师，进士们互相团拜分个尊卑长幼，还得立题名碑石，造同年小录，等等，好不热闹。

不过考进士当然不只是为了热闹这么几天，更重要的是做官。在整个大宋朝，科举进士前四等基本上立马就封官：状元最大，可以做到将作监丞（从八品）或大理评事（正九品），榜眼和探花也可以做大理评事或者到地方去干个文秘工作锻炼锻炼。剩下的一甲进士及第者全有官职，好的时候甚至直接去当知县，以下各等也都能分到个工作。只有第五甲要"守选"，也就是等着考核，考核通过有了空缺才能正式工作。

从进士出身当上的官，升迁很快。宋太宗太平兴国二年（977），吕蒙正中状元，他六年做到副宰相（参知政事），十一年做到宰相（中书门下平章事），当时他才42岁，简直如同坐上了火箭。而且大宋朝的公务员中进士绝对占大多数，宰相和副宰相更几乎十有八九都是进士。仅凭这一点，您要想当大宋公务员，而且要干出点样子，就非考中进士不可！

门第决定官身，庸才也能入仕

——有种特权叫荫补

在古代，读书科举考公务员是个辛苦活儿，熬过"十年寒窗苦"能混个进士已经算十分幸运了。想想范进屡败屡战考了几十年，才考中举人就知道科举的不易。在宋朝虽然有特奏名制度（即经过五次或者更多次科举不第或者达到一定年龄——通常贡举是五十岁，诸科则要六十岁，就可以赐予进士出身或同进士出身），但能够如此幸运已经是少数，而且等当了官头发胡子也都花白了，官宦子弟怎么熬得起？没关系，官宦子弟不用怕，只要家庭好——出身于特权阶层，从来就不愁当不上官。

▫ 大宋好家庭：官员、宗室、皇亲

古人当官除了建功立业、拜将封侯的追求之外，也是为了封妻荫子、光耀门庭。这里的封妻是让妻子得到朝廷认可，成为有品级的贵妇人；荫子就是荫佑子孙，让他们获得荫补的机会，可以继续做官。荫补实际就是家族继承制，把官位作为财产传承下去。

在大宋朝，什么样的家庭才能让家族成员通过荫补当上公务员，吃上公家饭呢？当然，首先这位家长自己必须是官员，或者是皇亲国戚，和大宋皇族沾

《睢阳五老图》毕世长像·北宋

⊙宋神宗时期的五位老臣杜衍、毕世长、朱贯、王涣、冯平退休后居住在睢阳,集会赋诗,号为"睢阳五老",时人根据其故事绘成了这幅《睢阳五老图》,这幅毕世长像现藏于美国纽约大都会博物馆。画中的主人公毕世长就是一位标准的荫补出身的官员,他的父亲毕士安在真宗朝担任过参知政事(副宰相),深受真宗的信任。就是在毕士安去世的当年,真宗下诏任荫补毕世长为太子中舍,此后他历任虞部员外郎、知台州、司农卿等职务。

点边。不过，也不是所有的官员和赵家的三亲六故都有资格为儿孙后代申请荫补的机会。要想为家里人求官，这位家长至少得达到一定的官位，或者做出一些特殊的贡献、有特殊的身份地位才行。

关于官位，当然是越高越好。宰相、使相（一种名誉虚职，与宰相平级，但无实权）、枢密使等这些大官不必说了，文官最不济也要做到员外郎（寄禄官朝奉郎以上，正七品），而且还要有职事，不能是散官或寄禄官这样的虚衔，武将则要在诸司副使、提点刑狱（寄禄官衔为武德大夫到武翼大夫，正七品）以上。简单地说，只要这位家长品秩在正七品以上，而且又有一定的职务，就大有机会为家人（儿孙后代、侄子侄孙，甚至有时仆役家将都算）争取到荫补的机会。

至于皇帝家的三亲六故就更不必说了。皇帝、亲王的儿子、女儿们才生下来，还在襁褓之中就可以封官、赐爵，他们再有了孩子，同样可以获得荫补的机会——人家就是有特权。别说皇家宗室子女了，就连皇帝的外姓长辈、姻亲以及皇帝的大小老婆们，还有这些后妃的亲戚和亲戚们的孩子们也都能获得荫补，讨个一官半职。

大宋朝刚开国，赵匡胤当上了皇帝，但是这时他的生母昭宪太后杜老太太的兄弟们还都只是布衣身份，连个一官半职都没有。但人家有了个当皇帝的外甥啊，这就足够了。于是他们奉召来到京城，老大杜审琼封左龙武大将军，老二杜审肇封左神武大将军，老三杜审进也封左武卫大将军，由朝廷在京城给买下豪宅，领着退休金享起清福来了。再如宋仁宗有个美人尚氏得到了宠幸，她的家人也都平步青云——她老爸当上了右侍禁（皇帝的宫廷侍卫官），她的两个堂叔也都当上了右班殿直（低级武官寄禄官）。

如此看来，在大宋只要生在这几种家庭，当官绝不是问题！

▫ 年年有恩补，人人有机会

有了好家世，官宦子弟当官也很容易。但是除了皇室宗亲，其他家庭好的"家长"要在什么时候能为家人申请荫补呢？又会不会发生名额有限、狼多肉少的情况呢？

别担心，大宋官宦子弟这样当官的机会实在是多。就说官员们，赶上皇帝过生日可以申请，国家举行郊祀（在郊外祭祀天地）大礼或者明堂（国家举行祭祀、朝会、典礼等仪式的建筑）大礼可以申请。此外，官员退休、去世，到边远地区任职，为国捐躯，也都可以申请。

古时候皇帝的生日叫降圣节或者千秋节，不过每个皇帝生日的叫法都不同，例如宋太祖赵匡胤的生日叫长春节，宋太宗赵光义的生日叫寿宁节，宋真宗赵恒的生日叫承天节，而宋仁宗赵祯的生日叫乾元节……皇帝每年都过生日，于是每年都有大批官员可以为儿子、孙子、侄子甚至外甥等远亲要官，而只要他们达到条件，国家就会照规定赏他们相应的官职——这就叫恩补，是皇帝施恩赐予的荫补机会。

郊祀或者明堂的大礼是三年一次，到时候也照例有恩补。国家搞大型活动嘛，给大家个当官的机会，也算是福利。还有官员外放到边远地区当官，皇帝登基时外地官员上表祝贺，也都可以获得荫补——这大概是因为边远地方官没人爱干，所以额外给点好处，鼓励鼓励吧。

到了官员退休（古时候叫致仕）的时候，又可以申请荫补了——咱为国家工作了一辈子，送个儿孙晚辈来接班也是理所应当的嘛！例如按照宋仁宗时的规定，从七品以上官员退休，可以补子一人为官，如果没有儿子，那么兄弟、侄子、孙子也可以，只是要降低等级。不过，关于致仕荫补有一个规定，就是退休官员必须亲自接受荫补赦令，该赦令才能奏效，受益人才能得到任命。这就造成了问题。宋仁宗时候的榜眼廖子孟退休后生了大病，眼看要死了。廖子孟有个小儿子，才五六岁，廖子孟想让这个儿子得到荫补名额，但送达赦令的官员迟迟不到，廖子孟就那么苦撑着，说什么都不肯咽气。直等到赦令官到廖子

← ← 游大宋指南 → →

在宋代，不但文武官员的后代可以享受荫补制度，就是宫中的宦官一样可以荫补自己的养子。赵匡胤就曾规定：年满三十且自己没有养父的宦官，就可以认领一名养子承嗣。而宦官的养子荫补为官，也有一套流程和制度：正八品以下的宦官，其养子可以荫补为下班殿侍、三班差使等无品武官或者内侍省宦官（无品宦官）；正八品以上的宦官，其养子可享有等同于同品级武官后代的荫补权。

孟床前，他竟然坐了起来，伸双手接过敕令，然后才重新躺下，一命呜呼。

品级较高的官员，退休可以为家人获得荫补机会，等到人要死了，还可以最后申请一次，这叫作遗表荫补。像北宋初年的大将曹彬和枢密使王继英去世时，都有十几甚至几十个亲戚家人得到荫补。

前面说的这些荫补机会，"皇家人"当然都有，而且还不止这些。例如皇帝后妃，作为皇帝的大小老婆们，她们获得荫补的机会更多，而且那名目也复杂，让人羡慕。除了正常的圣节、大礼和遗表等荫补（后妃不会退休，所以没有致仕荫补）之外，她们给皇帝生下龙子龙女可以获得恩补，逐级晋封可以获得恩补，被册封为皇后可以获得恩补，连皇后回家祭祀家庙，随行的亲人都有恩补。

此外，还有皇帝特事特办给予的各种"内降恩补"，也就是反正皇帝说了算，说封官就封官了。前面提到的宋仁宗美人尚氏就是一例，而很多皇室宗族和宦官也凭着皇帝的宠爱和照顾跑官要官，弄得大宋朝荫补得官的情况都快泛滥成灾了。

▫ 话说荫补官：赚钱容易升官难

你也能荫补，他也能荫补，大宋朝以荫补晋升的官员简直太多了。这么多荫补官，其中当然免不了各种官宦子弟，他们怎么能胜任需要实干的国家公务员岗位，又怎么能真正担当得起重任呢？何况官宦子弟个个都当官，渐渐身居高位，又让那些通过科举考试当上大宋公务员的学霸们情何以堪？

没关系，荫补实际就是个家庭继承制度外加接班制度，当上荫补官只是成了吃公家饭的人，靠大宋国家财政生活而已，要赚钱容易，要真正升官做大事，那还难了点。

话说当上了荫补官并不是一劳永逸，也不是就能选官任职，担任有实际职务的职事官了。前面说过，宋朝前期有散官，后期有寄禄官，都只是官品等级，不是实际职务。荫补官就是这样的散官和寄禄官。他们要想"出官"（出任官职），还得参加考试——叫作铨试、呈试，后来还有帘试。这些考试虽然比科举简单，但对荫补得官的官宦子弟同样是很难跨过的门槛，考试最严厉的时候甚至要淘汰三分之二的人选，这些人就无法"出官"，只能接着领薪水了。

不过就算"出了官"，荫补官也还是比科举进士们低了一等，任职、升官都要受到限制。人家经过正式科举考试的进士们那叫"有出身"，一开始当官的起点就比荫补官要高，升迁也快。比如进士可以直接当知县，但是荫补官就不行——因为没职称，而且这种官来路"不正"，能力和水平都让人怀疑，所以就是没资格。

再说升官，"有出身"的科举公务员可以跳级，"无出身"的荫补官们就只好按部就班，一级一级熬年头、混资格。而且荫补官升到一定程度就等于混到了头，再没什么指望；有些职位也不会授予荫补官——比如直学士、学士这样的官，只有进士出身才可以当。人家那是讲学历资格的！

由此看来，靠荫补当官好是好，却也有弊端。大宋朝分明是搞"职业身份歧视"嘛！身为官宦子弟，有个好家，倒也不怕，但难免也会羡慕那些学霸级的"正牌公务员"啊！

银镀金庭院婴戏图八方盘·南宋

⊙荫补制度导致北宋政权官僚人数激增，再加上宋代官员的待遇又高，大大加重了政府的财政负担。宋仁宗时北宋财政收入不过三千九百万缗钱，其中三分之一要用来给各级官吏作为俸禄支出。

发明节日也要放假

——汴梁假日很悠长

在大宋当公务员,社会地位高,工资福利好,升职空间大……这些先不用说,仅仅假期一项,已经够令人羡慕嫉妒恨了。

大宋朝光是黄金周就有三个,还不算各种各样的节庆假日,全体公务员公休。病假、事假、婚假、丧假……大宋朝同样个个不缺,而且时间长、范围广,还基本都是带薪的。

▪ 制度:公休不多节日多

要说这大宋公务员的休息和假期,就不能不先说公休日。咱们今天的公休参照的是西方,每周周末休两天,俗称大礼拜。古时候没有一周的概念,但官员们也要休息。据记载,秦汉时候官员每五天休一天,称作"休沐",就是休息沐浴。大概官员们工作忙,不休息的时候连洗个澡都没时间。

到了唐朝,政府公务员工作不那么忙了,不上朝、不值班的时候就可以回家,因此也就不用休息那么勤,于是改成了十天一休,叫作"旬休",即每旬有一个休息日。宋代继承了唐朝的这一制度,全体公务员实行"旬休",每月十日、二十日、三十日(遇小月进则为二十九日)休息。

说实话,十天休一天在现代人看

来的确不算多，每三十天（或二十九天）才休假三天，比起我们每月休息八天来实在是差得远了。不过考虑到除了一部分中高级官员基本每天上午都要上朝，各级官员们可以轮流值班，不需要值班的官员下午基本就可以回家了，那么每月休息三天似乎也就足够了。何况大宋朝虽然公休不多，但涉及节庆的法定假日却实在是多——就说黄金周，大宋朝一年之中有冬至、春节、寒食三个"大节"，全都可以休息七天，虽然这七天中有两天可能要值班办公，但也已经很宽松了。

不仅"黄金周"，大宋公务员还过"三天小长假"，如上元（即正月十五元宵节）、夏至、中元（七月十五）和腊日（即腊八节）都可以休息三天，是为"中节"。此外还有正月初七人日、二月初一中和节、春分、春社（为祭祀土地之神的节日，在立春后的第五个戊日）等十七个传统节日和节气，再加上十月一日授衣日（就是给官员们发放锦袄——工作服冬装的日子）共十八天，也都分别放假一天，称为"十八小节"。

"大节""黄金周"二十一天，"中节""三天小长假"十二天，"小节"十八天，再加上全年"旬休"三十六天，这样算下来大宋公务员一年的休息日已经达到八十七天，应该说是相当可观了。

▫ 创新：发明节日也放假

如果大宋朝只有这八十七天假期，当然算不上什么。不过事实不会这么简单，人家大宋朝那可是"没有节日，创造节日也要过"的朝代。

历朝历代皇帝的生日都算是节日，简直要普天同庆，官员们怎么会不放假？所以说，像赵匡胤的长春节、赵光义的寿宁节，宋真宗的承天节，宋仁宗的乾元节等这些日子也要放假，而且皇帝的"降圣节"怎么能马虎？至少放三天，和前文的四个"中节"一起，算作"五中节"。

光是皇帝生日还是不够，皇帝们自己还要创造节日。这里就不得不提到一个人，他就是宋真宗赵恒。此人可谓是"大宋节日第一发明家"，他创造性地"发明"了五个节日。

原来，宋真宗景德二年（1005），宋辽签订了澶渊之盟，大宋年年要贡给辽国岁银十万两、绢二十万匹，丢尽了颜面。宋真宗为了粉饰太平，巩固自己和赵氏家族的统治地位，亲自导演了一

《文会图》·北宋·赵佶

⊙此图纵长184.4厘米，宽123.9厘米，现藏于台北故宫博物院。《文会图》是"书画皇帝"宋徽宗赵佶的画作，描绘了北宋时期文人雅士在假日里品茗聚会的一个场景。在深深的庭院之中，垂柳修竹，树影婆娑。树下的超大桌案上摆着果盘、酒樽、杯盏，几位文士围坐案旁，或端坐，或谈论，或持盏，或私语，儒衣纶巾，意态娴雅。

场"东封西祀""天书下降"的闹剧。在大中祥符元年（1008），"天书"三次下降人间，甚至"圣祖"（据说是道教真人，又是赵家先祖）也降临尘世，来给宋真宗励志，把他美化得真跟"受命于天"似的。

不过光是演这样一场剧可远远不够，要让子孙万代都记得这件事，最好的办法当然就是办成节日，大家到时候就过节，吃喝玩乐加庆祝，自然不会忘记了。于是，宋真宗根据三次"天书"下降和两次"圣祖"显圣的时间发明创造了五个节日，分别是天庆节（正月初三）、天祺节（四月一日）、天贶节（六月六日）、先天节（七月一日）和降圣节（十月二十四日）。有节日当然要放假，"天书五节"中的天庆节、先天节和降圣节最初放假五天，后改为三天，天祺节和天贶节各放假一天。

在宋真宗之下，宋徽宗赵佶可谓是"大宋节日第二发明家"。他发明了六个节日，不过这六个节日大多都是模仿宋真宗的，谈不上有多大创新，所以他只好屈居第二了。

赵佶的六大节分别是：天应节、真元节、宁贶节、元成节、天符节和开基节。这六个节日中，天应节（十一月五日）和开基节（正月初四）分别休假一天。这里最值得一提的是开基节——它是大宋"国庆节"，也可能是中国古代最早的以国家建立之日为庆典日的节日。因为正是在公元960年正月初四那一天，宋太祖赵匡胤宣布建立了宋朝。

大宋两大"节日发明家"给自己和文武百官们创新发明了十一个节日，共增加了十三个休息日，还有皇帝们的"圣节"三天。这样，大宋公务员们的年休息日已经超过了一百天！

← ← 游大宋指南 → →

对于宋代人来说，酒水是饮品，是礼品，也是祭品，更是节日里烘托气氛不可缺少的东西。比如年节时要喝屠苏酒、椒柏酒，端午节时要喝艾酒和菖蒲酒，重阳节要喝菊花酒，等等。因为节日众多，所以宋代的酒水交易量也非常可观，榷酒（酒水政府专卖）的收入在宋代的财政收入中高居第三位，仅次于两税和食盐专卖，是大宋GDP的重要组成部分。

▫ 人性化：婚丧病事都给假

不过一百天似乎也不算多，还不如我们今天一年的公休日。别急，大宋朝还有其他各种各样的休假，再算下去，可以休息的时候多着呢。

还是宋真宗，这位酷爱发明节日的皇帝同样喜欢给官员们过节的机会。比如在大中祥符五年（1012），宋真宗下诏"诏自今伏日并休务"，三伏天都可以放假了。这个规定似乎没有贯彻宋朝始终，不过光是宋真宗剩下的在位时间也很惊人了——每年多放假三四十天，而且是在酷暑难当之际，实在是爽！另外，宋真宗还很有人情味，京官要出京外放或者出使的，同僚们可以放假一天去送行，让大家喝一场践行酒，痛快一番。

当然，上面说的这两条都是特例，可以不算。但大宋朝的婚丧病事假可都是明文规定的，而且相当有人情味。就说结婚吧，咱今天只能是自己结婚请婚假，逢上家人亲戚办这种人生大事，您只能赶休息日赴个婚宴，否则就要请事假了。再看人家大宋，公务员自己结婚给假九天，兄弟姐妹和儿女结婚给假五天，堂兄

青白瓷贴塑人物龙纹魂瓶·南宋

⊙美国弗利尔塞克勒美术馆藏。魂瓶为冥器，又称"谷仓罐""堆塑罐"，也称魂魄瓶。南宋时期，由于统治中心南移，南方经济得到显著发展。以景德镇为核心的江西制瓷手工业也发展迅猛。在江西及周边墓葬中，青白瓷堆塑长颈魂瓶得以流行，魂瓶上有日月星辰、仙佛人像、云龙仙鹤、四灵和其它动物的堆塑、贴塑图像。这种魂瓶在江西宋元墓中经常出土，特别是江西中部和东北部地区几乎每墓必出。

第二章　重文轻武是祖训，福利待遇太诱人

弟姐妹三天，堂侄（女）两天，就算是堂侄孙（女）、曾孙（女）都有一天。

丧假也是一样，不是自己的直系亲属也都有相应的假期。而如果是父母亡故，那时间就更长了——文官的父母去世，要守孝三年，这三年可以离职，不用上班（不过这种不上班可没工资）。武官也至少有百日假期，上不上班随便。

再说病假。宋代公务员大概小病不算病，有个发烧感冒之类都不会请假（其实想想也是，平时假日那么多，下午一般还不用上班），不过如果真是病得严重，也还是要治疗。所以宋代的病假叫作"寻医"，而且一给假就是一百天（带薪的）！一百天没治好？没关系，可以续假，接着治疗（这次不带薪）。只要这位请假的公务员的确生了病，没被查出是"诈疾病有所避"，就可以慢慢享受"疗养人生"。

对于事假，大宋朝前期基本没什么规定，大家都可以随便请假。直到南宋高宗绍兴年间才有了限制：三年可以累计请假两个月，两年可以请假一个月，但一年内不准请假（有点像今天的年假制度）。

除了这些人生大事，大宋公务员上任之前有上任假（大概是为了给长途跋涉到外地当官做准备），定期还有探亲假（根据路程远近，时间长短也有所不同），皇帝生了皇子、娶了妃子一高兴也会放假，功臣立下大功、将军凯旋也难保不度个休闲假……总之，各式各样的假期，花样多了去！

前面说的这些假期既不固定，个人情况也不相同，不过能让大宋公务员切切实实享受到国家福利倒是真的。照这样算来，大宋朝虽然法定的公休、假日不算太多，但加上各种特定假期和个人因婚丧病事的请假，一个公务员一年休个半年似乎不会有什么问题。

看起来，大宋真是个"假日时代"。要想享受悠长的休假，到宋代去绝对是明智的选择！

[历史旅行指南·活在大宋]

HUOZAI DASONG

朝廷政策好，官员待遇高

—— 如此高薪，谢主隆恩

第二章 重文轻武是祖训，福利待遇太诱人

大宋朝公务员（百姓父母官）能赚多少钱？他们的工资福利待遇怎么样？有没有其他收入？总之一句话：在大宋朝当公务员收入水平到底怎么样？

▫ 当官就赚钱，生活有保障

小到一个家庭的组建，一个公司的创立，大到一个国家、朝代的开创和兴起，都有一个白手起家、艰苦创业的过程。所以，要说起赵匡胤刚刚建立大宋朝和宋室南迁、宋高宗在临安建起南宋政权的时候，大宋公务员的收入的确不算高。北宋刚开国时，一个县令每月的工资不到十贯钱，只能"粗给妻孥，未至冻馁，然艰窘甚矣"。那日子过得够寒酸的。而赵构刚逃到江南的时候立足未稳，又要和金国交战，发工资也成了问题，一度只给文武百官们三分之二的工资，宰相甚至要扣掉一半，也真是让大家心里委屈。

不过国家总在发展，生活也总在进步。一旦条件好了，广大公务员们当然是首先要给予利益保障的那一部分人。而这种利益保障，最基本的就是体现在俸禄，也就是工资和各种补助、福利待遇上。

大宋朝在绝大多数的时间里，对全体公务员——不管是虚职还是实职，散

一两金叶子·南宋

⊙据元代佚名所著《居家必用事类全集》记载,南宋金质货币中,有一种叫"金叶子"的,或称"金子叶"。目前在浙江杭州、湖州、温州等地陆续出土了为数不多钤有不同铭文的折叠状金箔,据考证,这些带铭文的金箔就是所谓的"金叶子"。

官、寄禄官、祠禄官、贴职还是职事官,统统发工资,而且基本能够保障生活。

大宋公务员的基本俸禄——姑且叫作基本工资吧,自从元丰改制之后就一直是由寄禄官决定的。您可以这样理解:大宋公务员的基本工资只论行政级别,不看具体职位。也就是说,只要当上了公务员,有了行政级别,就有工资拿。

那么这份基本工资大约有多少呢?根据元丰年间的俸禄标准,文官中最高等级的开府仪同三司月入一百贯,特进为九十贯,以下的金紫光禄大夫、银青光禄大夫和光禄大夫大概有六十贯⋯⋯到了最低等的从九品承务郎差距更大,月薪才七贯。看到这里,您可能觉得——还说大官工资高,一百贯也没多少钱啊!好吧,其实真正的大官开工资并不受寄禄官等级的限制。比如节度使工资每月四百贯,宰相三百贯,枢密使、参知政事为两百贯,都不是按照品秩计算的。

此外,基本工资不仅有钱,还有粮食(禄粟)和衣料(衣赐),也都是按照官职的高低分成不同等级的份额,逐级分配的。这其中的衣料,主要有绫、罗、绢、棉,是发给官员们做官服（朝服和礼服）的，绫、罗只有中高级官员和部分武将才有，绢、棉则统一发放。

补助多样化，照顾很周全

光是本俸（基本工资）还算不得什么，而且低等官员的本俸很低，有的还不到十贯钱。但是本俸之外，大宋公务员们还有各种额外收入和补助，也都非常可观，甚至高过工资。

这些名目繁杂的额外收入和补助之中，最重要的是添支（也叫职钱、贴职钱，宋代官员额外收入不同时期和用途的叫法）。例如职钱是元丰改制时增设的，替代之前的添支，发给除了馆阁职务之外的在京官员，相当于职务工资。这份工资很高，开封府尹每月都可以赚到一百贯，至少也有八十贯，就连正九品太常寺奉礼郎也有十六贯，比他的基本工资（八贯）高了一倍。

职务工资这么高，为什么大学士、直学士、学士们没有呢？因为他们还发添支钱（后称贴职钱），而且绝不比职钱少，并额外补助粮食米面和衣料，算是对知识分子、专家学者的优待。此外，不在京的官员们不给职钱，而是分职田——根据职务的高低和管理州县的大小配给相应面积的土地，从中分租，获得粮食或者变现。

大宋朝实行的添支、职钱、贴职钱实际上等于给有职事的官员们加了双薪，难怪他们要千方百计争取到"出官"，那可是多拿一份工资，甚至比基本工资多几倍啊！

多了份职事，不光是钱可以多拿，其他方面的东西也可以多得。大宋朝对在职公务员们可以说照顾得无微不至，周到异常。除了发放货币之外，还有米、面、羊（这在大宋可是好东西）、傔人餐钱（随从的伙食费）、马刍粟（马匹草料）等，甚至连酒、茶、炭（用来取暖）都给，而且还是制度性的，标准明确，不能任意取消。

该发的实物也发了，补助也有了，但还不够。大宋公务员们还可以享受误餐费（餐钱）、饮料费（茶汤钱）。这两笔钱前者从国初就有，是给京官的，多的（如宰相）可以有五十贯，少的也有两三贯；后者为南宋所定，专给外官，用来补贴职田的不足——对没有职田或者职田收入未达到十一贯的，补足十一贯。

大宋朝之所以给他们又是发钱

又是发东西,一方面是为了让大家有个好生活,衣食住行有保障,能够专心为朝廷工作,给皇帝卖命;另一方面也是为了高薪养廉。宋高宗赵构在决定给外官发茶汤钱的时候就说:小官们到外地去工作,很多都没有职田或者虽然有但却没达到标准,每月只能得到三五贯钱,这样子怎么能养廉呢?

赵构虽然卖国,但是对小官们还真是体贴。

▫ 赏赐成惯例,官员都有份

当然了,皇帝们最体贴的还是那些身居高位的大官——他们才是最能给皇帝创造价值,也最不让皇帝放心的人。依照大宋朝开国皇帝赵匡胤的理论,对这些人就应该给他们多多发钱,令他们人人都能过上快活逍遥的日子。

在大宋朝的各个阶段有"公用钱""公使钱""供给钱"等名目,本来都是用来招待过往的外国使臣、朝廷使节、巡查官员和各种因公路过官员们的。但是这笔钱分拨给各级官员,实际上成了他们的私人小金库。对这种情况,大宋朝

《华灯侍宴图》·南宋·马远

⊙台北故宫博物院藏。图绘在灯火通明的宫殿里,隐约可见几位官员屈身随侍皇帝饮宴。宫殿外头,乐舞的宫女摇曳着身姿;而一旁的树林,似乎也随着音乐起舞,显得姿态横生。这些树林,由近而远,渐渐隐没于雾色之中,只见宫殿后矗立着几棵松树和远处数抹青山。

廷和皇帝本人都是心知肚明，未曾试图阻止或者改变。

大宋高官中拿到这笔钱最多的是使相兼节度使，曾经一度达到每年两万贯，节度使则为一万贯，较低等的知州也有五百贯。后来，大宋政府虽然缩减了这部分开支，但各级官员们得到的这种"类灰色收入"依然可观——知县和县丞每月都可以有十五贯，每年就是一百八十贯，又相当于把工资翻了一倍。

小金库之外，大宋高官们另一项"正大光明"的高额收入，是皇帝给的赏赐。

三年啦，皇帝又要亲自主持郊祀大典了。在京大小官员，只要有幸能参加典礼的，无不欢欣鼓舞。为什么呢？大发横财的时候又到了。原来，每逢三年一度的郊祀，皇帝都要例行赏赐随祀官员，而且赏格很高，赏金极为诱人。

根据惯例，得到皇帝赏赐最多的是亲王，赏银两千两，衣料两千匹，外加银鞍、勒马。如果某位亲王同时还兼任开封府尹，那就再加银一千两，绢一千匹（这是担任职事才有的，所以还是"出官"好）。亲王以下就是宰相、枢密使了，他们也有

大宋宰相年薪几何

一篇短文说来说去都是宋代货币，您可能对宋代公务员的工资还是没有一个概念。那么，让我们做一下简单的换算，看看大宋公务员的工资放到现在有多少，您就明白了。

大宋宰相每月基本工资三百贯，职钱差不多也是三百贯，还有添支（学士补贴）五十贯，餐钱五十贯，即每月共有七百贯，一年就是八千四百贯。此外三年一次的郊祀赏银一千五百两折合一千五百贯，每年又有五百贯。

除了现金工资，还有每年分得的粮食、衣料、随从伙食费、羊、酒、茶等，都可以折现。酒茶不算，其他每种都不下百万。例如随从伙食费一项，按照一百人每人每月三贯计算，每年就是三千六百贯。

一名宰相，即使不算皇帝的特别赏赐，年薪也万贯以上！

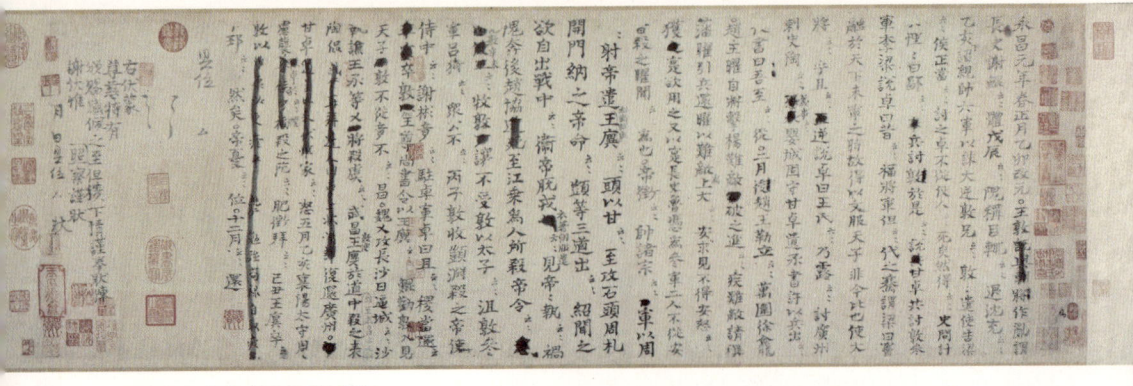

司马光《资治通鉴》残稿

⊙北宋统治者对官员（特别是文官）有多优待，参见司马光的仕途生涯就可见一斑。熙宁四年（1071），司马光因为反对宋神宗和王安石主导的变法，以端明殿学士出判西京御史台。此后的十五年里，司马光基本没干什么本职工作，就是三件事：写写《资治通鉴》，和反对新法的老臣聚聚会，顺带写文章骂骂新法。就这样，宋神宗依然是俸禄照发，福利照给，逢年过节还要派人带着赏赐物品去看望他。

赏银和衣料各一千五百两（匹）以及银鞍、勒马，如果充任大礼使还能加五百两。地位级别继续降低，赏赐也就越来越少，不过多少都是肉，总够嚼两口，至少还能喝点肉汤嘛！

过了郊祀，其他的祭祀或者庆典活动也都值得期待，而且赏赐也都不少，这样一年一年算下来，又是一顿顿"夜草"、一笔笔"横财"，让大宋官僚们想不肥得长膘、富得流油都不可得了。

各种活动的赏赐是"例赏"，参与者"人人有份、利益均沾"。如果能得到皇帝的欢心，还会有"特赏"，那可是独享的了。宋太宗、真宗时名臣李沆刚刚当上右补阙，太宗即下令"赐钱百万"，又因为"沆素贫，多负人钱，别赐三十万偿之。"当了官给赏钱，甚至由国家动用国库帮忙还账，这样的好事哪里找？后来李沆当上了宋真宗朝的宰相，一次突发疾病，宋真宗亲自去看他，还送了五千两银子给他看病，可谓亲厚。不过可惜，当天李沆就死了。

李沆临死发了一笔"横财"，和他几乎同时的名臣王旦、冯拯、王钦若死后也都获赐银五千两，给家人留下一大笔财富。另一位太宗、真宗朝的名将戴兴因为平定蜀地有功，获银万两，并且每年还另加给用钱一万贯，一下子阔了不少。像这样的例子在南北两宋着实不少，很多官员因此"一夜暴富"。

[历史旅行指南·活在大宋]
HUOZAI DASONG

禁军教头在此，禁军在哪儿

—— ⊙ 武将地位有点低

《水浒传》中"豹子头"林冲还未落草梁山的时候有一个响当当的名号，叫作"八十万禁军教头"，听起来真是威风凛凛。事实上，当时北宋禁军倒的确有八十万，但其中像林冲这样的教头少说也有二百六七十位，更别说还有三十位都教头——林冲根本算不上什么人物！

其实何止林冲这"八十万禁军教头"算不上什么人物，就连那些高级将领们在北宋政坛也没有太大的发言权。他们名义上是武将，却没有自己的直属部队，这就是北宋军事管理制度最大的特点——"兵不知将，将不知兵"，难怪大宋朝的军队败仗打了不少。

天下军权归皇帝

要想说明宋朝的军队为什么会"兵不知将，将不知兵"，就还得唠叨一下大宋朝开国皇帝赵匡胤。

赵匡胤有鉴于五代时期武将专权和自己"黄袍加身"的故事，专门搞了个"杯酒释兵权"，把一帮功臣的兵权全都"收归国有"，送他们回家享清福去了。接着，赵匡胤又定下了"重文抑武""重文教、轻武事"的基本国策，把大宋朝建设成文官的天下，最大限度地降低了武官造反的风险，实现了"长治久安"。但是大宋朝不可能没有一兵一卒，不然皇帝和他的一大家子人谁来侍卫，大好河山又由谁来保护呢？然而有了兵就要有将，军队总要由军官统领和指挥，这怎么办呢？

面对这种情况，赵匡胤费尽心思、绞尽脑汁采取了一系列措施，设计了一整套制度，最后只为了一个目的，那就是防止武将作乱。赵匡胤的弟弟、大宋朝第二位皇帝、宋太宗赵光义一即位就说：先皇当了十六年的皇帝，"事为之防，曲为之制，纪律已定，物有其常，谨当尊承，不敢逾越"——那意思就是说：我哥哥处处提防，小心制定政策，已经指引了道路，指明了方向，今后咱们就"按既定方针办"，准没错。

赵匡胤发了话，赵光义表了态，后世的皇帝们当然要跟着走。于是，赵匡胤设计的军事制度、军队管理办法和战时调兵遣将的作战方案就成了既定国策，被"坚定不移"地执行了一百多年。由赵匡胤亲自设计的这套军事制度最主要的目的就是"天下兵权归皇帝"，因此它的首要原则就是除了皇帝，谁都不能有绝对的统兵权。为了确保遵循原则，达到目的，赵匡胤采取的办法是把调动军队的兵符交给枢密院，但是不给他们兵；把兵交给三衙（包括殿前都指挥司、侍卫亲军马军都指挥司和侍卫亲军步军都指挥司）管理，却不给他们调动军

《中兴四将图》·南宋·刘松年

⊙中兴四将指的对南宋政权有救亡之功的四位著名将领，从右至左分别为刘鄘王光世、韩蕲王世忠、张循王俊、岳鄂王飞。历史上关于中兴四将的人选一直有所争议，吴玠、李显忠、刘锜等将领也被认为是中兴四将的人选。但无论哪种说法，岳飞都是中兴四将之首，韩世忠也是战功赫赫，而刘光世则素有逃跑将军之称，张俊与秦桧合谋制造"岳飞谋反"的冤狱，两人入选均有滥竽充数之嫌。

队的权力；在军队要执行任务时，又临时委派武将去统率，任务完成，使命也就结束，武将不再有统率之权。

这真是个好办法！正因为有了这个办法，枢密院、三衙和率臣（临时统率军队的武将）都只能各自分管大宋军事的一部分职能，谁都没有完全掌握一支军队的权力，更别想私自调动军队帮自己干坏事。正因为有了这个办法，使后来的大臣范祖禹敢说"此所以百三十年无兵变也"——事实也正是这样，终大宋三百年也没有出现几次像样的兵变，能够裂土称王，与赵宋王朝争夺天下的军事叛乱更加没有。天下的军权，大多数时候还是掌握在大宋皇帝手中。

临时组团去打仗

但是皇帝一个人掌握了军权，不等于他也能一个人训练、管理和指挥天下的军队。一旦有了战事，让皇帝一个人带兵打仗更不可能。平时驻防操练，战时出征打仗，还是要靠武将。

各地（尤其是边境地区）不能没有兵，有兵不能没有将；但是地方兵力强盛了皇帝会担心，武将长期在外带兵皇帝会更担心。这个矛盾怎么解决呢？赵匡胤早就想好了对策！

有宋一代，国家的主要精锐部队是禁军，也就是皇帝的亲军。赵匡胤"杯酒释兵权"之后，又"罢藩镇，收其精兵"，把各地军队中的精兵猛

第二章 重文轻武是祖训，福利待遇太诱人

将都抽调到禁军中来，借此削弱了地方武装，同时也使禁军成为大宋朝最强大的一支军队。但这还不够，赵匡胤又把禁军的主要兵力集中在东京城和周边地区，使驻守京师的军队数量多于地方的任何一支军队，足以弹压任何反叛；而驻守在京城的军队也被分为城内城外两部分，并且外围之外还有外围，这些军队各自独立，互不统属而又互相牵制，相互之间势力均衡，最终都被皇帝一人牢牢地掌握在手里，为保卫皇权效命。这就叫作"内外相制"。

再说兵和将的矛盾。解决这个问题赵匡胤用的是"更戍法"。对"更戍法"最冠冕堂皇的解释是：广大战士们啊，你们长久地驻扎在一个地方，难免会懒惰的！而且让你们总是驻守在边远贫困的地方，既不公平，朕也不忍心呐！再说了，咱当兵的人就是要艰苦奋斗、勤学苦练，刻苦钻研军事知识，广泛了解山川地理嘛！所以让大家经常换换防，调动调动，也是对大家的爱护和锻炼嘛！

有了这么充分的理由，大宋将士们当然不好推辞，只能"打一枪换一个地方"，东奔西跑、南来北往，每隔一两年就要调防一次，疲于奔命。

不过兵调将不调，武将们刚和这一批士兵混熟，他们就被"更戍"到不知什么地方去了，又来了一批新兵。而且大宋朝对武将还有"转员"制度，名义上是升官，但同样是一升官就被调离原部队，又到一个新地方，面对新的上司下属去了。

有这两种方法，就做到了"将不得专其兵"——武将们没有自己亲身训练、指挥得力的军队，更谈不上有忠于自己的嫡系，何谈造反？但也正因为有这两种方法，同时也就造成了大宋朝"兵不知将，将不知兵"的局面——军队和将官之间互不了解，甚至谁都不认识谁。

那么，一旦真的发生了战事，仗要怎么打呢？很简单，兵是现成的，将也是现成的——"东市买骏马，西市买鞍鞯"，把兵和将凑在一起，临时组个团，不就可以出征了吗？

▪ 自毁长城为哪般

临敌上阵，将官是从东边差遣的，士兵是从西边抽调的，甚至有时候军队统帅竟是文臣，更有甚者还有宦官（北宋末年的权宦，"六贼"之一童贯就做到了全军最高统帅，并曾率军对辽国作战，吃了大败仗），就算是高级将领，也可能是"环卫官"（即左右金吾卫等十六卫上将军、大将军、将军等武散官），属于手下无兵的空头将军，更加和士兵不熟悉。同时，将军们带兵出征、临敌交战不是自己说了算，而是受三军最高统帅——皇帝的遥控（出征前，皇帝已经制定好行军路线和作战计划，并且绘制出阵图交给统兵官，他只要照章办事就行）。这样的将士组合，这样的战略战术，战斗当然很难打得赢！

于是乎，自从北宋开国名将们渐渐凋零，赵匡胤的军事制度逐步落实形成传统，北宋军队的战斗力逐渐下降，对辽先后有高粱河、岐沟关两场大败，对西夏则先后有三川口、好水川、定川寨三场大败。可以说，有赵匡胤这样的"老祖宗"，定下这样的"家法"，如此败绩毫不奇怪，要是能打胜仗那倒才稀奇了呢！

不过，大宋朝的军队也不是毫无机会重新强大起来。

从北宋到南宋，大宋朝至少有两次机会可能变弱为强，恢复汉唐的荣光。这两次机会一次是在宋神宗时期，王安石变法，同时改革了兵制，通过实施省兵法、将兵法、保马法、保甲法等新制度一度革除了旧兵制的弊端。这其中最重要的就是将兵法。

将兵法又叫置将法，简单地说就是给军队配备固定的统兵将领，让他们平时训练军队，战时指挥作战，使"兵将合一"。在神宗朝，范仲淹和蔡挺（北宋名臣，因抗击西夏建功，曾任泾原路经略安抚使，官至枢密副使）曾先后试行将兵法，后由蔡挺推广到全国。

将兵法一出，兵不再不知将，将也不再不知兵，军队训练有素、指挥有方，战斗力得到了很大提高。范仲

鎏银鱼龙纹铁斧·北宋

⊙此斧前为龙首，后为鱼尾。鱼龙腹部以下接铸一锥状柄，铸造精工，为稀世珍品，根据款识可知此斧为嘉祐元年（1056）制造。

第二章 重文轻武是祖训，福利待遇太诱人

> **游大宋指南**
>
> 南宋初年，为了抵御金军南下，将其偏安一隅的国土划分为四个战区——四川、京湖、江淮、沿海，每个战区任命制置使，作为战区的最高长官。其中京湖战区位于长江中游，联系着江淮和四川，是南宋抵御金军南下的咽喉要地，岳飞就曾出任京湖战区制置使。

淹和蔡挺在对西夏作战的过程中屡战屡胜、收复失地，取得了较大的成功就是明证。而北宋中期的名将狄青，也正是这时候脱颖而出，成就了他的丰功伟绩的。

但是王安石的变法最终失败了，作为变法的一部分，兵制改革也受到了批评。将兵法，因为不符合赵匡胤立下的"祖宗家法"，更不符合历代皇帝对武官将领"事为之防"的原则，终于也"无疾而终"，随着变法失败烟消云散、不了了之了。

到了宋室南迁，赵构建立起南宋王朝的时候，大宋的兵制又发生了一次巨大的变化。经过南宋初年宋军和金军的一系列交战，抗金将领的更替沉浮，最终形成了以各地屯驻大军为主力的南宋军队。而各屯驻大军将领也实际上成为自己所指挥的军队的最高统帅，拥有了对军队的控制权。到绍兴五年（1135）时，保卫着赵宋王朝，和金国对抗的主要有五支屯驻大军，他们是：

韩世忠的前护军，兵力八万人，驻淮东楚州（今江苏淮安）。

岳飞的后护军，兵力十万人，驻鄂州（今湖北武昌）。

刘光世的左护军，兵力五万二千人，驻庐州（今安徽合肥）。

吴玠的右护军，兵力七万人，驻兴州（今陕西略阳）。

张俊的中护军，兵力八万人，驻建康（今江苏南京）。

这些宋军主力加起来也有近四十万，但是，赵构无心北伐，对统军将领也始终怀着疑忌，到了绍兴十一年（1041），刘光世、韩世忠、张俊先后被罢免了军权，吴玠病逝，剩下一个岳飞更被以"莫须有"的罪名杀害，五支屯驻大军也就瓦解冰消，不复存在了。

赵构自毁长城，断送了南宋最强大的武装力量，大宋军队从此更加无药可救。虽然后来又出现了几位名将，但他们同样改变不了南宋的命运——这个始终以防范武臣为第一要务的王朝，终于败亡在北方的铁蹄之下……

第三章
商品经济是个宝，物质享受少不了

宋代经济如同其灿烂辉煌的文化一样，在中国封建社会的历史中占有极其重要的地位。在这个商品经济渐趋繁荣的时代，农业、手工业、商业、对外贸易都有了长足的发展，创造了空前的财富和繁荣。从统治阶层到普通市民阶层，都形成了前所未有的消费享受之风。

[历史旅行指南·活在大宋]
HUOZAI DASONG

商业很繁荣，商人地位高

⊙ 行业歧视没必要

大宋朝是文人治国，政治不强硬，外交很柔弱，跟周边少数民族政权动起武来，败多胜少，最后连天下都打丢了。可不管怎么说，大宋朝有钱啊！

据不少专家学者的研究鉴定，当时的世界各国之中大宋经济排名第一，论起这方面的实力，真是"我们先前阔得多啦！"而这当年显赫的身家最突出的表现就是商业繁荣，即使是在推崇"重农抑商"政策的古代中国，宋代商人的地位也大大提高，比起其他朝代很有些不同。

▫ 两宋生意都红火

大宋朝经济好当然首先是工农业发展得好——粮食产量没得说：耕地最多时五亿多亩，年人均口粮近六百斤，比很多"盛世"都粮食充足。而手工业也兴旺发达：丝绸、棉麻等纺织品的生产不用说，还有瓷器行业、采矿冶炼行业、酿酒业、造船业。特别是造纸业、印刷业的兴起和火药的应用，给大宋经济带来不少新气象，增添了经济新动力。支柱有了，商业贸易自然就繁荣起来。有宋一代，大宋朝的商品经济始终红红火火，汴梁、临安两大城市成了最红火的商业区。

东京汴梁在北宋时是全国最大的贸易集散地和商业聚集区。汴河连接黄河，沟通江淮，作为交通贸易的枢纽地位自然不用说，汴梁又是京城，全国各地的好东西都被送到这里来，物力人力汇集，理所当然地成为北宋乃至当时世界性大都会和商贸中心。

曾几何时，东京汴梁人口百万、商户众多、街市繁华、交易不休，当真是热闹非凡。且不说咱们前面提到过的御街、州桥一带的闹市区和昼夜接连的早市、夜市，就是东京街上随处可见的酒楼、饭店、金银铺、珠宝铺、小商品行、杂货铺、旅馆等，都让人目不暇接，还有专门的牛市、马市、茶市、布市、勾栏瓦舍……简直是应有尽有。不光商人们做生意，和尚道士们也来凑热闹。

当年花和尚鲁智深挂单容身的大相国寺，每个月都要搞五次"万姓交易大会"。这交易大会可谓是大宋

龙泉窑青釉琮式瓶·北宋

⊙龙泉窑（今浙江龙泉市）是中国南方青瓷的一个代表，北宋早期开始创烧，南宋中晚期进入鼎盛时期。宋代龙泉窑稳重大气，浑厚淳朴，极具艺术美感。

朝的"万国博览会"，千年前的"世贸展"。什么珍禽异兽、香料药材、金银珠宝、书画古玩都有，真可以说琳琅满目了。

到了南宋，皇帝南渡，全国的商业中心自然也就跟着一路南迁，来到临安。那个时代，水泊梁山的好汉们是"若要官，杀人放火受招安"，商人们自然也是"若要富，跟着行在卖酒醋"。卖酒醋都能发财，何况天子脚下生意好做，到南边"临时安定"照样不耽误赚钱。

关于临安城的热闹景象咱们前面也有简单的介绍，而那些跟着皇室搬迁来的贵族官员、士农工商们，还有赶到这个临时京城凑热闹，找发家致富门路的各地商旅，把这座本来就已经是南方繁荣之地的都市挤了个人满为患、水泄不通。继汴梁之后，临安

第三章 商品经济是个宝，物质享受少不了

《货郎图》·宋·苏汉臣

⊙这幅《货郎图》描绘了宋代游走在民间乡里,专门贩卖生活用品或玩具的游商货郎的形象。画面中,货郎的手推车上货物品繁多,从锅碗盘碟、衣着服装,再到儿童玩具和瓜果糕点,无所不有。整个宋朝的商业环境相对其他封建王朝更为宽松,统治者宽待商人,鼓励商业,比如赵光义就曾发布诏令:"自今除商旅货币外,其贩夫贩妇细碎交易,并不得收其算(个体户的小生意不收税)"。同时严禁官吏勒索、刁难商贾,官吏如果"滞留(商人)三日,加一等,罪止徒二年"。

也成为百万人口大都市，商铺林立、市肆遍布，就连城外都兴起了不少集市。这些集市货物齐全、生意兴隆，甚至比一些小城镇还要发达。

在那些随着宋朝皇室南迁的人中，有一位宋五嫂，她只会做鱼羹，于是就靠着这门手艺维持着小生意糊口。但是这位宋五嫂很幸运，她遇到了游湖的宋高宗赵构。微服出行的皇帝吃了鱼羹很高兴，大加赞赏，于是宋五嫂声名鹊起，宋嫂鱼羹也水涨船高，很让宋五嫂发了一笔大财。

卖个鱼羹都能发财，何况那些做着金银玉器、丝绸瓷器生意的大商人们，他们更是赚得钵满盘盈，一发不可收拾了。

▫ 贡献赋税，国家收入多

商业发达了，首先得到实惠的是大宋政府。您想想啊，大宋朝国土虽然不算大，但是政府可不小，要养活一大群官员，还有皇帝一大家子，再加上各级王公贵族和他们的家人，没有钱怎么行？就说军队，少的时候几十万，多的时候上百万（禁军加地方厢兵），这些军队全靠国家供养，军费更是一笔巨大的开销。所有这些不都要依靠税赋维持？要不是大宋朝商业繁荣，经济进步，又怎么能维持皇室、官员和军队的庞大开支呢？

说起来，宋朝的商业繁荣为国家做出的贡献可是历朝历代都没法相比的。早了不必说，汉唐时候中国都是农业国，国家收入主要靠农民种地，然后征收土地税。唐朝虽然经济发展，盐铁都有税收，长安等大城市也很繁华，但农业之外的税收依然有限，又怎么能跟富有的大宋朝相比呢？

在宋代，国家向商人征税，最基本的有过税（商品流通税）和住税（商品交易税）。过税是商品运输途中征收的税赋，听起来不多，才2%。但每过一个关口就要征税一次，要是商品运送的路程远一些，多经过几个关口，那么最后这批商品缴纳的赋税就很可观了。到了地方驻扎下来开始做生意，又要交住税。住税是3%，别管您是自家产出的东西还是远道贩运来的货物，统统要交税，要给国家做贡献。

这两种基本的商业税之外，沿海的对外贸易要收税，在北方和西北边境和辽、金、西夏等国做生意也要收税，商船在江河之中运送货物要收力胜钱，货

周五郎金块

⊙金块长2.8厘米，宽1.1厘米，重5.8克，阳面刻有"周五郎记"的铭文。在宋代，尽管商品经济发达，但黄金流通量并不大，只是和珠宝等作为贵金属，并没有真正进入货币行列。

物过渡有河渡钱，到了城里做起生意来又要收市利钱（相当于交易手续费），而商人不服役，因此还要交免行钱。这些各种各样的赋税哪一种数量都不少，都填入了大宋政府的国库。比如免行钱，虽然是附加在住税之外的，而且小本生意也不用交，但就这一项有的年份大宋政府就能收入上百万贯铜钱，实在是一桩好生意。

据统计，宋仁宗在位的时候，大宋朝正是最为富裕的时候，某一年的商业税收竟然高达二千二百万贯，而平常的年份也都有几百万到一千多万贯，在国家收入中占了很大的比重。

▫ 既富且贵，还能买官做

商业发展充盈了国库，商人们自己当然也差不到哪儿。在北宋的东京，"资产百万至多，十万以上比比皆是"，那时候京城看来就不缺富翁，家资巨万的一板砖下去准能砸倒一片。南宋更不用说，苏杭一带人间天堂，住满了"快乐似神仙"的幸福大宋人——他们中很多就都是靠做生意发家致富的。

有了钱自然就有了地位。咱老祖宗虽然讲农业是本，历来四民之中士农工商，商人总是排在最后。但赚的钱多了，情况理所当然就会变化。前面说过宋代的科举制度规定"工商杂类人内有奇才异行、卓然不群者"也可以参加大宋公务员招考，混个一官半职。从这一条就可以看出那时候"当官面前，人人平等"，商人不光是有几个钱，身份也不一样了。

除了法律制度上的承认，有钱的好处多了。人都说封建时代是"官商勾结"，当官的历来就喜欢和有钱人来往，这叫"门当户对"。那些富商巨贾们当然就有了不少便利，和官员权贵称兄道弟，广交朋友；仗着财力雄厚"榜下捉婿"，买个文化人回来当女婿风雅一回；更有甚者，花钱给自己或者家人买个官当，以实现"小民的逆袭"，来他个"华丽的转身"。

宋真宗天禧元年（1017），山东遭遇灾荒，登州牟平（今山东烟台牟平区）人郑河大手一挥，赞助政府粮食五千六百石，成了大善人。做了善事要表彰奖励啊，这郑河没别的要求，就想让他弟弟郑巽当个官。宋真宗开始还不想答应，后来大臣劝他树立个榜样，好让有钱人都能愿意做善事，皇帝才点了头，郑巽也就成了补官。

给政府赞助能当官，不仅限于赈灾做善事，出钱出粮充实边防，帮政府修桥补路，贡献物资都行，而且渐渐成了制度，明码实价。到了赵佶时候，大宋朝更是做起了卖官发财的买卖，一顶官帽三千余贯到五六千贯钱不等，商人们当官的路就更宽了……

当官有捷径，娶个宗室女

科举不好考，买官也往往只能买一顶官帽，儿孙后代还是没着落。但是有了钱，什么事不容易呢？大宋朝富商们盛行和皇帝家攀亲戚，办法就是娶个宗室女当媳妇。能缔结这种婚姻，商人的身份也就一跃而为"国戚"，变成了上等人，不单自己高官得做，子孙们也都不再是贱民，而且有了恩荫补官的机会。

这种事在富商中很时髦，而且成了风气。据《萍洲可谈》记载，东京城有富户大桶张氏，其子弟竟然先后娶了三十多个宗室女，简直是"涉皇婚姻专业户"了。

但皇家大概也觉得这样的这样的婚姻不大体面，以致宋仁宗要专门下旨，命令宗室女选女婿必须选读书人，甚至让御史台查究宗室与富商之间的买卖婚姻。

[历史旅行指南·活在大宋]

HUOZAI DASONG

出门消费有纸币

——○交子、钱引和会子

上街啦！品川菜吃火锅去啦！在大宋朝旅游就不能不去四川，到了四川更不能不尝一尝正宗的四川麻辣火锅，再买上两匹闻名天下的蜀锦。您这样想着，正准备出门，心说不对，没带钱啊！

出门消费要带钱。带什么钱？人民币？那个时代没有！信用卡？更不可能！金银？好像市面上也不流通。对，大宋朝用的是铜钱。那就带铜钱好了。您和人一打听，说明了自己要吃什么买什么，人家哈哈一笑：雇上一头驴或者一辆牛车吧。那么多钱，您背不动！要不然，您有交子也行。那东西轻便，想带多少都行！

咦，交子是什么？

▫ 交子的前世今生

大家都知道，货币就是个交易媒介。有了商品就有了买卖交易，要交易就得有媒介物。最初人们采取物物交换的方式，但是那样太麻烦，商品的价值也没法衡量，于是有了货币。从古到今货币的种类花样也真多，有贝壳的，石头的，羽毛的，西汉时还出现了一种白鹿皮制成的皮币，今天世界广泛流通的是纸币，甚至还出现了电子货币。但在中国几千年历史中，流通最久，应用最广的，还是金属钱币，尤其是铜钱。

唐朝时铜钱就已经是最主要的货币了，而且官方规定金银不能流通，老百姓不能用金银买东西。但是大商人们做一笔生意动不动就要几千几万贯铜钱，有时还要异地交易，千里迢迢带那么多钱实在是不方便，怎么办呢？唐朝人发明了一种东西，叫作"飞钱"——商人们先把钱存到官办或私营的"银行"中，领到一张纸，上面填写着地方和钱数，等到了目的地，由当地的"分行"验明无误，就可以领出相应的铜钱了。

这方法怎么听起来像汇款？没错，这正是中国最老的汇款业务。"飞钱"不能直接用来买东西，只能当作领取存款的凭证，所以还不是纸币。有了这个办法，当然就会逐渐推广，所以后来又有了"便换"，不过"便换"也还只是"银行汇款单"，并不是钞票。

那么，真正用纸印出来的钞票要什么时候才有呢？要等到宋朝，而且要在四川。为什么一定是在宋朝的四川？因为四川那时候用的连铜钱都不是，而是铁钱。

大宋朝规定铜钱不能外流，连像四川这样的地方也不能用，而只能用造价更便宜的铁钱。在北宋，绝大多数时候十贯铁钱才值一贯铜钱。如果您出去吃顿饭再买两匹布要花五贯铜钱，那么您就得带五十贯铁钱。五十贯铁钱有多重？三百斤！这虽然是宋斤，但折合成市斤也有近二百斤。实在是扛不动啊！如果再想消费点别的，那就非得驴驮车载不可了。

如此不方便，大家当然要想办法。于是最初的交子出现了。商人们把铁钱存到交子铺，换来写明数目的一张纸，用这张纸可以再兑换出等量的钱或者直接买东西，这样方

游大宋指南

澶渊之盟后，宋辽双方在雄州、霸州、广信军等地设置榷场，进行双方贸易。辽国出口牛、羊、马、驼和皮毛，换取北宋的茶、瓷、香药、漆器。宋辽双方是既做生意，又互相提防，北宋禁止铜铁、粮食、重要书籍等战略物资流入辽国，辽国则禁止战马和粮食流入北宋。即便如此，北宋政权每年从榷场中的获利也超过40万缗，足够支付缴纳辽国的岁币。

大宋银锭

⊙这些银锭1955年出土于黄石市西塞山,现藏于湖北省博物馆。宋代最主要的金属货币是铜钱,白银很少成为商业行为中直接的交换媒介。原因很简单,白银的数量实在太少。根据史料记载,在北宋元丰年间(1078~1085),政府每年从国内的各大银矿获得的白银只有二十一万五千两左右,再加上对辽、西夏,以及后来南宋政权对金的赔款主要以白银作为支付,民间的白银使用量严重不足,这也成为纸币交子诞生的重要原因。

便多了。后来,交子铺干脆不现填写数目,而是准备好固定面额的交子,发给送钱上门的"储户"。这样的交子,不是纸币又是什么?

▌ 从张咏到交子务

宋朝初期的交子铺都是个人开的,信誉难免有好有坏,资金实力也有强有弱。"储户"存了铁钱换了交子,有的交子铺直接"关门大吉",拿钱走人;有的经营不善,渐渐也无法为"储户"兑换。因此,开交子铺这个行业显得很混乱,兑换交子也要冒很大的风险。

这时候,蜀中出了一个叫张咏的人。张咏本是濮州鄄城县(今山东菏泽)人,曾两度出任益州知州。他看到交子于民有利,但这个行业却很不规范,于是下决心治理——他取缔了一些不法经营的交子铺,又设立了交子的发行期限和使用制度,把交子铺这个行业交给当地十六个有声誉的富商大户去经营。这样稳定了局面,同时也提高了交子的信用度,把它真正变为一种流通货币。

张咏这个人为人很刚正而且有能力。他还在当县令时，一次抓住了一个偷官库中铜钱的小吏，下令杖打小吏。小吏不服，问他："我才偷了一枚铜钱，何至于杖打我呢？你敢杖打我，但敢杀我吗？"张咏当即做出了一个有名的判决："一日一钱，千日千钱。绳锯木断，水滴石穿。"随后亲自把那个小吏处决了。这件事显得张咏很严酷，但同时也可以看出来他很有经济眼光。后来张咏能关注治下的交子铺和交子行业，并不是偶然的。而时至今日有人说张咏是"纸币之父"，很有一些道理。

从张咏开始，交子的发行、流通和兑换成为受政府监管的行为，但交子铺还不是官办，也没有成为"国家银行"。但是到了天圣元年（1023），情况发生了变化。在此之前有个名叫薛田的人曾经上奏朝廷，请求取缔所有私营交子铺，改由政府官办，但没有得到批准。这时又来了个寇瑊，他干脆想废除交子，不许这世界上最早的纸币存在。不过朝廷也没有答应。再后来，薛田接替了寇瑊的职务，又一次提出建议，终于获得批准。这一年年底，大宋政府在益州设立了交子务，筹备发行"官交子"。到第二年（1024）二月，"官交子"问世，大宋有了自己的纸币，世界上也终于出现了真正的钞票。

徽宗钱引和南宋会子

交子是从四川发展起来的，最初只相当于存取款证明，后来才有了交易功能，但兑换和使用混乱，发行机构也很多，到了国家统一管理的时候才有了规章制度。后来的交子务大概相当于大宋"纸币"银行，所发行的"纸币"交子面额固定，先后有一到十贯，十贯和五贯，一贯和五百文等面值。

用纸张印刷钱币总比用金属铸造钱币便宜，但纸币也不能随便印刷。大宋"纸币"银行每年发行交子都有一定的限额，宋仁宗时确立的交子发行限额是每年一百二十五万六千三百四十缗（缗也是货币单位，一缗一千文钱，和贯相同）。而且交子使用还有期限，每两年为一界，到界作废。

交子携带方便，同样也能当钱用，当然会逐渐推广。从大宋有了益州交子务，各地纷纷效仿，建立起不少交子务，交子已经不再局限于四川境内，宋朝的各路、军、州、府都开始流通了。到了宋徽宗崇宁（1102～1106）和大观（1107～1110）年间，大宋朝搞了一把币制改革，把交子改为钱引。钱引和交子实际没什么大差别，还是一种纸币，只不过在字面上和当时的茶引取得一致，有了兑换券的意思。

南宋继承北宋的优良传统继续使用纸币，不过又与时俱进，有了一些变革。南宋初年使用的纸币叫关子，后来也曾一度叫交子，而且各地还有自己的地方货币，例如四川的叫作川引，淮南的叫作淮交，湖广的叫作胡会——这个"胡会"中的"会"字就是会子，为南宋流通最久，影响最大的纸币。会子从绍兴三十年（1160）开始发行，一直流行到南宋末年，可以说是贯穿南宋始终。而在这期间，南宋的物价虽然屡有起落，但会子的比值却没有太大的变化。直到南宋末期，大宋江山经历了几次震荡，通货膨胀，物价飞涨，会子依然被坚持使用，始终没有被放松。

流行和影响

大宋朝开创了一个不用手提肩扛、驴驮车载带着一串串、一袋袋甚至一车车钱币出行的时代，可以说史无前例。在大宋朝的时候，人们已经看出交子是四川老百姓不可或缺，而且对全体大宋人民有着重大意义的事物，所以张咏才

崇宁通宝·北宋

⊙崇宁通宝是宋徽宗赵佶在位时铸造的铜钱，而之所以纸币交子出现在宋代，原因很简单，铜钱这种硬通货实在不够用啊！宋太祖在位时，每年铸造铜钱七万贯左右，宋太宗时增加到八十万贯，宋仁宗时继续增加到三百万贯，宋神宗熙宁时期再增加到六百万贯，可就这样，铜钱还是不够用。北宋周边的辽、西夏，海外的日本、高丽，甚至东南亚的一些国家，都把宋朝铸造的铜钱视为珍宝，导致大量铜钱流失海外，宋朝的钱荒问题也一直没能解决。

设立规章制度，令交子能够产生良好的信用，让老百姓都愿意使用它；所以薛田才两次奏请皇帝准许开办交子务，以国家的名义来保存和推广它；所以整个宋朝乃至南宋都在沿袭交子的用法，无论叫钱引还是会子，始终是作为大宋流通的货币，同时也是作为维持着大宋庞大的军费开支的一个有力手段保持着。

当然，人们用惯了纸币自然会感到它的便利。和宋朝同时的金，以及接续南宋统治的元，也都受到宋朝的影响，开始使用纸币。尤其是元，更加曾经一度完全禁止金银铜钱作为流通货币，而只用纸币——中统钞、至元钞等进行买卖交易。当然，当时的民间已经开始把银两作为流通的货币单位，则是另外一回事了。

金、元以外，几乎凡是当时和中国有联系的周边国家都会受到宋代纸币的影响。西夏和辽与宋人的交易也要使用交子；中国东边的日本、西边的印度以及远在西亚的伊朗境内古国伊尔汗王朝都曾学习和仿照中国的制度，发行纸币。

大宋王朝当时在周边国家和世界上所占的地位，由此可见。

交子、钱引、会子什么样

古时候中国的货币当然不会像现在一样，又有纸质的区别，又有各种防伪水印、花纹和图案。但今天的纸币都有人仿造作假，宋朝时当然也不例外。

最早的北宋四川交子已经开始在纸张上印制黑红两色的特别密码和图案防止有人伪造。到了官方开始发行交子，当然防伪技术更加先进。

宋徽宗时开始印制钱引，更是使用多种颜色套印。一张钱引上用六个印版，分三种套色——计有黑、蓝、红三色，而且背面还加上背印。钱引前面的"红团"有各种历史神话故事，周边装饰着蓝色的花草动物和图纹，后面也印着一些典故轶事。

最有趣的是南宋的会子，上面的一大半刻着一大串字，意思是伪造会子要处斩，首告的有赏，赏钱一千贯或封为进义校尉，两边和下面依次是面额、印刷批次和编号，周围照例有装饰和防伪的花纹。

[历史旅行指南·活在大宋]

HUOZAI DASONG

济南刘家功夫针铺，认准门前白兔儿

——○ 品牌意识很超前

当今社会，广告的作用早已深入人心。产品再好，没有广告，也是"养在深闺人未识"。而左一个免检产品，右一个驰名商标，更是让人眼花缭乱，应接不暇。出来做生意，招牌是必须有的，广告是不能少的，三分产品，七分营销嘛！

很多人认为，广告业是现代社会的产物。其实，自北宋开始，广告，就已成为宋代商贩的"营销必杀技"。很多宋代驰名商标更是流传自今，成为百年老字号、经典中的经典。若您身处大宋，又是一名商人的话，您就算鼻孔朝天、睥睨全球，也不会被扣上狂妄的帽子。毕竟，目前，全世界最早发现的商标广告印刷实物，要追溯到北宋济南府的刘家功夫针铺。

▫ 白兔执玉杵，创名牌大不易

拿起刘家功夫针铺的铜版标记，您或许看不出什么特别，不就是一个青铜商标嘛。您看仔细喽，现代商标该有的三要素——使用商标的主体、商标使用的对象、组成商标的标志，这方铜版上可是全须全尾，一个不少。

看，白兔捣杵的图案居于其中，代表了针铺的标志，寓意不言自明——铁杵磨成针呗。再看下方文字，"收买上等钢条，造功夫细针，不偷工，民便用，若被兴贩，别有加饶"。"民便用"，使用商标的主体有了；"功夫细针"，商标使用的对象也有了。至于"不偷工""若被兴贩，别有加饶"，更是赤裸裸的宣传：我家的针保证货真价实，决不偷工减料，您要是批量购买，价格还会优惠哦……图案两侧文字"认准门前白兔儿为记"，树立起品牌特色，言外之意，仅此一家，别无翻版。

这些内容，这个口气，您是不是觉得挺熟悉？除了材质，它的描述手法，营销策略，简直和现代商标如出一辙！您一定注意到了，这块铜版是一个印版，可以在纸上印下数百上千张广告哦！这不就是宣传单嘛！确实，还真有那么点意思。南宋时的《眼药酸》杂剧放映前，就曾出现过纸质印刷的广告画，画面上的两人均穿着戏装，一人

刘家功夫针铺铜版·北宋

做出指眼睛的动作,表示有眼疾,而另一人拿着眼药水请他使用。看到这里,您是不是恍然大悟。原来,大街上散发的广告传单,还能追溯到宋代!

看到这里,您知道刘家针铺的铜版意义非凡了吧?宋商们一反前人仅介绍产品的标记式营销方式,在商品推广中加入了诚信保证、优惠程度等多种软性宣传手法。而现代广告学的大多宣传方法和理论,几乎都能在宋代找到雏形。

众所周知,做买卖挣钱固然重要,图个长远更重要。在商品经济空前繁荣的宋朝,不少士人官员纷纷下海从商,大大提高了宋代商人的整体素质。作为懂文化的商人,利益最大化不再是宋商追求的终极目标,他们更注重声誉和市场占有率,将品牌效应发挥得淋漓尽致。

经商开店,挂个牌子容易,但如何让这牌子成为万众瞩目的品牌,那可真得好好下一番功夫。譬如北宋时期,内廷专供,名噪一时的"潘谷墨",就是名牌商标成功运作的典范。

潘谷墨为歙州(后改名徽州,在今安徽黄山市、绩溪县一带)人潘谷所制,墨色黑亮,质地细腻,成为当时内廷专供,潘谷也被称为"墨

"马一郎记"弹簧形金钗

⊙这件金钗出土于安徽宿州,长15.85厘米,重62克,金钗端首部位为弹簧造型,钗身为圆柱素面,上下两头扁粗,竖刻有隶书铭文"马一郎记",应该是某家商铺的商标。

仙"。叶梦得在《避暑录话》中提到，潘谷采用当时优质的高丽煤作为制墨的原料，从不以次充好，并不断提高自己的制墨技术，终于使"潘谷墨"成为宋朝墨业当之无愧的龙头老大。

除济南刘家针铺和潘谷墨外，宋朝的驰名商标还真不少。陆游《老学庵笔记》和吴自牧《梦粱录》中，均大量记载了名噪一时的各种名牌商标和店铺：五楼山洞梅花包子、"北食"樊楼前李四家、"南食"寺桥金家、陈家财帛铺，张古老胭脂铺，归家花朵铺……

▫ 门匾招牌齐上阵，装修也有大学问

说起招牌，大家都不陌生。现如今，哪家店铺门口不挂上一块？

宋代的招牌，又叫作匾、额、牌、联、壁，只要上面有招徕顾客的标识性文字或图案，不管是横挂门上还是竖挂门边，或是立于门前大街上，甚至在墙壁大门上题字作画，统统被归于"招牌"之列。通俗地说，招牌嘛，就是固定在店铺外的那块牌子，上面写有店铺名称、店铺经营范畴等，是超市还是饭店抑或药铺，望上去一目了然。古人嘛，衣食丰足之后，总要来点文艺范儿的东西，表示精神境界也是非常高大上的。尤其是有文化、有素质的宋商队伍，自然要在招牌上表现表现。

您看，那家店铺大门旁边，竖着挂一牌匾，上面写有"刘家上色沉檀香"。您说了，这不就是香铺嘛。怎么知道的？这不人家写得明明白白，"陈檀香"，而且，店主姓刘。再看这一家，"熙熙楼"，什么意思？肚子里没点墨水的，保准解不出来。不就是因为《史记·货

金臂钏

⊙臂钏，是一种套在上臂的环形首饰。简单地说，戴在手腕上的手镯上移到胳膊上，就可以叫作臂钏了。图中的这件金臂钏出土于湖北黄石市凤凰山一号墓，宽0.49厘米，厚0.11厘米，在其内壁有十余处压制出的铭文"黄老铺庄"，应该是这件臂钏"生产商"的商标，也是一种广告宣传。

殖列传》里有一句"天下熙熙，皆为利来；天下攘攘，皆为利往"的句子嘛！看到这里您就明白了，这"熙熙楼"的老板也不简单，他这是明明白白地标榜自己：在我这里住宿的旅客相当多，熙熙攘攘络绎不绝……那边还有"状元楼""登云楼"，不用说，这可是赶考学子的最爱，和现代火爆的"必过培训班""考前营养餐"颇有异曲同工之妙。

咦，这家店铺的门脸儿真漂亮！看，门框由诸多长木杆捆绑而成，上部攒尖，尖上装饰品繁多：花结、灯笼、彩带……花团锦簇，怎么显眼怎么来。门口挂有半透明描金红纱帘，还吊着两盏栀子灯。窗框上描红画绿，色彩斑斓，喜庆醒目。您问这是何处？酒楼呗！这种装修有讲究，又叫作"彩楼欢门"，既炫耀了自家财力，又让人印象深刻，触目难忘，是当时大酒店常用的宣传手法。至于中小酒店，彩楼搭不起，但也会挂个草葫芦银大碗，甚至有食店会在门口挂半片猪羊，虽无声却形象地告诉咱们：客官快来吧，俺这里菜品丰富、百味俱全、价格公道、保证新鲜……

◧ "吟叫百端"，吆喝连声好卖货

除了挂牌营业的店铺，走街串巷的商贩也不少。要知道，商贩的数量可远远倍于正店，他们有的推车，有的摆摊，经营范围窄小但胜在方便灵活，可以大街小巷随处转。

没招牌怎么卖货呀？您甭操心！您昨天不是说，这宋代就是好，大早晨起来就有唱戏剧的。现在我告诉您，这可不是唱京剧的，这是商贩们的叫卖声！您不信？走，咱们一起去瞅瞅。

"磨镜子哟——"您听这一声，洪亮清脆，可真够劲儿！磨个镜子还带配乐的？您这耳朵可真好使，没错，您看这位卖镜子大叔手上的两块铁板子，这可不是说山东快书用的。古代需要磨铜镜的人家，大都是深宅大院，这"当当"一响，配上一把好嗓子可劲儿吆喝，声音传到院内，这买卖不就来了嘛。一样的道理，卖百货的，摇着拨浪鼓，唱着货郎歌儿；卖糖果的，箫声为记；卖酒的，吹着玉笙，拨着管弦；卖鱼的，卖肉的，卖油的，箍桶的，补锅的……吆喝之外，各有相配的乐器声。

嘿，卖的东西不一样，这配的声儿还不一样呢？没错，咱大宋的商贩，就是这么讲究！不过也没办法，扯着嗓子从早叫到晚，嗓子还不得喊破喽，喝一斤胖大海也不顶用！《事物纪原》中记载："京师凡卖一物，必有声韵，其吟哦俱不同"。《梦粱录》中形容南宋临安的市井叫卖声为"吟叫百端，如汴京气象，殊可人意"。

您说叫卖声像京剧，倒也不算说错。《事物纪原》

白釉瓷孩儿枕·宋

☉台北故宫博物院藏。这件定窑白瓷孩儿枕,据说传世仅此一件,塑造了一个玩耍后伏地休息的孩童形象,圆圆的脑袋枕在前屈的双臂上,两腿略微弯曲,双脚上扬。定窑瓷器在北宋已经成为行销南北的实用性商品,此孩儿枕即为实用性商品之一。

中记载,"故市人采其声调,间以词章,以为戏乐也","故市井初有叫果子之戏。其本盖自至和、嘉祐之间叫紫苏丸,洎乐工杜人经始也"。说的就是宋代艺人将市井间的叫卖声编作戏曲的事情。

看来,大宋人民的才智果然不一般,连吆喝声这种俚俗广告都能弄出点儿文化味道,这宋代广告业的发达程度,您就好好品一品吧。

"防火防盗防山寨"

名牌商标多了,山寨品自然也多了,这个规律可称得上是今古通用。谢采伯在《密斋笔记》中记载过,高丽席子质地柔软,手感舒适,但价格高昂,于是,四明地区,江西上饶纷纷造出仿冒高丽席。今人可以通过注册商标、打官司等方式维权,古人该怎样对付层出不穷的山寨品呢?不用替古人操心,宋商自有绝招。

据宋话本《勘皮靴单证二郎神》所述,一只靴子的衬里中,抽出一张写有"宣和三年三月五日铺户任一郎造"字样的纸条。这张纸条表明,这双靴子是任一郎家所造。而任一郎店内,防止仿冒的手段除了在靴子衬里中放置字条外,还设置一本"坐簿",纸条上的年月日、字号,都一一登记在坐簿上,如有不符,必为仿冒。此外,陶壶中烙名字,商标用名人真迹等,都是宋代商人维权的有效手段。

[历史旅行指南·活在大宋]

五星酒店七十二，连锁品牌不胜数

——○ 正店、脚店都是爱

第三章 商品经济是个宝，物质享受少不了

要感受和体验大宋经济的富庶，最直接的办法就是到街头巷尾去看一看大宋商业的繁荣昌盛。而这其中最为突出的代表，当然又是非南北两宋的标杆城市汴梁和临安莫属。

在北宋东京汴梁的街市上，举凡粮米茶果、鲜鱼鲜肉、瓷器布帛、金银珠宝可以说无一不有、无一不足。而尤其兴盛的，当然还要数餐饮业——没办法，民以食为天嘛。历朝历代人都离不开美食美酒，大宋作为中国古代经济发展的黄金时代，酒店餐饮的规模和形势更是达到了一个前所未有的高峰，正所谓正店堪比五星级，脚店数也数不清……

▫ 大酒店都是官酒专卖店

大宋朝经济发展、商业发达，出门做生意的人多了，有钱人也要消费，所以对餐饮业的要求当然会越来越高。曾几何时，在城里只能到划定的商业区喝酒吃饭，而且饭店的规模也不大，晚上还不营业，习惯了下班出去聚会畅饮的现代人肯定会不习惯。但是在大宋，这些问题就全都不存在：大大小小的酒店饭店、地摊夜市随处可见，任何地点、任何时候想找个喝酒吃饭消遣的地儿都

123

不是问题，高中低档消费也可以任您选择。当然，您要是想讲排场、要体面，玩儿高档消费，体验贵族享受，建议您还是到大宋都城，找一些高端大气上档次的大酒店。

宋代大酒店总体上数量不是特别多，而且它们都很特别，因为只有这些大酒店才是酒类专卖店，才有真正原产直销的大宋名酒。为什么呢？酒店总要卖酒，而且是酒类销售的主要渠道。中国封建时代政府有的时候实行禁酒，有的时候实行酒类专卖。大宋朝是酒类专卖的时代，酒的生产、销售受到国家的管制。只有经过国家许可，向国家缴纳税赋才能获得酿造、生产和销售酒类的特权。

宋代对酒类专卖的管制和税收制度叫作官榷，分为榷酒和榷曲。榷酒就是政府开办酒厂和卖酒的商店，从生产酒曲到酿酒、卖酒全都由政府一手包办，管你是酒店、饭店还是百姓，都要到官办酒品商店来买酒。榷曲就不同，政府垄断了酒曲，但把酒曲卖给私人酿酒，然后再由私人出售，向政府缴纳一定的税赋就可以了。这些购买官营酒曲的叫作酒户，酒户拿来酒曲酿出了酒不仅是为了零售，通常还开办酒店。因为他们往往资本雄厚，所以他们开办的酒店也都规模比较大，装修豪华、档次高雅、菜品精美，可以说是现代的五星酒店。

这些大酒店叫作正店，正店在大宋朝都是官酒专卖店。

▪ 东京七十二正店

整个大宋朝有多少正店史书上没有记载，但是根据《东京梦华录》，东京汴梁城有正店七十二家。这七十二家正店，可以说是东京城最著名的餐饮名店，也是北宋政府设在东京的七十二家酒品专卖店。

正店的"正"，当然首先是因为它们取得了官方许可，可以用官曲酿酒然后出售，然而如果它们规模档次不够，也还是吸引不来顾客。所以东京正店的"正"，还"正"在它们的"大"和"阔"。那时的大酒店当然不会有摩天大厦，但很多都是二三层的楼房，还有不少前面是楼，后面搭建戏台，也有庭院式的、园林式的，规模都不小，而且风格各异，其中的"五星级"甚至能同时容纳上千人就餐，其场面之大可不是现在用霓虹灯招摇炫耀的"大酒店"能够比拟的。

宋代大酒店的门口一般都扎着彩楼欢门，大概像现在酒店门前操办庆典婚礼时用的氢气彩门一样，平添了喜庆，同时也显出气派。有时候街两边都开着大酒店，彩楼对着扎起来，遮天蔽日，把大街都盖住了。走进酒店，一条主廊形成的"大堂"长百余步，两边有包房和雅座，越往楼上格局越是开阔，包间也就越高档。从酒店的"大堂"到窗明几净的包间，门口悬挂珠帘，门上有绣纹装饰和题字匾额，绝对让人赏心悦目。客人们坐了下来，服务生（店小二）端茶倒水，送上点心瓜果再点菜送餐，一项项殷勤服务更是令人有宾至如归的感觉。在不少大酒店，您还能遇到声色歌伎前来主动献艺，让您在品味美食的同时愉悦身心，感受艺术的魅力。这一切都彰显出大宋餐饮业正店的"阔"，给人奢华的享受。

青白玉涡纹单把杯·宋

当然，作为贩卖美酒佳肴的大酒店，菜品的精良和口味的正宗更是根本，不过在本文中就不多说了。当时东京的正店，著名的有白矾楼、仁和店、姜店、宜城楼、药张四店、班楼、刘楼、曹门蛮王家、乳酪张家、八仙楼、张八家园宅正店、郑门河王家、李七家正店，还有长庆楼，等等。孔子有七十二门徒，东京有七十二正店，不亦宜乎？不过这些正店中再也没有"胡姬当垆"的外国风情酒店，不免有点可惜。

清白釉人形瓷注子

⊙ 注子是中国古代的一种酒具，宋元时期最为流行。这件青白釉人形注子出土于安徽怀宁，高23.9厘米，口径为9.3厘米，是典型的北宋繁昌窑的瓷器佳作。

加盟连锁脚店和小商贩

光有这些大酒店，肯定无法满足广大大宋人民的消费需求。何况官府、酒户和正店酿造出来的酒要卖，光靠自己也不行。怎么办呢？可以扩大经营，搞加盟连锁，开办更多的酒店饭馆，让老百姓人人都有地方喝酒吃饭，也让更多人能够销售官曲酿造出来的美酒，这不是皆大欢喜吗？加盟正店，把正店的酒曲批发回去酿酒零卖的酒店饭馆叫脚店，一些脚店联合起来分担卖酒的定额指标又构成了连锁经营。

宋代各种规模的脚店难以计数，仅白矾楼就有加盟脚店三千家，东京七十二正店、整个大宋朝有多少脚店，那就只好自己想象去了。脚店加盟当然要有加盟费，这样它的经营成本肯定要比正店高，而且既然没有实力申请正店资格，脚店的资本当然也没有正店那么雄厚。所以，脚店的规模通常没有正店大，门面和内部装潢也没有正店好，如果东京的正店算得上五星级、四星级，那么脚店最多也就是三星级，还有很多食店不过一星二星，甚至根本不上档次，只能算路边摊和小吃铺了。

不过这并不妨碍脚店中出现名店、老店，人家的菜一样可以做得风味独特、别具一格。东京城中脚店排名第一的是白厨，人家"卖贵细下酒，迎接中贵饮食"，做出来的都是珍贵精细的菜肴，迎来送往的都是宫中的权贵，可一点都不比正店差，算是大宋的"私房菜"酒家。除了白厨，还有安州巷的张秀酒家、保康门的李庆家酒店、东鸡儿巷的郭厨、郑皇后宅后的宋厨等。

无论是宋代的正店还是脚店，又都有一个奇怪的规矩：小商贩可以进店卖东西，大多数店主都不会干涉。他们进店卖的是各种小吃，还有"果子香药""果实萝卜"之类。说是卖，实际上也不管客人买不买，就只顾散发给客人，等客人快要走了才收钱。这种事放在现代，别说店主不答应，就是客人也要告他们挖了消费陷阱，非打"315热线"不可。

其他行业也兴隆

餐饮业如此发达，尤其是酒品的销售，有政府主导、宣传和鼓励，有广大宋朝百姓对饮酒消费的热衷和支持，大宋朝酒的税收可谓年年大丰收，有力地保障了国家财政，尤其是军费开支。即使到了南宋，临安的餐饮业也绝不比东京逊色，就连岳家军都要靠开办酒厂、酒店赚钱，才能有财力武装部队，有力量抗击金军。

不仅餐饮业，大宋的其他商业领域也都非常发达，东京、临安的街头，各种店铺林立。

不管是哪儿，只要是有人的地方，粮米肉菜就必不可少。东京和临安每天都需要大量的粮食、蔬菜、肉类和鱼虾海鲜，这些物资要从全国各地运来，集中到城里贩卖。例如临安的米，要从苏州、湖州、常州、嘉兴甚至远至两淮、湖广调运，由米行收购，经牙人（中间商）贩卖给米铺，再零售给百姓人家。临安城北有集中的米市，今天的杭州拱墅区还有米市巷和米市桥，就是当年的遗迹。至于东京，每天都有上万头猪从南薰门被赶入城，那场面想来就蔚为壮观。

此外，宋代街市中还有吸引文人墨客和官员商旅驻足的茶肆、贩卖各地奇珍异果的水果行、出售五大名窑及景德镇瓷器的瓷器行、卖布的布铺、卖帽子的幞头铺、卖褙子衫袍中单之类的各种成衣铺，还有金银铺、珠宝行、首饰店，乃至出卖旧式雕版印刷、新型活字印刷的书籍的书铺……

大宋第一大酒店——白矾楼

在东京皇城东华门外有一家五星级大酒店，就是《东京梦华录》提到的白矾楼。白矾楼又名矾楼、樊楼，后来又改称丰乐楼，是北宋京城最著名的正店酒楼。这座大酒店共有五座楼，楼高三层，每层都有十米，楼与楼之间还有"飞桥栏槛"相连，极为宏伟，而且造型新颖别致，在当时可以说是奇特的建筑。

白矾楼营业面积大，营业额自然不在少数，又因为是正店，享有酿酒分销的专利，每年仅卖给它的三千家脚店的酒曲就有五万斤，数量的确很惊人。白矾楼名气大还有一个原因，因为站在它西边的楼上就可以看到皇宫大内，据说宫女们打秋千都能欣赏到。有这样的便利，真是想不发财都难。不过这事后来大概是被皇帝知道了，所以白矾楼西边的顶楼成了禁区，不让人上去偷窥皇家的秘密了。

有钱不愁没地花，奢侈消费有传统

——富裕阶层的消费观

既然全球最富数大宋，那么虽然不敢说当时的全球首富就在咱中国，但要说大宋有钱人就是多，遍地"高富帅"外加"土豪金"，大概总是不错的。

有了钱干什么？总得有地方消费呀。大宋没有iphone 6、7，当然也没有现代的豪宅、豪车、名牌女包等等奢侈消费，更不会有马尔代夫奢华游、欧洲X国风情游等这些现代人才能享受到的花钱乐趣。但是在大宋，"高富帅"和"土豪金"们照样有钱不愁没地花，照样能够挥金如土，让平民百姓高山仰止外加羡慕嫉妒恨……

两京置豪宅，出门有豪"车"

前面咱们刚刚说过，北宋东京汴梁盛产富翁，南宋临安城也是毫不逊色。这些动不动就是身家上"百万"（人家那是百万贯，可不是百万文）的高富帅土豪金们跑到京城来干什么？当然是享受啊！

享受首先就要住好，要先建起"大本营"，立下"根据地"，才能充分感受大宋朝的物质文明。皇帝封赏功臣都要先分房子，这是中国人几千年的"固本"观念，何况"高富帅"和"土豪金"们？不置下豪宅，怎么对得起手里大

《清明易简图卷》局部 · 宋 · 张择端（款）

⊙这幅画作充分展现了宋代汴梁居民出行的几大交通工具——运河上的船只、迎娶新娘的轿子和富贵之家才用得起的马车。如果这些您家里都不具备，那只好开动双脚走路前进了。

把的金钱？所以不管是高官巨贾还是坊郭上户，不管是为了定居还是玩乐，有钱的"高富帅"一到两京，第一件事就是买地买房子。房地产价格随行就市，皇帝赏大臣一套房子要五千、一万两白银，后来又要几万贯、几十万贯甚至上百万贯铜钱，高富帅们置办入手当然也是差不多的价格。但是光买了房子地皮还不够，其中的"第宅园圃，服食器用，"还要"往往穷天下之珍怪，极一时之鲜明，"不单装修装潢要好，屋子里的陈设用具也都要最高档、最珍贵的，而且还不能一步到位就算了，要"月异而岁殊，"每隔一段时间就得更换一

第三章 商品经济是个宝，物质享受少不了

批，否则就会让人笑话太过简陋寒酸，对不起自己的身份。

有了豪宅还要有豪"车"。大宋人出门开着宝马坐着奔驰，没事就进口几辆外国人自己都不买的劳斯莱斯不现实，但大宋朝当然也有自己的豪"车"，那就是马和轿。北宋人很少乘轿，历史资料里也没有留下轿子的价格。大概轿子的贵贱主要区分在抬轿的人数，当然，轿子装饰用料不同，价值肯定也不一样，但这就不容易比较了。不过幸好还有马。马在大宋肯定是最尊贵也最快速的交通工具，堪比今天的"宝马"。不过根据宋人记载，马对高富帅土豪金们简直不堪一提。宋初一匹马不过二三十贯，最高也才八十贯。到了北宋末年和南宋初年最贵的时候也没有超过

131

金花簪·南宋

⊙簪是一种用来别住头发的条状物，一般由金属、玉石制成。这根簪子长19.35厘米，重26.4克，簪身实心细圆，中间略有弯曲，尾部扁粗。1985年出土于安徽蕲春县罗州城遗址，是典型的宋代饰品。

一百五十贯。然而也别小瞧这点钱，马虽是豪"车"，但只能乘坐一人，高富帅土豪金出门，非有豪华"车队"不可，那就不是小数目了。更何况宋代马不易得，有马骑才倍儿有面子。

▣ 服饰加冠饰，美女随便花

住行搞定，还要衣装。高富帅，帅就帅在光鲜的外表；土豪金，豪就豪在一身的行头。自古以来有身份地位的人穿的都是绫罗绸缎，戴的总有珠玉金银，大宋朝自然也不例外。

宋代的绢帛是最重要的高档纺织品，都可以作为货币工资发放给高级官员们，当然也是富豪们的最爱。不过就算是最高等的绢帛丝绸每匹也不过几贯钱，即使珍稀如织锦，官方的售价也只需每匹三十余两银子，远远满足不了大宋人士炫富的心理。

绢帛锦缎之上，还可以用金装饰，叫作销金。销金是把金子打成极薄的饰物纹样再加在衣服上，很能体现权贵土豪的身份了。这样的衣服，一套可以价值上万贯，足以让今天的人们瞠目结舌啦。

当然，除了衣服，还有帽子、腰带、佩饰，哪一样想多花点钱还不容易？就说腰带吧，可以是犀牛角的、玉的、金的——最昂贵的"通天犀角带"，在北宋初期已经价值十五万贯，简直吓死人（不过这种"通天犀角"是皇帝专用，一般人不敢想）。即使是玉带、金带价格也在几千几百贯，换算成人民币也有几十万几百万甚至上千万，同样让今天的高富帅们汗颜。

说到饰物，当然是"宝剑赠英雄，红粉赠佳人"，最适合用来装点美女了。大宋高富帅给"心中的女神"花钱，那真是眼皮都不会眨一眨。例如南宋时的权相韩侂胄，他有十个小妾，人家为了巴结他，耗资十万贯买来北方的珍珠，给他的小妾每人做了一顶冠饰。光是每顶冠饰上的珍珠就花了万贯，这东西要值多少钱？这虽然不是韩侂胄自己掏腰包，但也可以看出他家爱妾的身价——礼物如果便宜了，人家怎么看得上眼？

别说珍珠玉石这些高档奢侈但总还能保值增值的东西了，女士们日常用的脂粉香药等都不知要耗费多少银钱，而宋代美女们还流行在头上插花——花开只有一天半日，"不过供一响之娱"，往往就要花费几十贯，只为了在头上戴半天，真是烧包。

▫ 玩石买书画，收藏学风雅

大宋朝士绅阶层有玩赏奇石的风气：把玩的，观赏的，放在园林里装饰的，无论奇石大小都可以成为寻觅、收藏、赏玩的对象。这种风气到北宋末期赵佶的时候达到了一个顶峰，一直到把大好江山断送。但是偏安南方的宋室还是照玩不误，这才兴旺发展了江南的园林。

既然是玩就有消费，而且是不小的消费。还在元符年间（宋哲宗赵煦年号，1098～1100），由苏东坡发掘并题字的一块五尺高的惠州奇石"壶中九华"就卖了八十贯。几年之后赵佶当了皇帝，从杭州钱塘千顷院搜刮了一块石头，也是几尺高，上面种了一株枇杷，价值有五百多贯。《水浒传》中四大奸臣之一的杨戬也曾献给赵佶一块奇石，放在大宋皇宫的迎祥池，据杨戬自己说花了三千贯。有皇帝带头，大家都乐此不疲，纷纷花高价买石头收藏。

除了石头，金石书画、古董玩物自然也都是收藏的对象。宋仁宗时有个有钱的阔佬陈永，求专门给皇家画画的画师高克明画一幅《春龙启蛰图》，出价一百贯。南宋画家杨无咎擅画梅花，他的一幅梅花图至少值一百贯。还有一位"高富帅"叫范大珪，是富弼的女婿，买一幅不知真伪的王维《雪图》，竟然花了七百两银子。至于书法家的字同样抢手，苏轼"月林堂"三个字卖了五十贯，一字差不多万金了。蔡襄三幅《神妙帖》以二百贯成交，米芾给赵佶写了四扇屏风，净赚九百两银子。更离谱的是宋高宗的皇后临摹一幅《兰亭帖》，韩世忠竟然花一千贯买了回来。不过这是为了溜须拍马，并不是真实价值。再说古董，仁宗朝名臣韩琦就曾经买过两只玉盏，花了一百两银子。宋徽宗年间更是掀起了一场古董热，从古墓里挖出来的东西，动不动就能卖个几百上千贯。

花钱要花得有特点，要能显示出"高富帅"的阔气，学学风雅绝对是最好的选择。

豪华宴席散，呼卢买笑去

要尽情消费，封建时代还有一种阔气是绝不能不摆，有一种排场是绝不能不要的——那就是吃饭。吃饭要吃出气势，吃出档次，吃出身份来。

大宋朝的豪华宴席，拿今天一桌几万几十万的高档奢侈饭局去比简直是小巫见大巫——据司马光说，在他的那个时代，官员们想请同僚、朋友、客人到家里吃顿饭，几个月前就要开始做准备。酒一定要用宫廷方法酿造，水果菜肴一定要从远方运来的珍稀奇异之物，菜单一定要拉出长长的一串，斟酒盛菜的器皿一定要最好的，要够摆满桌子，这才敢发请帖……按照这样推算，钱花多少不说，一年到头如果请客两三次，基本也就不用干别的了。

在北宋末年和南宋初年，蔡京和秦桧绝对是当时两大暴发户。他们赚的不仅是皇家的钱，还有国家的钱、老百姓的钱。蔡京有一次请客，其中有一道主食"蟹黄馒头"，大概就是蟹黄包，花了多少钱呢？"为钱一千三百余缗"！光吃蟹黄包就吃了这么多，这顿豪华宴席要多少钱？而秦桧和家人在家里吃一顿家常便饭，据说就要一二百贯，不知道吃的是什么！

至于这些大宋富豪吃完了豪华宴席还要去干什么，有一句话叫"买笑千金，呼卢百万"——为博红颜一笑，千两黄金只等闲；更喜赌博桌上，亿万钞票如流水。

汝窑莲花式温碗·北宋

⊙ 高端瓷器同样是大宋富豪们奢侈品消费名单中的重要选项，而北宋五大名窑之首的汝窑瓷器不但深受赵佶的喜爱，更是受到了达官显贵、豪富之家的大力追捧，以至于有了"纵有家财万贯，不如汝窑一片"的说法。这件汝窑莲花式温碗现藏于台北故宫博物院，是该院的镇馆之宝。

[历史旅行指南·活在大宋] HUOZAI DASONG

外卖也入户，居家好享受

— 平民消费也超前

大宋富豪们豪宅豪"车"华服美女一样都不少，还能买金石字画古玩古董，也照样吃喝玩乐全不误，人家那叫有身份有资格。按说平民百姓就该务实点，在家消消停停过日子，别光想着消费加享受。

但是，这一来嘛大宋开国皇帝的享乐主义人生观教育工作搞得好，二来富豪们身体力行、率先垂范，榜样模范带头作用大，三来嘛，还得感谢大宋文化人的宣传鼓动和赞美歌颂，以至于大宋平民阶层的消费观那叫一个超前，那叫一个"潮"！

▫ 收入不高也要消费

"人生如白驹过隙，所为好富贵者……"还记得这篇精彩演讲吗？大宋朝开国皇帝赵匡胤从一建国就给开国元勋们上了生动的一课，把享乐主义的人生观和价值观灌输给他们。而这些开国元勋们也是不负赵匡胤所望，在脑袋和饭碗之间选择了饭碗，

瓜形鎏金银发冠·北宋

并得到了一个大大的金饭碗。接着他们率先垂范，深入贯彻和执行了皇帝的思想和路线，以享受为目标，以消费为己任，开创了大宋朝享乐人生和高消费的先河，引领着大宋富豪们"高歌猛进"，倡导并带动起一个消费时代。

其实，大宋工薪阶层的收入并不高。前面我们已经提到一些大宋底层低等官员的收入，在北宋前期他们的月工资只有一二贯，多不过三五贯，到了中后期大幅度提高，也才十几贯，而且很多时候还不能足额发放，又有以实物替代现金的现象，实在是比较可怜。但他们毕竟是封建官吏，有百姓可以压榨，有地方受贿，脑子灵活的还能兼职做生意，生活总还过得去。

在官员以下的吏就更惨了，他们地位更低，工资通常也只有低等官员的一半甚至更少，还有很多根本没工资——因为他们是在服役。当然，这些人中很多都是大户子弟或者地方的豪强无赖，像水浒传中的第一号人物"呼保义"宋江就属于这一种。所以他们的生计也还不愁，虽然其中也不乏"黑旋风"李逵那样无权无势、衣食无着的下等吏役。

真正生活在社会底层的是平民百姓。根据很多资料记载，一般的打工者和靠劳力赚钱的人基本上月收入也就在三贯左右——"负薪入市得百钱"，"卖鱼日不满百钱"，"佣不习书……力能以所工，日致百钱"，卖柴、打鱼、打工都是每天赚一百铜钱的样子。"卖猪、羊血为羹售人，以养妻子。日所得不能过二百钱。"开个小吃店每月也只有六贯。

然而钱少就不要消费？收入低就不要享受生活？回答当然是"不"。别说有太祖皇帝的教导，此外还有土豪们的榜样力量，更有诗词文章的倡导、广告标语的宣传，平民百姓，尤其是生活在大宋城市里的人，绝对讲究享乐和消费。

▫ 下馆子，叫外卖

就说吃饭。所谓民以食为天，大宋京城里的人对于这一日两餐绝对要重视，而且要吃出水平、吃出气魄，更要吃出风尚来。具体地说，就是开封和临安的城里人每天早晚两顿饭基本都在外面解决，不用在家里开火。

没错，您听到的两顿饭就是早餐和晚餐，不包括午餐。大宋朝虽然已经开始有人每天吃三顿饭，但主要是官员，而且早上第一顿太早，一般要赶在凌晨三点上朝之前吃，大概叫作"晨宵"还差不多，不大像早饭。真正的早饭在九点钟左右，晚饭则要下午三四点钟以后，这中间可以吃点心，当然有条件的人家夜深了也可以吃夜宵，但都不是正式的一餐。"一日三餐"是现代人的观念，宋朝还没形成规律。

官员们的"晨宵"，当然也可以叫作早点，是为上朝之前填补空虚的胃肠。这一餐吃得很早，而且往往是在上朝的路上。前面咱们说过，东京皇宫外御街两旁，尤其是州桥一带，街两边都是美食小吃，一大早天还没亮就开始营业，临安城更是夜市连着早市——这些清早做生意的商户主要的服务对象就是上朝的官员们，当然也有他们的随从，同样清早起来赶往自家商铺的商户、店员和伙计们……

一般市民起床不会那么早，通常要到早晨八九点钟才出门。这时候，摊贩们纷纷出动，酒楼饭店也都开门营业了。散朝的官员们，早起行动的市民走在街头巷尾，钻进酒楼饭馆，就可以解决早餐问题。宋朝的早餐小吃品种很多，几文钱一个的笼饼蒸饼，十几二十文钱的鸡鱼小菜、灌肺汤羹比比皆是，如果要正式一点，就可以到早餐店或者酒楼饭馆里寻一副座头，点几个小菜要了汤饼慢慢吃，还可以喝酒。

是的，宋朝人早餐也会喝酒，而且很可能每顿正餐都喝酒。《东京梦华录》说汴梁城的酒楼饭馆"至午未间，家家无酒，拽下望子"，也就是说停止营业了。要吃饭就应该喝酒，没有酒自然就无法招待客人吃饭，自然就停业了。然后要等到晚饭的时候才会再有酒出售，才会重新营业——这样一直进行到深夜，晚餐连着夜宵，然后再到天亮又有"晨宵"吃……

看来，那时候的人们主要的两顿正餐大都是在外面吃的，不用自己在家做饭那么麻烦。否则，光是白矾楼那样的正店就有三千脚店，做的是谁的生意呢？当然，宅男宅女们也不用担心——不是有走街串巷，"吟叫百端"的商贩吗，随便买上两样在家里吃，也就完全能够满足肠胃的需求了。

所以宋人吴自牧的《梦粱录》里说，那里的百姓，寻常家里都不开灶的。

银鋬金梅竹双禽图碗·南宋

喝穷酒，吃"大餐"

收入不高却不在家里做饭，买几样小吃叫两份外卖也就算了，还要天天下馆子，这样的消费怎么得了？没关系，穷有穷的活法，富有富的生活，这叫各得宜彰，只图个方便舒服。

当时的穷苦人下馆子当然不会写日记留下记载，更不会发微博展示生活，不过好在自己不记有人记：宋神宗年间，有个日本僧人成寻来到中国，他留下一本《参天台五台山记》，其中记录了他招待雇佣的民夫的花销——十三个人吃饭喝酒，最多一次花了一百五十八文，最少一次九十八文，每人平均才十文左右。当然这不是在京城，物价便宜一些。

不过即使在京城，普通人下馆子也不贵。在北宋末期的东京，小饭馆中的"煎鱼、鸭子、炒鸡、兔，煎燠肉，梅汁，血羹，粉羹之类，每份不过十五钱。""菜蔬精细，谓之'造齑'，每碗十文。"而到了南宋的临安，就算是像样点的"大酒店"也能"两人入店买五十二钱酒，也用两支银盏，亦有数般菜"——不单给高档酒具用，还有下酒菜赠送呢。甚至在瓦舍中，"壮汉只吃得三十八钱"，要酒足饭饱并不难。

如果想要点面子讲点身份，吃顿宴席就不是这种价格了。苏东坡记载过一件事，是两个人以围棋赌胜负，

第三章 商品经济是个宝，物质享受少不了

胜了的得到苏东坡的一幅字，负了的要请客吃饭，标准是五百文。苏东坡大小是个官，而且是文人，吃饭自然讲究一些。三个人的一顿宴席，五百文也就够了。但这已经不是一般平民能够承受得了。

例如宋朝初期有二宋——宋庠和宋祁，都很有文名，哥哥宋庠更曾经连中三元。哥俩儿年轻时很穷，过冬至节想请客没钱，没办法从祖传宝剑的剑鞘上刮下银子一两，才算置办了酒席，这还是在他们老家湖北安陆的价格，幸好那时他们还没进京赶考。因为这件事，宋庠自嘲说："冬至吃剑鞘，年节当吃剑耳！"

看来，普通人家的收入，下馆子也没什么，只要不死要面子，这样的花费大家还算承受得起，难怪《梦粱录》又说很多京城人"往往只于市店旋买饮食，不置家蔬"了。

▫ 倾家荡产去游玩

吃喝之外还要玩乐，这才是物质加精神。太高大上的玩乐项目市民阶层消费不起，像是那些"花鸟也，竹石也，钟鼎也，图画也，清歌妙舞……"之类，平民百姓没有那么多钱，也学不会那种风雅，自然是不要玩，更不必说"买笑千金，呼卢百万"了。但是这些之外，小人物也自有小人物的欢乐：到郊外水边去亲近亲近自然，在繁华街市中欣赏一下文化艺术表演，逢年过节穿上新衣搞搞聚餐、放放烟花爆竹，这也算丰富业余生活，拉动内需促进消费了。

出行的游乐活动在东京主要在金明池畔进行，在南宋临安则不必说，自然是西湖。每逢清明、端午这样的时节，汴梁和临安的郊外水边、山寺御苑到处游人如织，不仅是高官显贵和富商巨贾，更有士人学子的风流聚会，庶民百姓们"带妻挟子，竟日嬉游"。即使在平时，城中也有勾栏瓦舍"不以风雨寒暑，诸棚看人，日日如是"的娱乐场，遍布"只在要闹宽阔之处做场"的街头艺人，以及各种节日放灯、舞狮、演杂技等盛会……

然而这样的娱乐消费，对于平民阶层来说无疑是极大的负担。但是有什么办法呢？如此盛世，如此潮流，人人都要紧跟时代的步伐，个个都不甘心落于人后。赶上寒食、冬至这样的盛大节庆，他们中"小民虽贫者，亦须新洁衣

第三章 商品经济是个宝，物质享受少不了

《帝鉴图说》之赵佶上清道会

⊙赵佶笃信道教，在国家财用匮乏的情况下，不惜耗费巨资陆续兴建了上清宝箓宫、长生宫等多座道馆。为表示自己对道教的崇信，徽宗多次出行前往上清宝箓宫，请道士林灵素坐在正席讲经，而自己设一偏间恭敬的听讲，这幅图画讲述的就是这样的故事。论倾家荡产去游玩，赵佶可谓北宋第一人。

服，把酒相酬尔。"逢到端午，"市人门首各设大盆，杂植艾虎、葵花，上挂五色纸钱、排钉果粽。虽贫者亦然。"而这些消费，尤其是那"竟日嬉游，不醉不归"的玩法，往往是以"至如贫者，亦解质借兑"为代价的，甚至最后像王安石说的那样："破终身之赀产而不自知也。"最后倾家荡产了。

[历史旅行指南·活在大宋]

HUOZAI DASONG

造船工艺高超，商港闻名世界

— 海外贸易带动的GDP

现代人都知道，没有对外贸易，赚不到外汇硬通货，也就算不上经济强国。大宋朝号称当时世界第一经济大国，除了要拿出工农业产品的产量、国民生产总值、人均GDP等数字，还得和别的国家比一比出口额，看一看占据了哪些国家的市场才行。

不过这方面大宋朝那是没得说：海船技术先进，海港规模宏大，大宋出品的瓷器和丝绸远销东南亚和欧洲，深受喜爱。一条海上丝绸之路更让大宋朝赚得钵满盆盈，成为当之无愧的海上大国和出口大国。

▢ 转桅分舱加罗盘，海战远洋都能干

想做外贸生意首先得有交易对象，简单地说，就是有了东西卖给谁。大宋朝从建国起西北边疆就不太平，和几个邻国时战时和，后来干脆被金国赶到江南去了。把自家的好东西卖给敌国那不是养虎为患？总打仗交通也靠不住。所以大宋和辽、金、西夏等国在边境虽然也开办过"边贸一条街"（榷场），但交易有限，原本在汉唐兴盛一时的陆上丝绸之路也断绝了。

然而西方不亮东方亮，陆地不行有海上。陆上生意不好做，大宋开始向海

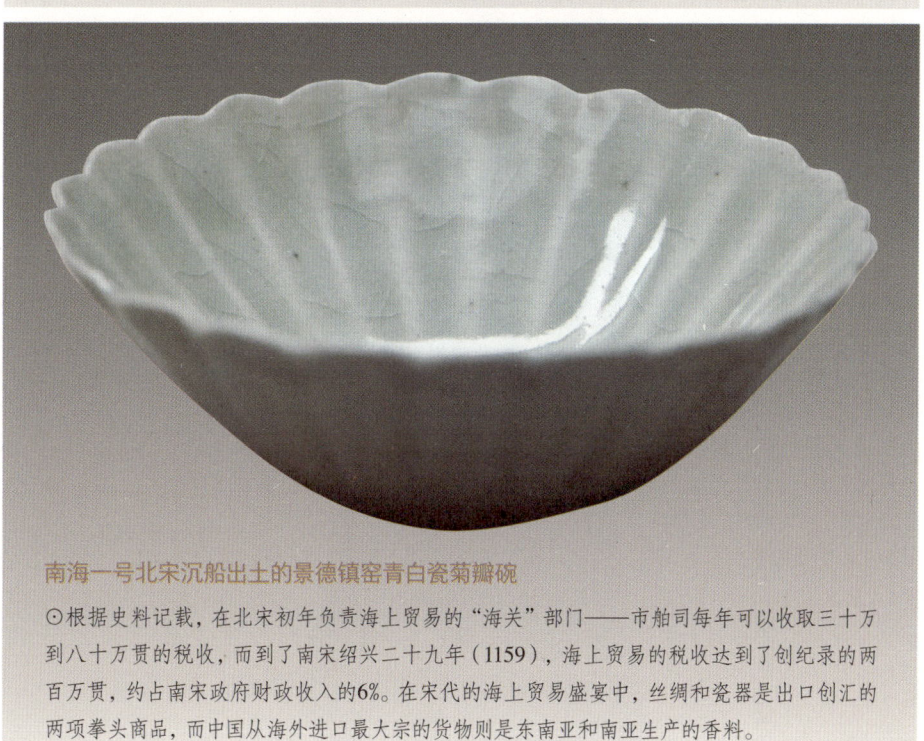

南海一号北宋沉船出土的青白瓷印花四系小罐

南海一号北宋沉船出土的景德镇窑青白瓷菊瓣碗

⊙根据史料记载,在北宋初年负责海上贸易的"海关"部门——市舶司每年可以收取三十万到八十万贯的税收,而到了南宋绍兴二十九年(1159),海上贸易的税收达到了创纪录的两百万贯,约占南宋政府财政收入的6%。在宋代的海上贸易盛宴中,丝绸和瓷器是出口创汇的两项拳头商品,而中国从海外进口最大宗的货物则是东南亚和南亚生产的香料。

第三章 商品经济是个宝,物质享受少不了

上发展，远渡高丽、日本、东南亚，甚至到更远的地方去卖东西。而要做海上生意就要有船，大宋朝的造船业那可是工艺高超、技术先进，造出来的各种船舶在世界上都首屈一指。

先说桅杆。宋代时的船舶当然主要是帆船。帆船的动力是风帆，扬起风帆靠桅杆。宋人已经发明了可以转动的桅杆，能够利用多种风向的风力——"风有八面，唯当头不可行。"还有船舵，当时已经有了在舵叶上开孔以减少阻力的开孔舵和操作灵活的平衡舵，这些技术，西方的帆船要七八百年之后才会使用。

持罗盘俑·宋

⊙世界上最早利用罗盘进行导航的航海活动就发生在宋朝。在北宋地理学家朱彧的笔记《萍州可谈》中就曾记载"舟师识地理，夜则观星，昼则观日，阴晦观指南针。"1975年，我国在福建泉州湾出土了宋代海船，船上就装有罗盘进行导航，正是罗盘这种宋代"黑科技"促进了海上交通的发展。

另外，分水隔舱的设计也已经出现并得到广泛应用。这种多个密封舱的设计改变了一处漏水满船涌的局面，降低了沉船的危险。

最值得一提的莫过于罗盘。罗盘运用的是指南针的原理，能够在阴雨天帮助远洋的海船辨别方向——《萍洲可谈》就记载了宋代海船应用罗盘的实例。作为四大发明之一，指南针技术应用在海船上使更加安全可靠的远航成为可能……

要在海上远航并装运货物，海船自然要比内河船只大。宋代已经有了载重量数十吨乃至数百吨的内河"千料船""万石船"，而宋海船多为"五千料"以上的大船，载重近三百吨，并且船底尖削，更容易乘风破浪。赵佶时派遣使节出使高丽，这支船队中就有两艘新造的大海船"神舟"，船长一百二十余米，载重可达千吨以上。

大宋舰船不单适合

做商船，打仗也很厉害。宋朝的战船中有"车船"，以人力踏动轮楫行驶，速度极快，能够"日行千里"。车船无论在镇压农民起义中还是抗金战场上都曾经发挥过作用，取得过辉煌战绩。

▫ 开创市舶建海港，收入关税出口忙

有了海船还要有海港。大宋继承唐代的经济开放政策，设立市舶司，开办港口。市舶司就是海关，类似的机构还有市舶务、市舶场，反正就是行政级别不同，性质和功能都差不多。海关当然建立在海港，对往来的贸易船只抽取关税，稽查人员和货物，同时进行管理，然后为国家创利创汇，反正是创收的机构。历南北两宋，大宋政府先后在广州、泉州、杭州、明州（今浙江宁波一带）、温州等地创立了海关。

广州这个地方从秦汉开始建立城市，到唐朝成为中国第一大外贸港口，这个地位一直到宋代依然延续。赵匡胤开宝四年（971），北宋在广州设置市舶司，承认它外贸交易港的地位并且把它作为和外藩交换商品、获得东南亚乃至欧洲特产的窗口。在这里，宋人收获富人们喜爱的犀角、象牙、珍珠、香料、药材等奢侈品，还有琉璃（也就是玻璃）这种来自西亚和欧洲的工艺品。

来广州做生意的外国人很多，他们从占城（印度支那半岛古国，在今越南境内）、真腊（亦印度支那半岛古国，在今柬埔寨境内）、三佛齐（今苏门答腊）、阇婆（今爪哇）、渤尼（今文莱）等地乘船渡海来到中国，贩卖当地的特产。更多的商人来自大食（阿拉伯帝国），他们不仅带来自己的商品，还有欧洲的货物，甚至把非洲的黑人都贩卖到中国来——《萍洲可谈》就记述了"色黑如墨，唇红齿白，发卷而黄"的黑人"鬼奴"。

尤其是阿拉伯客商到中国做生意不是一来就走，总要逗留一段时间，有的甚至定居下来，成了大宋子民。大宋政府给他们专门划定了聚居区，叫作蕃坊。在那里，有他们自己选出的蕃长，他们可以按照自己的习惯方式生活，拥有一定的自治权，形成外国"侨民区"。对这些侨民，大宋政府可以说十分照顾，特别优待：不但给他们一些豁免权，让他们和汉人通婚，还特地为他们开办了侨民学校——蕃学，以满足他们接受教育的需求。

有这么多外国人来广州做生意，而且形成了相当的规模，可见广州是当时中国的第一大对外贸易港口，也是世界闻名的大港口。除了广州，泉州也是大宋重要的海关和海港，此外还有杭州、明州、温州以及秀州华亭县（今上海松江区）和江阴军（治今江苏江阴市）五处市舶务。北宋时还有密州板桥镇（今山东胶州营海）市舶司，不过到南宋已经被金占领，不再属于大宋领土。在这些地方，除了大宋政府忙着收钱，当然也少不了做生意的大宋人，时刻准备扬帆出海，带着大宋特产到国外去赚钱。

▫ 瓷器远销亚非欧，丝绸之路万里游

大宋朝有什么特产？或者说当时出口创汇的商品主要是什么？答曰：瓷器。别忘了咱们大宋当时就有汝、官、哥、钧、定五大名窑，此外还有磁州窑、建安窑以及今天家喻户晓的景德镇瓷器。这些地方出品的"大宋制造"瓷器坐上同样属于"大宋制造"的大海船，漂洋过海不远万里到东南亚和西方去，一路经过南海诸岛、印度洋沿岸地区，到达西亚地区甚至远及地中海和东非沿岸，沿途热卖，引起当地人的追捧和抢购，成为西方人眼中的"神器"和中国的代名词——英语中China一词的小写形式就是瓷器。可见在后世，中国就是西方人意识中的"瓷国"。

当然，除了最重要的外销商品瓷器之外，传统的丝绸纺织品，让西方人赞不绝口的茶叶，以及当时宋代的其他手工业制品和工艺品也从广州、泉州等各港口源源不断地输送和销售到国外去，最远到达统治着大半个欧洲的东罗马帝国，近处也包括高丽和日本。

在大宋政府的鼓励和支持下，宋朝商人们开着当时世界上最大的大海船，满载着外国人喜爱的货物，经年累月地颠簸在海上，给自己赚取大把的"钞票"，为大宋政府换取巨大的利润，同时也沟通着中西方的物质文化，充当了桥梁和媒介的作用。

有宋一代海上贸易发达，当时的海上航线成为继北方陆地丝绸之路后连接中西方的贸易专线，被后世称为"海上丝绸之路"。

位于福建省泉州市的清净寺

⊙清净寺是现存的阿拉伯穆斯林在中国创建的最古老的清真寺，建于北宋大中祥符二年（1009）。这座寺院是宋代海外贸易繁荣的最好证明，也是海上丝绸之路的起点——泉州在宋代商贸地位的最好证明。

不要面子讲实惠，支柱产业油水肥

创海关、建海港，鼓励贸易，"对外开放"，好处是显而易见的。宋朝的皇帝们比起后来明清两代的统治者们在经济建设上要开放、务实，同时也不那么虚荣。

比如抗敌不行、强国不行的宋高宗，他对收复中原没兴趣，但他对海外贸易的见识却比后来的明清历代皇帝们高明得多。他说:"市舶之利最厚,若措置合宜,所得动以百万计,岂不胜取之于民?朕所以留意于此,庶几可以少宽民力尔。"瞧瞧,人家稍稍一算账,就知道搞外贸赚钱很容易,比起只知道向老百姓伸手收土地税强得多,而且还可以"少宽民力"——让老百姓富裕那么一点点。

更重要的是,由于疆域没那么大,国防力量一般,又经常和少数民族政权议和的缘故,大宋朝并不妄自尊大,不以天朝大国自居,更不会狂妄地以为自己"无所不有"而不屑于通过通商贸易和"番邦小国"互通有无。相反,大宋政府精明地计算利害得失,甚至不惜限制各国的朝贡使团人数,以免无谓地增加招待费用,还要回送人家礼品。到了宋孝宗的时候,他干脆下旨:"自今诸国有欲朝贡者,令所在州军以理谕遣,毋得以闻。"有来朝贡的,各地方政府直接打发他们走人,连上奏朝廷都免了,孝宗不但不见,连知道都不想知道,只要市舶司赚钱就好。

其实早在北宋中后期,大宋海外贸易已经有不错的成绩——大约在宋哲宗在位的时候,市舶司十二年收入了五百万贯,每年有四十多万。到宋徽宗即位,九年就收入一千万贯,每年一百万还多。南宋以后海外贸易更成了大宋支柱产业——在南宋刚刚建立的最困难的时期,全国一年的财政收入只有一千万贯,而外贸就占了六分之一,达一百五十万贯,后来更增至二百万贯。这样的比例怎么能不引起皇帝的重视呢?

况且,宋朝对犀角、象牙、珍珠等奢侈品实行垄断专卖。外商和本国商人贩运来的这些东西都要上交市舶司,由国家加价统一交易获利,而且优先满足皇室的需求,对皇帝和他的一大家子当然是最有利的。这么肥的油水怎能不要呢?所以,宋朝皇帝们对海外贸易的重视也就不难理解了。

> 专题

老弱病残有依靠，灾荒之年也不怕
——福利社会数大宋

大宋朝有钱，而且可以说商品经济很发达，但和历朝历代古今中外没什么大区别的是，宋人也有很大的贫富差距。像前面说的，高官富豪住着价值亿万的豪宅，穿着几十百万甚至上千万的华服，吃着天价的宴席；而平民只能住蜗居、穿布麻、吃小吃。不过，在这天壤之别的落差之外，大宋朝很有点温情，因为，宋朝是个福利社会，而且是自封建时代以来比较系统的福利社会。

趣评大宋1：
大宋就有养老院、孤儿院

咱们今天已经是一个现代文明社会了，当然不用怕出现"老无所依，幼无所养"的情况。但是大宋朝开国距离

彩绘木雕菩萨像 · 北宋

⊙宗教组织在北宋的慈善体系中也占有一定的地位。比如北宋的国家公墓——漏泽园，一般在京畿靠近佛寺的地方买地，安葬无名的尸体。漏泽园离不开寺院僧众的支持，其墓园一般由僧人管理，僧众为社会慈善事业做出突出贡献。

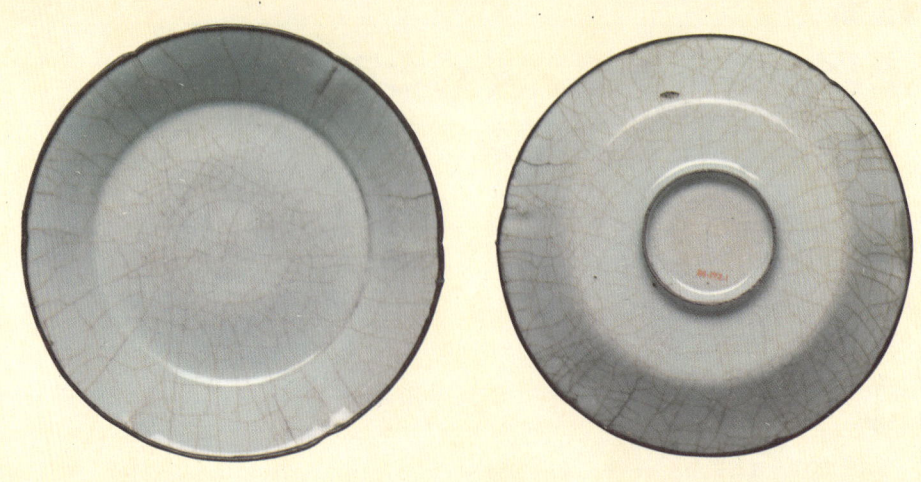

官窑青釉盘·南宋

今天已经有上千年，大家总听说封建社会的劳动人民生活是多么悲惨，那么大宋朝也是这样吗？那时的孤寡老人、孤儿弃婴谁来照顾，谁来保护？别担心，大宋就已经有养老院和孤儿院啦。

北宋建立后，东京汴梁就有东西两个福田院，后来在嘉祐八年（1063），也就是宋仁宗在世的最后一年，又增加了南北两个福田院。福田院是什么？就是最早的救济院，起初是由佛家僧侣开办的，唐朝时变成官办，并且被宋朝继承下来。宋仁宗末年，福田院的规模已经很大，能够收养容纳上千人。宋徽宗时期，福田院又改成了居养院，进一步扩大规模，并且推行到全国。不管是福田院还是居养院，主要收养救济的对象都是老年人，所以很像现代的养老院。

社会上贫病老弱、无人赡养的老人来了，怎么照顾呢？政府派来官员管理，还专门雇请厨师料理伙食，发衣服被褥，照顾他们的日常生活，据说条件好的地方，还给酒肉呢。不单是这样，不同年龄段的老人标准也不一样：比如八十岁以上要给当年的新大米吃，还给柴钱；要是过了九十岁，每天还给额外补助二十文，每月有半贯多的补助。

对弃婴和孤儿的照顾，大宋政府的专门行动晚了点。最早大宋的穷人，尤其在福建一带不敢多生孩子，往往生了两三个就不再要，意外多生通常被溺死或者遗弃，叫作"不举子"。南宋初年，在朱熹的倡导下民间建立了"举子仓"收养弃婴。到宋理宗时，由国家出资开办慈幼局，专门收养弃婴和孤儿，给他们请保姆，照顾他们的衣食住宿，直到他们度过童年。

趣评大宋2：
贫困残障不用怕，看病没钱不需愁

从福田院到居养院其实都不仅是养老院，同时也是救助站、福利院。在大宋朝的东京城，贫困无业者和残障人士乃至乞丐都不用发愁最低生活没有保障——从宋神宗开始，冬天天气转冷冰雪覆盖的时候，皇帝就会下令把这些人收养到福田院去，等开春了再让他们自谋生路。到了徽宗朝就更体贴了，那些孤儿寡妇和无家可归的人都可以到居养院去寻求帮助，曾经有一段时期汴梁居养院竟然一共收容救助了两万多人。

在京城以外，各地除了有居养院，还有广惠仓。广惠仓有点像红十字会，给贫苦无助的人们提供粮食等帮助。不过它不是民间组织也没有国际化，而是国有的。广惠仓的经济来源是无主耕地，而且国家也会提供支持，所以能维持运转，成为大宋朝的国家救济保障机构。有了广惠仓这种机构，大宋弱势群体总算有了个基本保障。但活着的问题解决了，还有生老病死的问题。大宋皇帝们很关心国家"医保事业"的发展，尤其是在宋徽宗时，各州府都设有施药局和安济坊，这两个部门合在一起，大概就相当于今天的公立医院了。

对施药局和安济坊来说，施药局相当于门诊部和药房，安济坊相当于住院部。在施药局有国家委派的医生坐诊，还有国家出资买来的药材和根据验方配制的丸剂、散剂，可供医生诊断病情之后对症下药。安济坊则是供病人调理休养和继续诊治的地方，这里不仅也有食堂，提供住宿，而且还专门雇请照顾病人的人——当然人家不是护士，只是仆妇或者使女，但也有点"护士"的意思了。而且您猜得没错，在施药局看病和在安济坊养病全都不用花钱，只要是贫病无依的人都可以享受这种免费医疗福利。

安济坊最初是从福田院中分离出来的，分离的目的是为了防止传染病。不过到了南宋，安济坊和后来的居养院又合并为养济院，也就是福利院和公立医院又

合二为一了。而终南北两宋，大宋皇帝们还专设了一种漏泽园，即免费公墓，用以营葬那些"死之无主者"。

趣评大宋3：

搞救济，发福利，放官贷

要保障社会安定和人民幸福，光有这些福利机构还不够，还要有应急救援和扶助贫民的制度和机制。这一点大宋朝政府做得也不差，不但在灾荒之年救济受灾的老百姓，平时也会经常有一些惠民政策和福利。

例如在熙宁八年（1075），越州（今浙江绍兴越城区）遭受了旱灾，国家就调拨粮食救济："使自十月朔，人受粟日一升，幼小半之。"就是从十月初一开始每位灾民发给粟米一升，儿童减半，以这种临时性赈济避免灾民饥馁。又如在熙宁元年（1068），河北发生了大地震，当时的右谏议大夫、瀛洲（今河北河间）知州李肃之带领军民抗震救灾，一面修建临时简易房给灾民居住，一面开仓放粮，体现了大宋朝对灾害的快速反应和紧急救援。

除了及时救援灾荒，从皇帝到国家时不时地还会搞搞福利，关怀关怀贫苦百姓。《武林旧事》记载了这样一件事：眼看快到腊月了，正赶上下大雪，已经退休当了太上皇的宋高宗很高兴，他儿子赵昚凑趣说："今年正缺这样一场雪，可谓是及时雪啊！"太上皇想想却说："雪是好雪，但只怕长安有穷人要受冻啊！"他说的长安是指临安。赵昚不敢怠慢，连忙汇报："我已经命令有关部门比照去年的标准增加一倍送温暖去啦。"太上皇听了，也派人从自己的"小金库"拨了一笔钱，照样送温暖一次。从上面这个故事可以知道，至少南宋初年有惯例要对贫苦百姓年年送温暖，而且数目还经常增加甚至翻倍。不但如此，皇帝还会掏自己的腰包。

不光要送温暖，有时候还要"减负"，比如给老百姓免除赋税，比如平抑物价，必要时还借款甚至直接送重要的生产工具给老百姓。例如淳化五年（994），宋州（今河南商丘）、亳州等地发生了牛瘟，当地的牛死了一大半。没有牛怎么种地呢？所以政府就借钱给老百姓，让他们到临近地方去买牛。到了宋真宗景德初年，经澶渊之盟宋辽议和，但战争使两国边界地方受到很大破坏，农民没了耕牛，也没了犁杖，于是政府设计好犁杖的样式让地方政府打造给农民使用，还让有关部门买牛送去……

趣评大宋4：
全民总动员，慈善宋人多

福利社会要靠大家来创造。大宋朝很努力为老百姓构建一个有保障的社会环境，大宋百姓也纷纷发扬慈善精神，奉献自己的力量，给贫苦人民谋福利，为大宋的福利社会做贡献——从高官到富豪，大宋慈善家还真不少。

大宋官员中兴办慈善事业最有名，也最成功的莫过于范仲淹。他在杭州做官时买下了千亩良田，办了一个范氏义庄，用这些土地的收入专门资助范家的宗族

砖雕舂米·宋

子孙。范氏义庄最成功的地方在于它像一个现代基金会一样，有宗旨、章程，有专人管理，对资金管理和资助对象也有专门的办法，因此赢得了很高的声誉，也不断获得范氏族人和社会的支持，得到更多的资金补充。就是这样一个慈善基金会，竟然一直维持到清朝末年，存在了八百多年。

当然，范仲淹搞慈善范围还是窄了点，光资助姓范的。大宋好多富豪施舍的对象广泛，而且一听那人数都能吓您一跳。南宋汉州（今四川广汉市）有一个富户叫李发，他热心慈善事业，一遇到年景不好就召集饥民施舍，差不多一年到头每天都有上千人在他家吃饭。乾道年间当地发生大饥荒，到他家来接受施舍的人最多时每天有三四万，第二年形势依然不妙，几百里外的饥民都赶来了，人数增加了一倍。而这个李发一点没有怨言，依然坚持出钱出粮，不知道救了多少人。

大宋朝像这样的例子很多，好像从皇帝到百姓大家都很喜欢做善事，而有宋一代也不愧是封建时代一个让人羡慕的福利社会。

壁画莲花菩萨像·宋

第四章
宫廷不是禁区，皇族也有秘闻

大内宫廷之中，帝王和皇家的生活总是最被人们惦念的。赵宋官家的晚餐吃什么？御厨的手艺到底有多高？皇子们的帝王预科班真的那么步步惊心？大宋朝垂帘听政的太后里为什么出不了一个武则天？宋代的公共节日有多少是皇帝的生日派对？且待本书为大家一一道来。

[历史旅行指南·活在大宋]
HUOZAI DASONG

踢踢球，写写字，作作画

——官家爱游艺，更爱文艺

象牙笔筒·北宋

⊙这是宋代由象牙雕成的笔筒，笔筒上刻画了五个人物在庭院中蹴鞠的场景，可见蹴鞠这项运动在宋代的流行。

不论哪个朝代，皇帝一家人绝对是全国最富有的第一大家族，何况宋朝是中国历史上最富有的王朝。大宋皇帝们执政之余每天都干点啥？他们都有什么兴趣爱好和休闲活动？

其实，大宋朝的赵官家们兴趣爱好真不少，而且他们中间正经有几个职业玩家，像一代球王赵匡胤、音乐大师赵光义、著名诗人赵恒、音乐家赵祯、著名书法家赵构……当然啦，徽宗赵佶更厉害：堪称大宋足坛"小罗"，同时还身兼书法大师和画家等多重身份！

◘ 一代球王开足球盛世

事实早已证明，足球是咱伟大的中华民族的古老发明。早在春秋战国时期，咱们的老祖宗就已经开始玩一种盛行于当时、普及于后世、风靡于现代的游戏——蹴鞠了。而蹴鞠，就是足球最早的雏形。

《史记·苏秦列传》里说，苏秦跑到齐国去，看到临淄"其民无不吹竽鼓瑟、弹琴击筑、斗鸡走狗、六博踏鞠者。"这个踏鞠即蹴鞠，也就是足球。全临淄都能看到踢足球的，可见足球运动在当时的盛行。战国之后，汉朝人不忘踢球，唐朝人不忘踢球，到了宋朝，踢足球更加风靡了。这时候的足球已经不像最开始只是外皮内毛，而是可以充气的皮球，能够踢得更高、更远，规则也更多——可以设两个球门，也可以设一个球门，两队踢对抗赛；还可以一个人或者几个人表演，叫作白打。当时踢球的不单有皇帝有大官，还有宫中的宦官和宫女，民间的艺人百姓，足球简直可以说是一种全民运动，那运动基础和普及性就别提了。

大宋朝足球事业如此兴盛，相信如果当时举办世界杯，届届决赛阶段都能看到大宋代表队。那么是谁带动了大宋足球的发展，谁又是大宋近三百年当之无愧的球王呢？毫无疑问，答案就是赵匡胤。

赵匡胤戎马一生，整天和军队战阵打交道，而蹴鞠运动从汉代开始就被认为是一项军事训练，西汉时还有人专门写了一本《蹴鞠二十五篇》，属于兵书的一种。因此赵匡胤自然会很重视蹴鞠，自己也会身体力行，加入这项运动。事实上，赵匡胤很喜欢蹴鞠。蹴鞠原来是"军中之乐"——不仅是训练，还是娱乐，赵匡胤也没少参与。后来当了皇帝，跑到军营里和大兵踢球不像话，但他一点没放弃这个"业余爱好"，除了在宫里搞比赛，还亲自下场，和亲信部下们白打过瘾。

现在流传的有一幅《赵匡胤蹴鞠图》，就记录了赵匡胤带着他的兄弟赵光义和赵普等大臣们踢球的生动场面。前面咱们说过，榜样的力量是巨大的。赵匡胤推动大宋足球热潮功不可没，他本人的"脚上功夫"在当时也一定了得——大宋一代球王，赵匡胤当之无愧。

▫ 祖孙音乐家

赵光义能给他哥哥"下脚",说明他的球艺也不错。不过"大宋球王"这个称号,估计送给他他也不敢要——就算踢球这种小事,他又怎么敢超过他哥哥?不过没关系,他自然也有自己大展身手的地方,那就是搞音乐。

历朝历代皇帝中不乏喜好音乐、重视音乐艺术和音乐活动的。唐朝的好几个皇帝就都爱好作曲,唐玄宗李隆基创作《霓裳羽衣曲》,名声绝对是空前的。南唐后主李煜不但作曲,而且填词,还亲自表演,也是位全能音乐家。在这方面,赵光义也是毫不逊色。

说起赵光义的音乐才能和他的作品,在大宋朝皇帝中绝对称得上大师级人物。《宋史·志第九十五·乐十七》不惜笔墨把这位大宋音乐大师一生创作和改编的三百九十首曲目全都记录下来,还做了详细说明——赵光义还没当上皇帝之前,就作了《宇宙贺皇恩》《降圣万年春》来歌颂大宋"一把手"赵光胤。当赵光义出兵太原得胜凯旋,他又作一曲《平晋普天乐》。第二年他还作了《万国朝天乐》。这些都是庙堂之歌,专门在国家大型庆典时用的,相当于国庆奏乐了。

当然,赵光义也很有情趣——《薄媚》《采莲》《伊州》《绿腰》《道人欢》《满宫春》,您光看曲名就知道这都是富有情调的小曲儿,演奏出来肯定雅俗共赏,让大家听得眉开眼笑。

别说这些乐曲艺术成就怎么样,就光是这数量,赵光义已经足够称得上大宋皇帝中第一音乐大师了。爷爷厉害,孙子多少会继承一些。赵光义之后,宋仁宗赵祯也算是位通晓音律的音乐家。这位"狸猫换太子"中的主角很有音乐细胞,经常自己躲在深宫里作曲,然后教给教坊司,让他们演奏。他作过祭天地的《景安》四首,祭宗庙的《兴安》四首,还有祭五帝的《佑安》五首……不过他很谦虚,曾经说:"朕于声技固未尝留意,内外宴游皆勉强耳。"

那意思是说:我可不是专门干这个的,水平就算勉勉强强吧。

▫ 玩乐无所不能,当皇帝才是短板

跟赵家前辈们相比,宋徽宗赵佶

不但是艺术全才，更是娱乐高手。放在今天，赵佶保管是球场上的明星、《花花公子》封面人物，更是德高望重的书法大师、名噪一时的画家。

赵佶原来和皇位没啥关系，就是个端王。在他之前，当皇帝的是他哥哥——宋哲宗赵煦，所以赵佶本来当一个幸福的王爷就够了，完全可以潇洒一生。但是偏偏赵煦死得早，又没有儿子，主持朝政的向太后又支持赵佶继承皇位，这才让赵佶得以继承大统。反对赵佶当皇帝的大臣们认为他"轻佻"，由此可知赵佶的日常行为绝对不是帝王范儿，而是走的享乐人生的路子。例如赵佶爱踢球，而且还能踢得一脚好球。按照小说《水浒传》的说法，大反派高俅第一次见到还是端王的赵佶，赵佶让高俅下场，高俅是一再推辞的——"敢与恩王下脚？""三回五次告辞"。待到下了场，却"只得把平生本事都使出来"。为什么？不光是奉承和地位悬殊，实在也是若不尽全力，入不了蹴鞠高手赵佶的法眼。要知道，在领导面前卖弄，太弱了固然不行，太强了只怕也有危险。

照这样看来，赵佶的球技绝对差不了，就算评不上球王，也称得

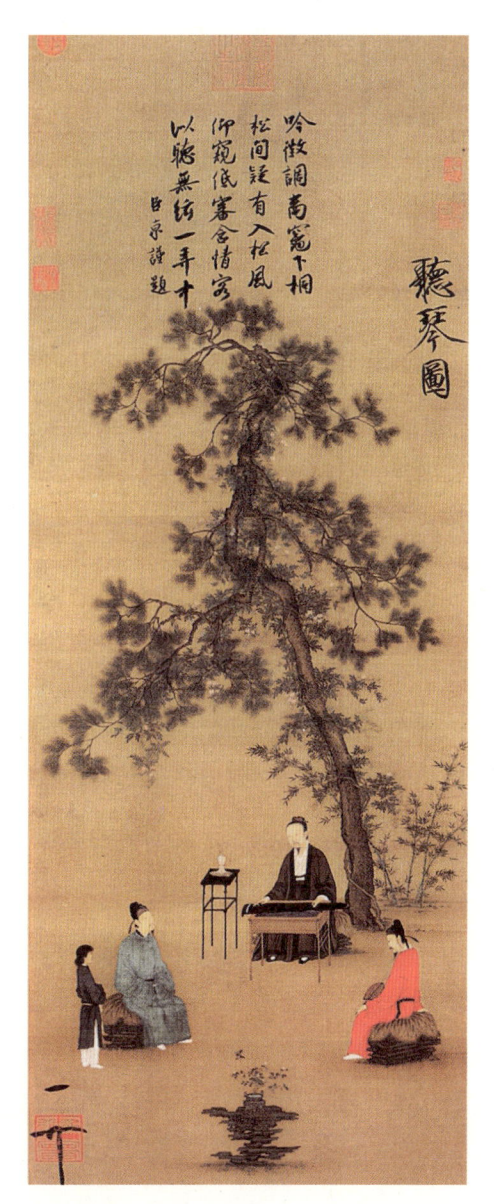

第四章 宫廷不是禁区，皇族也有秘闻

《听琴图》·北宋·赵佶

⊙《听琴图》是一幅优秀的中国人物画。画中主人公居中端坐在石墩上，黄冠缁服作道士打扮，双手置琴上，轻轻地拨弄着琴弦。右侧一官员身着红袍、执扇俯首；左侧一人身着绿袍、凝神遐想，背后侍立一童子。这三位就是《听琴图》的主角、搞垮北宋王朝的"败家三人组"——徽宗赵佶、奸臣蔡京和宦官童贯。

宋代古琴

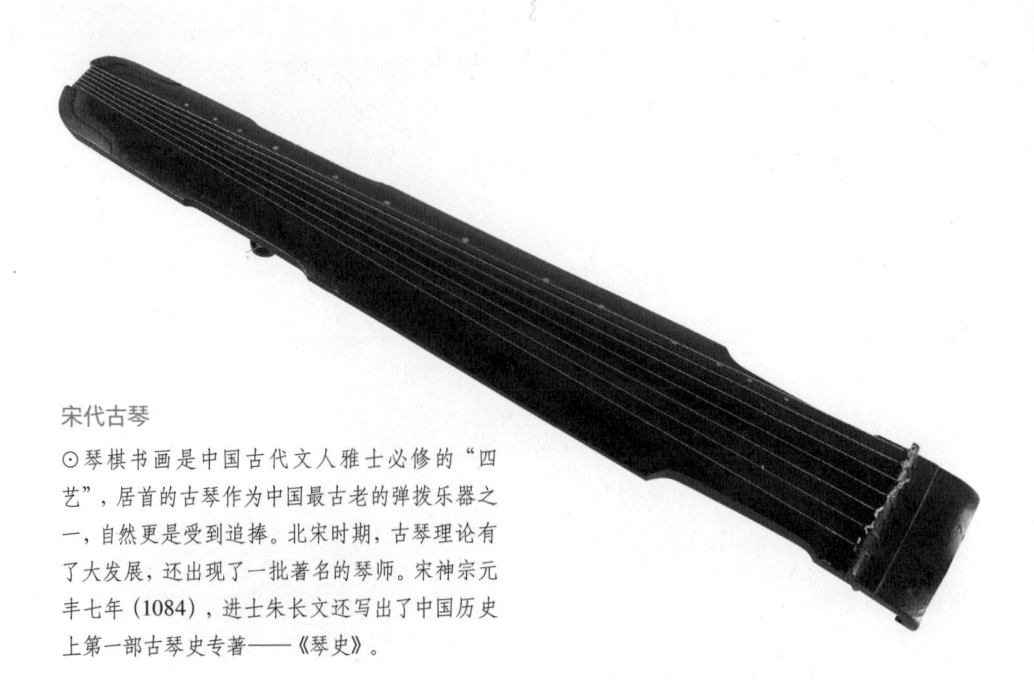

⊙琴棋书画是中国古代文人雅士必修的"四艺",居首的古琴作为中国最古老的弹拨乐器之一,自然更是受到追捧。北宋时期,古琴理论有了大发展,还出现了一批著名的琴师。宋神宗元丰七年(1084),进士朱长文还写出了中国历史上第一部古琴史专著——《琴史》。

上"大宋版的小罗纳尔多"。不过单单是喜欢踢球也就算了,赵佶偏偏家国不分,要把自己的"球友"抬举到仕途上来,令纵然不像《水浒传》所描写的那么不学无术,却也是毫无建树的高俅平步青云当上太尉,恰恰证明了他不是一个合格的政治家,更不会是一个励精图治的好皇帝。

然而赵佶这个不称职的皇帝在艺术领域不但玩得精,搞艺术更是了不起——他的书法独成一派,叫作"瘦金体"。这是一种瘦劲冷硬的文字笔法,糅合了前人的精粹而又别出新意。明代陶宗仪在《书史会要》中评价说"笔势劲逸……意度天成,非可以行迹求也。"赵佶在书法方面可以称得上一代宗师,他留下的作品不少,像《楷书千字文》《怪石诗帖》《草书千字文》等。

除了书法,赵佶还擅长丹青,尤其喜欢花鸟。他作画笔法细腻、风格淡雅,透出贵族气息,著名的画作有《芙蓉锦鸡图》《瑞鹤图》《杏花鹦鹉》等。大宋历代皇帝中,宋徽宗赵佶绝对算得上一个全才——除了搞政治。所以后人评价他:诸事皆能,独不能为君耳!

▫ 艺术天分相同

赵佶的样样本事都很大，就连生娃都不差。史载他有三十多个儿子和三十多个女儿，生育能力实在很了不起。在他那么多儿子之中，最著名的有两个人，一个是和他一起被金人抓走的宋钦宗赵桓，另一个就是开创了南宋的宋高宗赵构。

赵桓就不说了，他才当了一年多皇帝就成了俘虏，然后做了三十年的俘虏，最终病死。赵构则不同，他虽然偏安在江南，但是从建炎元年（1127）到绍兴三十二年（1162）当了三十五年皇帝，然后又做了二十五年的太上皇，才在淳熙十四年（1187）去世。赵构不但高寿，而且在位时间长，当太上皇的时间也长，算得上皇帝中比较长寿的一个。

赵构继承了他爹赵佶赵佶的不少东西，比如昏庸、比如任人唯"亲"——像赵佶重用"球友"高俅、书法同好蔡京，宋高宗则重用秦桧。当然赵构也继承了赵佶的艺术天分，那就是擅长书法和绘画。

赵构的书法在历史上评价不错，但是大概因为他的昏庸，还有他的卖国投降政策，所以人们没有给他很高的地位。就像对他的宰相秦桧一样，很多人甚至不承认秦桧有擅长书法的一面，只说他"能篆""亦颇有可观"。然而不管怎么说赵构是皇帝，对南宋初期的书法界影响很大，所以陶宗仪承认他"天纵其能，无不造妙"，肯定了他的书法天才。

赵构传世的书法作品有《草书洛神赋》等。

给读书人"黄金屋""颜如玉"的皇帝

人人都说读书好，因为"书中自有黄金屋"，"书中自有颜如玉"。把书读好，金钱美女自然就有啦。这些话是谁说的呢？是大宋皇帝诗人宋真宗赵恒。他在他的《励学篇》中把这些大道理教给大宋子民，劝大家"男儿欲遂平生志，五经勤向窗前读。"《励学篇》是赵恒作的白话诗，朗朗上口明白易懂，而且很励志。此外赵恒还作过《北征回銮诗》《赐丁谓》《观龙歌》等诗歌，算得上是个很有水平的诗人。

[历史旅行指南·活在大宋]

一年"嗨"不停，月月有节庆

——宫廷庆典欢乐多

过节啦，过节啦！咱大宋的重要节日又到啦！那位问了，不是前两天刚过完节吗？怎么又过？没办法，大宋朝就是节日多，这才叫"今天明天都是好日子"呢！

说起过节，还得感谢咱们老祖先——中国古代礼仪多、规矩多、风俗也多。这些风俗传下来，个个都是节日，赶上哪个都得过，而且是只要能大庆就不小庆，只要能浪费就别想节约。都说大宋朝有钱，连老百姓过节都得拼了命地享受，更何况宫廷？您要看大宋宫廷过节，那真是"一年嗨不停，月月有节庆"……

▫ 大傩仪与大朝会：从除夕到元旦

又是一年除夕夜。咱今天的老百姓家家放鞭炮，看春晚，一家团聚守岁，大宋没有春晚可看，但却一样可以放鞭炮，并且已经开始除夕守夜了。

在大宋宫廷，除夕夜的庆祝活动很盛大也很隆重，包括"假面舞会"和"除夕宵夜"。大家都知道西方人在万圣节戴假面具纪念亡魂，怎么大宋人也搞"假面舞会"？其实，人家大宋宫廷搞的那叫"乾坤大挪移"，啊不，说错了，是"岁末大傩仪"。傩是古代驱鬼的仪式，大傩在年终岁末，唐朝时已经固定在除夕，这种风俗延续到宋代。

看，八百人的大傩仪仪仗队开来啦。他们人人头戴面具，这些面具都是广西桂林的能工巧匠制作，个个栩栩如生，样式各异。他们身上穿的是绣着画涂着彩的衣袍，手中持着金枪银戟、龙凤旌旗。在他们旁边有赶来帮忙的各路神鬼：什么钟馗判官啦，六丁六甲啦，神兵鬼使啦，还有灶王爷土地爷门神爷。大家奏起"驱鬼曲"，高唱"驱鬼歌"，把那些个邪魔鬼怪赶出皇宫，一路赶到东华门外，到龙池湾逼入水中，才算是大获全胜，班师凯旋。

作祟的厉鬼被赶走，大家可以开开心心过除夕，等候着新的一年到来了。既然要守岁，当然不能睡觉，但不睡觉人会饿啊！那时候还没有年夜饭，不过有宵夜果，也就是除夕夜额外加的宵夜果品和糕点。皇宫里地位最高的是皇帝，因此宵夜果十分丰盛，可以有上百种各式的蜜饯、糖果、糕饼和豆酥等，全都摆在精美的盒子里，供皇帝一人独自享用。光吃不够，宵夜果之外，桌上还得摆放些

《敦煌杂技图》·宋

⊙宋代，杂技成为一种独立的艺术，开始在宫廷宴会和市民阶层中进行表演。南宋吴自牧的《梦粱录》中就曾记载杂技的类型有上索、脱索、索上担水、舞判官、斫刀蛮牌、过刀门、过圈子（火圈）等。周密撰写的《武林旧事·诸色技艺人》中还列举了一批表演杂技的著名艺人，如"舞绾百戏"有张遇喜、刘仁贵等十一人；"神鬼"有花春等四人；"撮弄杂艺"有林遇仙、赵十一郎等十九人，等等。

玉杯、珠花、金叶和各种游戏玩物，让皇帝能边吃边玩，免得寂寞。皇帝一个人就吃这么丰盛的夜宵，皇后、

第四章 宫廷不是禁区，皇族也有秘闻

163

嫔妃和内侍宫女们当然也可以逐级降低标准，聚在一起或者各自享受自己的待遇。而且这一夜整个皇宫都要"照虚耗"，连厕所都要点灯，把皇宫照成不夜城。

好不容易熬过了漫漫除夕夜，元旦又到了。这一天大宋是一年中在宫廷举行最盛大庆典的日子，皇帝一大早就要赶到大庆殿接受文武百官和外国使节们的朝拜，在这之前他还要烧香上供给皇太后拜年，又得接受他的大小老婆们和儿女的拜年，实在是忙得不可开交。这样的场面虽然庄严壮观，但是就不那么有趣了。

▫ 两京看宫灯，金明池竞标：上元与上巳

"正月里来是新年"，过完了元旦，年却没有完，大家都还在喜庆热烈的气氛中。初一之后，按风俗差不多每天都有纪念、庆贺、攘除的事情要做，例如初五要"破五穷"，初七要"庆人日"等。但是这些，都及不上正月里最盛大最热闹的节日——上元，也就是元宵节。

元宵节又叫灯节。在宋以前闹花灯是三天，即正月十五加上之前和之后各一天。大宋朝是个讲究享乐的时代，开国皇帝赵匡胤就号召全民享乐，闹花灯只有三天怎么够？于是在乾德五年（967），赵匡胤下令上元灯节延长十六、十七两天，变成五天。

"方当年谷之丰登，宜纵士民之行乐。"赵匡胤的圣旨描绘了一个太平盛世，鼓舞着全民娱乐消费。他自己当然也身体力行、率先垂范，在东京汴梁皇宫大搞"上元皇家灯展"，与民同乐，吸引着全城乃至全国百姓来参观游览，激发大家的消费热情。

在北宋最辉煌绚丽同时也接近灭亡的宋徽宗时，十四

日上元灯节一到，皇宫边的宣德楼前面就立起三大彩门，正中的门上有金字"宣和与民同乐"。彩门左右是文殊普贤两位菩萨的佛像，各自乘着狮子和白象。两座佛像既是彩灯又是喷泉，他们伸出手，手指喷出水来。宣德楼两边的朵楼挂出灯球，每个灯球的直径有一丈多，是超级大灯笼。徽宗赵佶就在楼上，楼下有各种花灯竞现、文艺表演，还有地摊夜市。赵佶的排场不用说，嫔妃宫女们也都跑到宣德楼来，在帘子后观赏嬉笑，惹得楼下围观窥闻的百姓想入非非。

到了南宋，"西湖歌舞"都无尽无休，不用说临安皇宫的上元灯节是一样的热闹繁盛，并没有一点萧条。甚至到风雨飘摇的淳祐三年（1243），宋理宗赵昀还要粉饰太平，硬是给上元又加了一天，变成了连续六夜闹花灯，真是皇帝不知愁，还要"最后的疯狂"呢！

灯节过完，好不容易出了正月，接着又是二月初一的中和节、二月十五的花朝节，然后又是寒食节，再到三月三，就是上巳，即"丽人节"或者"水节"啦。中和节是农节，也就看看农书，花朝节赏花，没什么可说。寒食节要吃冷食，皇帝们当然不会喜欢，所以也不太重视，甚至还有皇帝禁止过寒食节。上巳就不同，这天的风俗是踏青嬉水，春暖花开头一次，好玩又过瘾，女性也能参加。所以这个节就算皇帝不想过，他的大小妃嫔们也会吵着让他过。

这不，大宋朝一到上巳就热闹非凡。北宋时人们齐聚汴梁城外的金明池；南宋不用说，当然是全民游西湖。金明池年年搞龙舟赛，皇帝要来观摩——当然也带他的妃嫔们来。不过妃嫔们只到金明池中的宝津楼，而这里当然是"游人免进"。您想欣赏一下皇帝的妃子们，或者采访个独家新闻什么的？没门！

▢ 避毒、赏菊、喝粥：端午、重阳和腊八

游玩的时间总是飞逝。转眼上巳过去，大家水岸踏青二十余日，三月渐渐尽了。皇宫里花期正长，皇帝、嫔妃、宫娥们不时地赏花，看各种奇花异卉争奇斗艳，不觉间四月初八，浴佛节到了。宋代佛教已经很兴盛了，宫中自然少不了佛祖的信徒，这时候他们就要互相赠送浴佛水——其实就是加了香药煎煮的糖水。

随完佛教的风俗，再过不到一

个月就是天中节,即今天的端午节。端午节现在已经成了法定假日,大家能休个三天小长假。宋朝端午节也是公务员法定假期,而且今天我们延续的风俗当时基本也都有了。比如在门前悬挂艾草驱毒、佩戴灵符、吃粽子等。当然也有一些已经渐渐消失的风俗,比如这一天要"浴兰汤",就是用香草水洗澡,看来端午节少不得皇宫中要集体上演美人出浴。另外皇帝还会给大臣们发红包,不过里面包的不是钱,而只是糖果、粽子和金花,不过是图个吉利表示慰问。

端午过后,六月六要晒书;七月七夕乞巧,是女孩的节日;然后是中元节,在七月十五,还要办盂兰盆会;接着八月中秋拜月团圆。这些节日各有各的庆典,一时间也说不完。下面要说的是重阳。"遥知兄弟登高处,遍插茱萸少一人。"皇宫里无处登高,但是却可以赏菊。到了重阳节,宫中布置下千树万树盛开的菊花,还点起菊花灯,酿好菊花酒,供皇帝一个人赏玩、享用。当然啦,皇帝心情好,自然会叫来妃嫔陪同,还可以找艺术家们来现场表演。

九月以后,十月初一有寒衣节,文武百官要发新官服,皇宫上下也要换新衣服;十一月有冬至,要举行一年中仅次于元旦的重大祭司庆典,宫中少不得也要庆祝一番。进了腊月,节日就又多了起来:腊八、交年(即小年),然后就又到了除夕。需要说明的是,腊八要吃腊八粥,正是宋朝发明的,而且是先从宫廷开始,再渐渐普及到民间。

大宋特别节日:皇帝的生日派对

大宋朝最特别的节日是皇帝的生日。前文说过,大宋皇帝的生日叫"圣节",一个皇帝一个节日,个个都不同,例如寿宁节、承天节和乾元节。这里说说赵佶的天宁节。

皇帝过生日当然要办派对。赵佶是最讲排场的大宋皇帝,他的生日派对非同小可。赵佶生在十月初十,这一天皇宫内外普天之下都要给他庆祝生日。实际上,早在他生日到来之前

← ← 游大宋指南 → →

北宋时期,开封城里过冬至不吃饺子,而是吃馄饨。开封俗语:"新年已过,皮鞋底破;大担馄饨,一口一个。"

的一个月也就是从重阳开始，宫里就开始筹备布置啦！这些工作包括装点、翻修，以突出节日气氛，还有准备各种庆祝仪式和宴会所需要的东西。同时，宫廷乐队还会经常演奏乐曲增添情调。

到了生日前两天，武官们先行设宴，给赵佶预祝寿诞，拉开了大宋第一生日派对的帷幕。两天后，生日派对正式开始——派对分设两个会场：宫外大相国寺为主会场，由宰相率领文官们举办大型宴会；宫内设分会场，由皇后牵头，各位妃嫔美人参加，摆下"美人宴"。主分会场赵佶当然都要参加，对公务员和美人们不能厚此薄彼嘛！

砖雕百戏丰收舞蹈人·北宋

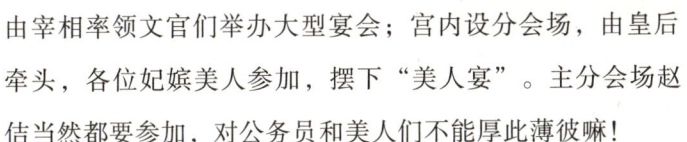

吃了请当然要回请，赵佶一点不含糊，第二天又分别设宴答谢老婆们和公务员们。但是哪有让皇帝答谢的道理？百官们不答应啊！于是，最隆重的祝寿仪式在十二日举行。这一天，以宰相为首的百官们和赵氏宗族亲王以下一干人等全体赶往紫宸殿，要给赵佶磕头。磕多少呢？整整三十三个！就这强度，要没有点体力还真坚持不下来。

受了如此大礼，赵佶又不好意思了，大家留下吃饭，把外宾们也都请来！于是，一场盛大的宴会开始了：

这场宴会，光是正式的敬酒就要进行九次——三巡三巡再三巡，每巡酒还要配合不同的乐器、歌舞、演唱、百戏、相扑等表演。等这些仪式全部结束，大家还得自由发挥，直喝到天昏地暗才罢休。

接连折腾一个多月，大宋皇帝赵佶的生日派对，才算办完。

太后也垂帘，亲政就放权

——后妃干政不容易

皇帝在中国封建时代处于权力的巅峰，"普天之下莫非王土，率土之滨莫非王臣"，那是多大的权威！不过皇帝不好当，皇位也不总是那么稳当。像历史上著名的吕后、武则天、慈禧，都是以后妃的身份干政，把皇帝变成了傀儡。在她们那个时代当皇帝，可一点都不好玩，更没有"九五之尊"的满足感。

大宋朝也不是没有后妃干政，而且还正经出现了几个有权有势、垂帘听政的厉害女性。但是却没有一个能掀起大的风浪，更不可能成为女皇……

◘ 女皇？大宋的女性不能为

大宋朝皇帝的后妃之中，第一个有机会也有能力效法武则天的人是谁呢？她就是民间传说"狸猫换太子"故事中的"邪恶主角"刘皇后。

民间传说不多讲，这个刘皇后谥号章献明肃皇后，但她最初不过是韩王赵元休的情妇，而且之前已有丈夫，她和赵元休还被赵光义棒打鸳鸯，逼得她偷偷摸摸做了十几年的"小三"。不过，赵光义一死，先后改名赵元侃、赵恒的宋真宗两任正妻相继去世，刘氏总算苦尽甘来，从美人到修仪再到德妃，最终坐上了皇后宝座。

刘氏（民间都叫她刘娥，但估计不是她的真实姓名）能当皇后，实在是不简单。史书上说她"善播鼗"，鼗就是拨浪鼓，摆弄这东西是货郎的拿手好戏。刘氏的前夫就当过货郎，看来她也跟着做过这种营生，而且应该没什么学问。但后来大概是她发奋学习了，因为真宗还能执政的时候，她就经常陪着真宗一起处理政务，而且不但能记住朝廷事务，还能征引前朝事例，发表自己的意见。真宗病重时，她更是直接管事，替皇帝行使权力。正因如此，真宗死后，继位的仁宗年幼，她自然就以皇太后身份垂帘听政，成了最高决策者。

刘太后垂帘听政前后十一年。在这十一年里，她的权势的确不小，宋真宗时候的权相丁谓被她罢免并且连遭贬谪，最后死在了光州（今河南潢川县一带），朝中的大小事务也都由她决断。但是，刘太后没敢过于专权，也没有给娘家人太多特权，建立外戚势力；而是重用了一批像王曾、吕夷简这样有能力的大臣，为后来宋仁宗开创"仁宗盛治"打下了基础。

当然，刘太后也不是不想成为武则天第二，不过大宋朝的环境不允许，她也足够审时度势。有个叫程琳的大臣上了一幅《武后临朝图》，但是被她断然拒绝了。因为刘太后心里知道，如果她真的那么做了，一定会激起大臣们激烈的反对。刘太后唯一一次表露心愿是在摄政的最

青白瓷贴花执壶·宋

第四章 宫廷不是禁区，皇族也有秘闻

后一年，她穿上了象征皇帝身份的大衮冕到郊庙去祭祀，但是大臣们也没完全让她如愿，而是从衮冕上去掉了几样东西，让她达不到天子的标准。

这件事之后刘太后就还政给了宋仁宗，第二年，这位被评为"有吕后之才，而无吕后之恶"的大宋垂帘第一人就病死了，享年六十五岁。

▫ 过继的儿子不贴心，丧偶的太后很受伤

宋仁宗并不是刘皇后的亲儿子，不过毕竟是宋真宗的亲生儿子。然而很可惜，宋仁宗自己的儿子们相继夭折，因此在他死后，引起了一场继承人风波。

宋真宗皇后刘娥像

⊙除了政治手腕高超，能控制个人欲望之外，刘太后还是一位情商极高的女性。公元1032年，宋仁宗的生母李宸妃病逝，刘太后采纳了宰相吕夷简的建议，以皇后之礼厚葬了李宸妃。后来，宋仁宗查验生母的陵寝时，发现生母遗体保护得极好，于是厚待了刘氏亲族。

原来，宋仁宗到四十多岁还没有儿子，只好过继了堂兄的儿子，并把他立为皇太子，这就是后来的宋英宗。当宋仁宗驾崩、宋英宗继位时，这位新皇帝已经三十一岁了，照理说他完全可以亲政。不过英宗身体不好，而且刚继位就得了重病没法主政，所以有一年的时间是由宋仁宗的第二位皇后——慈圣光献皇后曹氏垂帘听政的。

曹太后家庭背景不错，是开国功臣曹彬的后代，很有治国才能。宋仁宗在世时，一次宫廷侍卫作乱，全靠曹太后机智勇敢地化解了危机。现在曹太后被推上了前台，却一点都没有贪恋权位的意思。她很尊重大臣们的意见，也不培植自己的势力，等英宗病一好，她就归政于英宗。照理说这位曹太后做得不错，而且使命完成，可以安享晚年了。不过矛盾还是来了，英宗亲政，想追封自己已故的生父濮王赵允让。大臣们有两种意见，一种说应该称"皇考"，另一种说应该叫"皇伯"。到底封哪个好呢？孝顺的英宗也想封"皇考"，但是曹太后不答应——"皇考"是爹，封了"皇考"，英宗多个爹无所谓，自己不是凭空多了个丈夫吗？

这件事沸沸扬扬地闹了三年多，曹太后始终不让步，大臣们也争论不休、各不相让——没办法，古时候（尤其是大宋朝）对于名分就这么较真。最后，还是在韩琦和欧阳修主持下，力排众议给了死去多年的英宗生父一个"皇考"的名分。至于曹太后，有人说她受骗上当，醉酒后在奏章上签了字；也有人说她终于被说服。然而总之，曹太后没有固执到底，更没有搅乱大宋的江山，最终还是顺从了大臣们的意见。

◘ 我就坐这，让你看大臣屁股

可怜的英宗才当了五年皇帝，给亲爹争来"皇考"的虚名不久就去世了，却留下一个强悍的高皇后。治平四年（1067）英宗病逝，其长子赵顼继位，是为宋神宗。宋神宗做了十八年皇帝后去世，由他十岁的儿子继位，即宋哲宗赵煦。赵煦年纪小，就又要有个垂帘听政的人加以辅佐。这次是谁呢？就是宋英宗的皇后高氏。

高氏同样家世显赫，她的曾祖是宋初名将高琼，她还是曹皇后的外甥女，被曹皇后视作亲生，从小养在宫中，和宋英宗一起长大。因此当初她嫁给宋英宗时，有"天子娶媳，皇后嫁女"的说法。论辈分，高皇后是赵煦的祖母，所以她垂帘听政的身份是太皇太后；而且哲宗年纪小，什么事都要她来做主，不免让她很有满足感和成就感。

这位被后世称为"女中尧舜"的高氏和刘太后一样，很有政治才能，也算把大宋朝治理得不错。不过她强烈反对王安石变法，一上台就立刻召回司马光，把宋神宗那一套变法制度来个全盘否定，也打击了不少元丰新党。然而，高氏对赵煦最大的影响不是她的施政纲领，而是她的专权和恋栈。当高氏和哲宗小皇帝共同上殿面对文武百官的时候，她坐在哲宗对面。大臣们呢？就全都面对着真正管事的太皇太后，没人看哲宗，也没人向哲宗请示汇报。您想啊，堂堂皇帝竟然被晾在后面，换谁受得了？所以等到赵煦亲政，他气愤地说：老子当年光看你们的屁股和后背了！

太皇太后高氏自我感觉良好，于是一直坐在那让赵煦看着大臣们的屁股，直到元祐八年（1093）病逝，牢牢控制了权力八年。但是她依然没敢有别的动作，也始终没放松对哲宗的教育。她就是个严厉的老奶奶，虽然让赵煦很郁闷，却也没有大恶。

扳倒小权臣，换来大权奸

纵观北宋王朝，能有机会垂帘听政的太后、太皇太后不少，其中也不乏有权力欲望的。但是她们谁都不能，也不敢掀起大风浪。

北宋最后一位对皇权有重大影响的后妃是宋神宗原配夫人向氏，正是在她的力主之下，端王赵佶才能继承皇位，成为赵佶。她也曾垂帘听政半年，却并未干涉朝政。

到了南宋，开头的几个皇帝交接都很顺利，虽然中间发生了一次苗刘兵变，哲宗赵煦的隆祐皇后孟氏立高宗赵构之子赵旉为帝并垂帘听政的闹剧，但前后连一个月都不到，算不得干政。之后的几十年间，也没有出现后妃严重影响朝政的情况，直到宋宁宗册立了杨皇后，情况才有所改变。

宋神宗皇后向氏

⊙宋神宗皇后向氏，河内（今河南沁阳）人，其曾祖父为真宗朝宰相向敏中。向皇后无子，赵煦即位后将其尊为皇太后。赵煦驾崩后，向太后临朝听政，力排宰相章惇之议，拥立端王赵佶为帝，是为赵佶。

第四章 宫廷不是禁区，皇族也有秘闻

这个杨皇后和刘太后一样，论家世没什么背景，但是很有点机谋，而且很漂亮，也很会讨好皇帝。就像史书上说的，她幼年是"以姿容选入宫"，连自己姓什么都不知道，只因为后来要在百官中找一个外援，选中了一个叫杨次山的武官认作哥哥，这才有了杨姓，并确定籍贯是会稽。杨氏晋升很快，从夫人到婕妤到婉仪再到贵妃，最后在正宫皇后韩氏死后，击败竞争对手曹贵妃，如愿以偿当上了皇后。

但是在杨氏竞争皇后的过程中，有人投了反对票，那就是宁宗朝权倾一时的宰相韩侂胄。从杨皇后能随便认哥哥就可以看出，她在后宫中绝对是有心机有手腕的人物，所以她恨透了韩侂胄。当韩侂胄北伐失利，被迫和金国议和时，杨氏又勾结了大臣史弥远，设计干掉了韩侂胄，并把后者的人头送到金国，换来了屈辱的和议。

从历史上看，韩侂胄虽然给岳飞平反，但自己也算不上好人，可以说是一个权奸。但是杨皇后扳倒了韩侂胄这个小权奸，换来的却是史弥远这个大权奸。宋宁宗刚一死，史弥远就逼迫杨皇后篡改遗诏，废了皇太子赵竑，立赵昀为帝，是为宋理宗。在宋理宗任内，已经是太后的杨氏垂帘听政了七年，在七十岁时归政，第二年病死。她虽然名义上摄政，实际已经无法控制史弥远，成了大臣的傀儡。而也正因为杨氏的权谋斗争，给本来已经风雨飘摇的南宋带来更大的灾难。

这位杨皇后为权力钩心斗角，甚至不惜勾结奸臣，但终于没有建立起自己的绝对权威，没能直接影响大宋政局。在她之后，大宋很快就国将不国，虽然又有几个垂帘听政的后妃，但已经不可能有所作为了。

行草《赐贵妃》扇面·南宋·宋理宗

皇帝预科班好难，如履薄冰很危险

——太子教育不简单

中国几千年的皇权体制，玩的是"父业子承"的家族继承制，皇帝们都梦想着"王朝基业，万世不易"。基业能不能万世不易且不说，皇位继承人的选择就并不容易，儿子多了不好选，没有儿子选不成，选来选去再选个败家子，家业很快就会被败光，实在让人头疼。

大宋朝选皇太子很认真，从皇帝老子到文武百官人人挖空心思。只要有条件，还得对太子进行严格残酷的教育，以便让他能成为合格的皇帝。在这方面，最有代表性的是南宋第二任皇帝赵昚，他的皇帝预科班生涯，就很值得关注。

▫ 论如何成为皇储

想成为皇帝接班人，当然最好是他儿子，而且是长子，如果是皇后所出的嫡子就更好啦——所谓"立长不立幼，立嫡不立庶"就是这个道理。所以皇太子的最佳自然身份是皇帝的嫡长子，也就是皇后生的第一个儿子。其他儿子们，都不那么靠谱。两宋十八帝中，宋神宗赵顼和宋钦宗赵桓都是这个身份，所以继位也最自然。另外，南宋的最后三个皇帝赵㬎、赵昰和赵昺是三兄弟。赵㬎老

南宋高宗真像

帝名构徽宗九子在位三十六年号建炎

《历代帝王图》之宋高宗·清·姚文瀚

○宋人笔记中曾载宋高宗在金兵南侵扬州时，因为受到惊吓，因而丧失了生育能力，所以在儿子赵旉去世后，只能另立宗室子弟为帝。虽然这一情况并未得到史料证实，但从宋高宗未登上帝位就生下一子五女，而称帝后数十年却无子嗣，似乎可以推断出真是"龙体违和"。

不过不是皇帝的亲儿子也未必就没机会，皇帝没儿子或者儿子死光光，皇室宗亲就会成为第二梯队。大宋朝第一个这样的例子就是前面提过的宋英宗赵曙。宋仁宗三个儿子全都早夭，他才从皇侄变成皇子，过继给仁宗，最后接班。而宋徽宗赵佶情况也差不多，只不过他是哲宗的弟弟，不能算过继，而且他是在哲宗死后由向皇后力主才当上皇帝的。

北宋灭亡，赵构逃到临安建立南宋。这位宋高宗本来有儿子的，然而他的儿子赵旉才三岁就死了。这时赵构已经不能生育，也就是不会再有自己的儿子了，皇室宗亲有了希望。

要不要等等看自己还能不能生儿子？如果要选宗室子弟选谁？这两个问题宋高宗赵构很纠结很痛苦。直到赵旉死了两年之后（绍兴二年，即1132年），赵构才选了两个候选人：

大，但因为是庶子，不是第一选择，所以老二赵煦先当，赵煦死了才轮到赵佶，最后是赵㬎。两宋其他身为皇帝儿子能继承皇位的，像宋真宗赵恒、宋仁宗赵祯等，都是论资排辈，哥哥们死的死、疯的疯或者实在摆不上台面，这才轮到他们。

赵伯琮和赵伯浩。这两个人都是赵构的皇侄，但为什么要选两个人呢？因为宋高宗要搞入学考试，题目是放一只猫在他们面前经过：赵伯浩大概比较顽皮，伸脚去踢猫。高宗说："此儿轻易乃尔，安能任重任耶？"而赵伯琮估计是没有踢。于是赵伯浩出局，赵伯琮成了高宗的干儿子。

从资善堂到王府宫学

虽然成功地从宗子晋升为皇子，但赵伯琮现在还不是皇太子，并没有正式成为接班人。而且两年后（绍兴四年，即1134年），他发现自己竟多了一个竞争对手——赵伯玖。看来，宋高宗并不想把所有鸡蛋都放在一个篮子里，也不希望大臣们认定赵伯琮就是未来的皇帝。这一年，赵伯琮七岁，赵伯玖四岁。

又过了一年，皇帝预科班要开课了。这个皇帝预科班初级班的上课地点在临安皇宫中的资善堂。这是从北宋真宗时传下来的传统，当时宋仁宗赵祯还是皇子，真宗赵恒还在大中祥符八年（1015）就给他开了这个皇位进修班，后来就成了传统。

从此，八岁的赵伯琮（此时已改名赵瑗并被封为建国公）开始了长达二十多年的预科班教育，直到宋高宗逊位，他当上了皇帝。他要学习的课程不必多说，反正是经史子集全都要涉猎，还得学习和了解本朝前任皇帝们的言行和光辉事迹，到最后更要有各种观摩和实训。实际上，大宋历代皇子接受的教育全都类似，宋真宗是大宋第一位以皇子身份接受教育的皇帝预科班学员，他说自己光是《尚书》就学了七遍，《论语》和《孝经》也都读了四遍，可见预科班课程的繁重。

至于赵瑗的老师们，当然也都个个了不起。事实上，他的启蒙老师就是宋高宗本人——预科班还没开课，赵构就开始教他读书认字。等赵瑗上了资善堂，他的老师就全是当时知名的大学问家。他的第一任老师范冲和朱震"皆一时明德老成，极天下之选"。范冲的祖父是仁宗朝的史学家范祖禹，他自己也编写过《神宗实录》和《哲宗实录》；朱震则是经学大家，对《周易》很有研究。

在资善堂学习了六年多之后，绍兴十二年（1142），赵瑗离开皇宫，晋封为普安郡王，有了自己的王府。同时，他也升入皇帝预科高级班——王府宫学。

> **游大宋指南**
>
> 两宋时期有名有姓,有史料可查的皇子一共有107位,其中七成出生于北宋时期,三成出生于南宋时期,相对而言北宋的皇子成活率要高于南宋。根据统计,这107位皇子的平均寿命为30岁上下,而宋代社会平均寿命约为55岁左右,看来帝王家的子嗣也确实艰难。

宋高宗对赵瑗的要求很高,不只是学问方面,还有品德修养以及忠孝礼仪。赵瑗一入学就被教导要对老师行"拜礼",也就是要尊师。这个规矩一直没改,甚至他后来有了自己的皇子,也同样要求他们对老师要行"拜礼",延续了这个传统。同时,赵瑗还要学会忠孝,也就是对高宗这个君父要绝对服从并且认为天然合理。

一次,宋高宗写了一篇《兰亭序》赠给赵瑗,并且要求他抄写一百遍。在老师的劝导下,赵瑗照做了,同时也获得了高宗的好感。顺便说一下,赵伯浩(后改名赵璩)当然也接受了相同的预科教育。《兰亭序》,宋高宗也赠给他一篇,同样要求抄写一百遍。不过,过了几天老师再问,赵璩的回答是:没抽出空来。就这样,他丢了一分。

步步惊心预科路

踢了一脚猫,皇储没当成;少抄几遍书,也惹皇帝不高兴。看来,在通往皇位的道路上还真是荆棘丛生。其实何止荆棘丛生,简直是步步惊心。想当年,同样以皇侄身份被宋仁宗内定为未来接班人的赵宗实(后改名赵曙)一直等到嘉祐七年(1062),也就是宋仁宗去世前一年才被确定为皇储。这中间他多次推辞皇家任命的官职,又几次三番表示不想当皇太子,才最终获得宋仁宗的信任,在第二年继位成为宋英宗,这时候他已经三十一岁了。可见不是皇帝亲儿子想成为皇太子有多难,然而赵宗实是唯一的培养对象,赵瑗后面却还有个赵璩,他的道路更加危险。

赵瑗被封为普安郡王之后,有一次宋高宗很高兴,赏给他十名宫中的美女。赵瑗很有心计,他跑去问老师:"我爹送我美女十名,您说我应该用什么礼节对待她们呢?"这时他的老师是史浩,这位世事洞明的老先生说:"你得像对待小妈一样礼敬她们啊!"潜台词是什么呢?她们是从哪来的?宫里呀!那就是皇帝的女人,是你的母妃！那是你碰得了的吗？别以为这是皇帝给你的糖果，这是炮弹！搞不好炸死你！

赵瑗很听话，果然把她们供起来，加以优待。同样已经被晋封为恩平郡王的赵璩也得到十名美女。而宋高宗呢？也当然不是只为了给两个干儿子送几个侍女，而是别有深意。不久，他就调查两批二十名美女的待遇，结果是赵瑗这边礼敬有加，赵璩那边多了十个小妾。问题很清楚，结果很明显。据记述这件事的宋人张端义说："大计由此而决。"什么大计？当然是皇储的归属，赵瑗胜出，赵璩败下阵去。

▫ 恒心和耐心的考验

当皇帝很难，当皇太子却很糟心。皇帝老爹死得早了吧，自己还没什么本事，更没什么势力，很容易被人摆布；可皇帝老爹老也不死，就会害得人更着急，皇位迟迟不到手啊！

比如唐太宗李世民的嫡长子李承乾，贞观元年就被立为太子，苦苦等了十七年也没等到即位，结果最后因为谋反罪被贬为庶人，抑郁而死，便宜了晋王李治。再看康熙帝的儿子们，嫡子胤礽从两岁开始前后当了三十六年皇太子，结果康熙没死，胤礽反而两度被废，最终换来个终身监禁。其他皇子你争我夺，上演了一出"九子夺嫡"的大戏，最后被韬光养晦的四阿哥胤禛坐上了皇位。可见当皇太子真是一门大学问，非得有极大的恒心和耐心不可。

这一点，对于接受了二十多年皇帝预科班教育的赵瑗来说也是一样。据高宗自己说，赵瑗小时候很笨，一篇文章读了二三百遍也读不下来，让他又是气恼又是忧虑。

行书《赐志忠》扇面·南宋·宋孝宗

⊙美国纽约大都会艺术博物馆藏。据史书记载,赵昚书法学宋高宗,《书史会要》称"孝宗书有家庭法度"。此扇面题诗二句:"池上疏烟笼翡翠,水边迟日戏蜻蜓。"赵昚一味模仿高宗书法,可以说完全是一种明哲保身的做法。

但是单凭赵瑗肯读二三百遍,就说明他很有恒心,如果换了赵璩,估计早跑开玩乐去了。果然,赵瑗"铁杵磨成针",终于赢得高宗的赞誉,说他"后来却恁聪明"。赵瑗坚定地沿着宋高宗给他指明的道路前进,尊师重道、忠君孝父,表现出恭顺谦抑的品性,绝不敢跨越雷池一步。

不过就在赵瑗真正当上皇帝之前的一年,一次按捺不住的爆发险些断送了他的前程。绍兴三十一年(1161),金军南侵,已被封为建王并赐名赵玮的赵瑗竟然要求率兵出战,迎击金兵。这还了得?高宗顿时断然拒绝。赵玮还不知道自己错在哪里,又是史浩告诉他:"难道你忘了李亨在灵武即位的事吗?"这个李亨是唐玄宗的三儿子,安史之乱爆发,唐玄宗自己逃命,封李亨为兵马大元帅平定叛乱,结果李亨在灵武自己做了皇帝。安史之乱结束,李隆基却沦落为太上皇,甚至吓得不敢回长安。

赵玮傻眼了,最后还是史浩帮他写了两封信给高宗道歉,才算消除了高宗的疑虑。第二年(绍兴三十二年,即1062年)高宗禅位,赵玮再次改名赵昚,终于毕业当上了皇帝,是为宋孝宗。

[历史旅行指南·活在大宋]

命苦，除了皇亲啥也不是

—◦ 大宋的公主和驸马们

在任何一个朝代，跟皇帝沾亲带故的人都不少——得沾雨露的后妃和她们的"娘家人"不必说，此外皇帝还有儿孙，他的兄弟也有儿孙，所谓"子子孙孙无穷匮也"，皇帝的家族实在是大。而在这个大家族中还有一个巨大的群体，那就是皇家公主和她们的夫婿们。

中国历史上一直没有出现过"皇太女"，当然也更不会有"皇太婿"。不过在大宋之前，唐代的太平公主、安乐公主都曾权倾一时，安乐公主甚至差点就成了"皇太女"。由此可见"皇家半边天"也不可小觑。然而在宋代，公主和她们的驸马可就悲催了。

▪ 公主有大小，驸马武将多

两宋三百年，赵家凡皇帝的女儿都属于公主。不过公主和公主也不一样——辈分不同、时期不同，叫法也有区别。

公主这个词最早是指"三公"主持"天子之女"的婚礼，所以慢慢就变成了皇帝女儿的代称。在汉朝的礼制中，公主有三种：皇帝的女儿就叫公主；皇帝的姐妹叫长公主；皇帝的姑姑叫大长公主。三个辈分，三种称呼，看来公主也是分大小的。后来,唐宋两代都继承了这个礼制并且又延续到明朝,所以大宋公主也有三种:公主、长公主、大长公主。

根据从史料中统计来的数字,从赵匡胤和赵光义早亡的姐姐陈国长公主和开宝六年(973)去世的妹妹燕国长公主开始(这两个人分别被后来的皇帝封为荆国大长公主和秦国大长公主。因为论辈分,她们已经是后来那些皇帝们的姑奶奶了),两宋三百年共有"各级各类"公主九十名。其中北宋占了八十二个,南宋才八个。而这些公主在赵佶时代的末期还有另外一种叫法——帝姬。这么叫听起来有点像皇帝的姬妾,而且什么都爱挑刺的大宋朝文官们一考证,说古人叫女人都只称呼姓,姬姓是周的国姓,然而大宋皇帝自认远祖是商朝,这么叫不合适,所以废止了,还是叫公主。

公主也要嫁人,她们的乘龙快婿叫作驸马。驸马其实是驸马都尉的简称,就是在皇帝的车队里负责驾驶皇帝座驾之外那些车辆的官员。大概皇帝出门要带着女儿,给女儿赶车的小伙难免和女儿日久生情;又或者皇帝认为加入自己的车队非亲信不可,用儿子不合适,用女婿正好。反正后来有好几个皇帝给女婿封了驸马都尉的官职,于是驸马也就成了皇帝女婿的代称。

大宋朝公主不少,驸马却只有三十一位,因为有差不多三分之二的公主们不是没结婚就死掉了,就是当了尼姑道姑。在这些驸马中,有一大半是武将或者武将的后代。为什么呢?因为赵匡胤"杯酒释兵权"的时候,曾经许诺"我且与尔曹约为婚

朱漆戗金人物方盒·宋

姻"，咱们世世代代当亲家，你们可别造我的反。

赵匡胤的子孙后代们，倒是坚定地贯彻了这个方针。

◘ 生为皇女锁深宫，娶来公主没朋友

生为公主那可是金枝玉叶，身世绝对高贵，待遇更不用说。就说工资吧，大宋朝刚开始，公主的月收入就有一百五十贯，赶上节庆还有奖金五十贯，而且才到赵光义至道年间（995～997）就涨到了三百贯，绝对属于高薪阶层。正如前文所说，公主出嫁还有奢华婚礼、巨额陪嫁——光是皇家置办的嫁妆就有几十万贯，完全是瞬间变身亿万富婆的节奏。照理说，无论是生在大宋当公主还是落户皇家做驸马，绝对都是令人兴奋的事，然而大宋的公主们未必幸福，愿意当驸马的人也不多。

为什么呢？宋朝是个讲礼仪的时代，虽然是贵为公主也要受到严格的约束。大宋朝从赵匡胤时开始就谨防各类人的夺权行为，无论是文官武将、后妃外戚，还是皇子宗族、公主驸马，全都在防范之列。尤其是后面这几种，连权力的边儿都摸不着，时时刻刻受到监督和管制，简直就像笼子里的鸟儿，哪有什么自由？

就说公主，她们生在皇宫，又是女性，从小就被限制在宫墙之内，完全在封闭的环境里长大，出宫一次都难，更何谈见识大千世界？就算她们结了婚有了自己的家，也要遵守很多禁令——不准设置自己的官吏，帮忙管理的人不准超标，而且她们的家不能叫府，只能叫宅。她们不能随便出门，出了门也不能半路在街市上随便下车，更不准随便接见官员。例如超标这种事：宋仁宗长女被封为衮国公主（即有名的福康公主），只因为宅子盖得大了点，家里用的人多了点，谏官们盯住她不放，一次次告她的状。最

后皇帝没辙，把帮她管家的官员遣散了一大半，只留下四个，才算了事。

娶了公主的倒霉蛋驸马，和公主享受的待遇也差不多——既然成了皇家的人，自然就要遵守皇家的规矩，例如不能随便见客。还是那位衮国公主，她的驸马名叫李玮，是宋仁宗生母李宸妃的侄子，宋仁宗的表弟。这位攀上高枝的驸马爷文采不错，书法也很好，还会画画。他一心想结交点文人雅士，于是专门写了个奏折恳请宋仁宗批准他在家接待客人。宋仁宗倒还算开恩，特许他见客，但是却规定：他所有接见的客人，要列出名单上报。

更倒霉的是宋英宗的女婿王诜。这位功臣后代的驸马爷是个画家，很有名望，只是品行不大好。不过他第一次被贬竟然是因为和苏轼有来往，违反了驸马不能结交外臣的皇家纪律，结果从左卫将军一下子贬到行军司马。

可见当个驸马不容易——娶了公主，交个士大夫朋友都容易犯错误。

驸马：自己没实权，后代当官难

没朋友就没朋友吧，能攀上皇家这个高枝也不错。再说，当上驸马可就成了"最高级"女婿，老丈人就是皇帝，想当官还不容易？实际上没这么简单，赵匡胤定下的规矩就是要防范驸马这种人，怎么会轻易地把大官给这种人做？刚刚提到的王诜娶了英宗的女儿宝安公主，官封左卫将军。然而这官名听起来虽然响亮，却只是虚职，没有实权。后来赵煦继位，王诜又当上了团练使，还是虚职。

实际上，根据大宋朝的规定，对驸马只能封给环卫将军、刺史、团练使、节度使这样的荣誉官衔，而不能有实际职务。比如福康公主的那个倒霉女婿李玮最终官职是平海军节度使、检校太师，都属于"员外官"，也就是编外人员。

←←← 游大宋指南 →→→

宋朝对宗室的婚姻管理也有一定之规，比如宋仁宗时期下令禁止宗室子女与商贾之家结亲。但对经济收入堪忧的宗室家庭来说，能带来真金白银的婚姻才是首选。宋人笔记就曾记载，在开封有一个经营帽子生意的富商田家，前后迎娶了10位宗室县主（亲王、郡王、国公之女封县主），每次婚姻聘礼不过五千贯。

第四章 宫廷不是禁区，皇族也有秘闻

缂丝牡丹·南宋·朱克柔

⊙缂丝是一种中国特有的丝织品工艺，因其难度大，工艺价值高而珍贵，享有"一寸缂丝一寸金"的美誉。南宋时期，缂丝生产中心随着宋室南渡而南迁，在江浙一带出现了朱克柔、沈子蕃等缂丝名家。缂丝作为高端丝织品，一般是帝后、王子、公主的御用之物，一般百姓很难用到，且严禁百姓使用。

当然啦，身为驸马想要得到重用也不是绝对不可能，赵光义的女儿雍国公主下嫁给了宋初宰相王溥的孙子王贻永。这位雍国公主太短命，王贻永也够倒霉，两个人结婚才一年，雍国公主就死掉了。然后怎么说来的？塞翁失马，焉知非福。又过了三十多年，王贻永时来运转，当上了枢密使，第二年又进封同中书门下平章事，真正掌握了权力。然而，这个好运气来得也太晚了一点。

自己只能混个荣誉官衔，子孙后代想当个官总行吧？也难。宋仁宗的另一个女儿，鲁国大长公主高寿，活了八十五岁，经历了七朝皇帝，可谓大宋奇迹。到了南宋时，论辈分她已经是宋高宗的太祖姑母，在皇族里地位没的说。然而她第一次求宋高宗恢复他的儿子在宋徽宗时候的官职，宋高宗答应得就很勉强，而且一再告诫她下不为例。果然，当她又要求宋高宗给她儿子升官，宋高宗就说什么也不答应了。后来，她又厚着脸皮找宋高宗，给孙子求官，赵构拉不下面子，想随便封个皇家博物馆馆长（直密阁）的官，然而大臣们一致反对，最后只好撤回任命，给了一个指挥使的虚职。

鲁国大长公主以皇帝太祖姑母的身份给儿孙说句话都不行，当驸马也真是窝囊。没朋友，没实权，子孙后代的出路都不好混，难怪很多人不愿意娶公主。

▫ 公主：温柔恭顺，谨守妇德

虽然在宋代当驸马有这么多不爽，不过毕竟地位高、待遇好。而且最重要的是，当宋朝公主的驸马总算还有点尊严。

大宋朝的公主们虽然出生在皇家，不过三从四德学得好，而且从小受到严格的教育约束，为人低调不张扬，不摆皇帝女儿的架子，基本上算是贤妻良母，还是值得拥有的。

在这些人之中，最有代表性的是那位王诜的夫人，宋英宗之女宝安公主。您别看她贵为皇帝的女儿，却一点都不比古时候那些"女德模范"差劲。她嫁给王诜，就一心一意地照顾王家。王诜的母亲是寡妇，公主就把自己的居室设在婆婆卧室旁边，每天端菜送饭。婆婆病了，她又亲自配药，服侍得异常周到。

宝安公主能这么对待婆婆，对王诜当然更是体贴，而且百依百顺，甚至到了屈辱的地步。前面说过，这个王诜品行不大好，其实就是好色。他发现公主为人恭顺而且谨守妇德，就渐渐地不把公主放在眼里，而且越来越放肆。公主生了病，他竟然和小妾在公主的病床旁，当着公主的面任意胡为，还纵容小妾辱骂公主。然而即使如此，这位善良的妻子也没有责备他，更没有去找娘家人告状。直到公主病危的时候还向宋神宗求情，希望能让被贬的王诜官复原职。而宋神宗为了安慰她，满足了她的要求。若不是公主死后，她的乳母告发，王诜还会逍遥法外。

御宴烹制专人管，饭菜进奉要求严

⊙ 御厨总是高风险

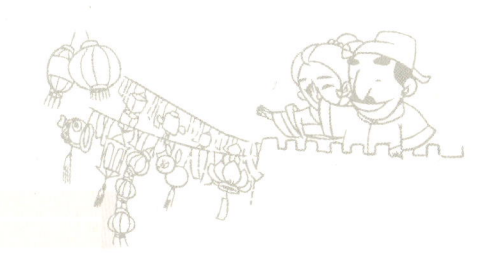

大内宫廷之中，帝王和皇家的生活总有许多秘闻吸引着老百姓的眼球。所谓衣食住行，吃可以说是最重要的，"民以食为天"，"食色，性也"嘛。皇帝也是人，每天也要吃饭。何况他还有一大家子，更要经常聚会请客，可见吃饭在宫廷生活中绝对是头等大事。

头等大事自然要头等重视。皇帝吃饭，不论家常便饭还是请客聚会都叫御宴。御宴总要有御宴的规格，更得有御宴的排场，那可绝不是咱老百姓"开门七件事"比得了的，非得由皇家餐饮事业的专门机构——御厨来管理不可。

▫ 团队大、分工细、职责多

一提起御厨，您的脑海里肯定出现这样一幅画面：在一个超级豪华的大厨房里，堆满了山珍海味和各种精美的食材。身怀绝技的大师傅们忙得热火朝天，烹制出的珍馐美味色香味俱佳，摆放在各式各样的高档金银器皿之中热气腾腾，旁边一坛坛玉液琼浆酒香四溢。花枝招展的宫娥和衣装高贵的内侍往来穿梭，将这些美酒佳肴飞快地运送到深宫内院之中，给皇帝享用……

没错，想象起来御厨差不多也就这样子。不过，这只是御厨忙碌的一个场

花形金盏·宋

⊙这件金盏轮廓呈花瓣形,盏心为花蕊,造型极为生动传神。金盏出土于安徽休宁,现藏于安徽省博物馆。宋人嗜酒,同时对喝酒的器皿也非常讲究。这件金盏应为宋代的酒具,整体器型端庄大方,造型纹饰精美绝伦,让人叹为观止,加之金器所特有的绚丽色泽,更给人以庄重华美之感。

景,远远不是它的全部。其实,作为专门为皇家和皇帝本人提供餐饮服务的机构,御厨是一个庞大的团队,而且有着精细的分工,担负着众多的职责。

在大宋朝,御厨最初只是个独立部门,后来又先后成为光禄寺及分属尚食局、太官局的分支机构。而且御厨本身也不只是厨房,它下面还设有四个官署,分别是:太官署、珍馐署、良酝署和掌醢署。这四个部门又分别是干什么的呢?珍馐、良酝都容易理解,不就是美食和美酒嘛!不过珍馐主要指药膳,也就是负责皇家尤其是皇帝本人的滋补养生;良酝署下除了有法酒库掌管祭祀用酒,内酒坊负责酿造宫廷御酒,还有奶酪院专为皇家制造奶制品。

而太官署则是御厨中最重要的部门,祭祀供奉用的祭

品、皇帝的三餐、宫廷御宴的菜肴全都由它制作和提供。这个太官署，从牛羊的剥皮开腔、鸡鸭的拔毛清洗到各种菜肴的烹制再到摆盘上菜全都要管，整个一御厨房外加前厅服务，需要的人手最多。还在唐代的时候，太官署的服务生就有两千四百人。到了宋代，皇帝举行大型宴会的时候，御厨仅在集英殿上就要安排六百人的服务团队，可见规模的庞大。

至于掌醢署，"醢"就是鱼酱、肉酱，所以掌醢署实际就是皇家酱菜厂。

此外，御厨里还有太官物料库、外物料库等库房，饲养牛羊的牛羊司，专管油盐酱醋的油醋库以及负责干鲜果品、茗茶汤药的翰林司等部门。"小小"一个御厨，还真是复杂！而御厨的职能，正如前面说的，是包办皇家一切吃喝宴饮和祭祀贡品，包括荤素膳食、牛羊牺牲、果品祭品、酒水饮料以及各种汤饼主食等等，绝对是工程浩繁，一年到头也没个尽头……

◘ 全程监控，保质保量

给皇帝和皇家提供餐饮服务不容易，而且责任重大，所有主食、菜品、酒水品质要高，数量要足，不能以次充好，更不能缺斤短两，还得保证一流的色香味，让皇帝和所有食客们体验到感官上的享受，实在是很难。为了让大家吃得舒心满意，大宋朝对御厨制订了一整套监督和管理办法，保障服务质量。

御宴餐桌上的美食，从出库开始就受到严格的管控。负责皇帝和宫中其他人日常膳食的是内侍，也就是后来我们说的宦官。这些家伙仗着是皇帝身边的人，到了御厨库房经常想要什么要什么，想要多少要多少。这怎么行？为此，大宋朝规定了宫廷餐饮原料的预算和审批制度。每个月内侍们要提前提出计划——肉类蔬菜果品等各有多少需要，然后呈报到三司，经过批准发给领料和出库的凭据，再由内侍和管库官员仔细验对才能支取。

食材到了御厨房，要精挑细选、清洗干净，然后才能开始烹制，而整个的烹制过程更要严格监控，保证中间不能出现一点差错。就说那些御厨房的大师傅们，他们不单要技艺高超，人人都能做几道拿手好菜，更要品行端正、忠实可靠，不能有前科劣迹，这样才能保证他们在做菜的时候不会制造祸乱，危及皇帝和任何大人物的健康和生命。但是，光靠大师傅们的忠诚显然还不够，也没法让皇帝放心。尤其是每逢大型宴会的时候，大师傅们在这边做菜，旁边总要有那么几个人走来走去，他们是奉命监督，严格把好烹饪过程的每一关，严防事故发生。

负责监督的一般是御厨使、御厨副使，也就是御厨的主管官员。此外，宫中的内侍也会到现场检查，对杯盘碗碟的清洁程度、主食菜肴酒水的质量和上菜的速度进行严密的审查，随时发现问题，随时纠正和汇报。

规范操作，卫生安全

有如此严格的全程监控，大宋御厨出品的御宴在食品卫生方面绝对没的说。不过皇帝要防范的绝不仅是饭菜不卫生，酒水掺假这样的小事，更要随时提防有人下毒要了他的性命！

御厨最重要的服务对象就是皇帝，而且每天都要提供膳食给皇帝吃，哪怕是一个不小心被人钻了空子，皇帝就有性命之忧。为此，无论是御厨还是皇帝身边的人时时刻刻都要担惊受怕，而且要想尽一切办法防患于未然。前面提到的监控过程大体上保证了送到皇帝嘴边的食物不会有大问题，但却不敢说万无一失。这时就要靠最后也是最保险的策略发挥作用啦，那就是试吃。

大宋负责试吃的是尚食局的官员们。只要是送到皇帝面前，可能进入皇帝肠胃的食物就必须先端到他们面前，经过他们试毒牌的测试、尝膳，确保验证无误后，皇帝才可以吃。您可能觉得这个差事可真不错，什么好吃的都能尝一尝，而且还排在皇帝前面。您这么想可就大错了！试吃这份工作的危险不说，要是没点"肚量"，还真干不了呢！您想啊，大宋皇帝们"常膳百品"，普普通通吃顿饭就要一百多道菜，每样吃一口也要撑爆了。要是赶上大宴会，菜品还指不定有多少，饭量小了不撑死才怪。

您又要问了：难道就不能多派几个人试吃吗？估计不行。皇帝要吃的东西岂是别人随便可以分享的？要不是为了保命，皇帝连这个品菜官都不肯设哩！再说如果这项工作没点难度，大宋律法就不必规定"不品尝者杖一百"了，有好吃的谁不愿意去吃？

除了怕人下毒，食物搭配禁忌也是要绝对避免的。所谓食物搭配和配伍的禁忌，主要的依据是《食经》——根据这本古代饮食和烹饪方面的权威著作，很多种食物不能两两搭配在一起食用。一个有趣的例子是：按照《食经》说的，苋菜和鳖肉不能一起做，估计是吃了会中毒，不知道是什么道理。

在这些重点防范措施之外，还有一个细节值得一提，那就是在皇宫里上菜有什么规矩。在影视剧中，您可能看到过宫女太监们端菜都高高举过头顶。没错，大宋宫廷服务生也都要这样做。这不仅是为了表示恭敬，同时也是为了食品卫生。万一哪个服务员不小心打了个喷嚏或者咳嗽一声，鼻涕唾沫都到了御膳里给皇帝吃，那不是岂有此理吗？

实际上，端饭送菜不光要举过头顶，还要"以绣笼袱盖合上"，避免落入灰尘和秽物呢！

▪ 若有违犯，严惩不贷

规矩再多，程序再严，要是没有相应的惩处手段，也不会引起重视，令人严格遵守。

正如前面说的，试吃官如果不肯试吃或者有遗漏，就要"杖一百",屁股上打一百大板——打得半条命也丢了。而违犯了其他规定,也都有相应的罪责。

在这些惩罚中,最重的是"食禁",也就是食物的搭配和配伍禁忌。给皇帝烹制御膳时如果违犯了,主厨要绞死。就算不是给皇帝吃,只是赐给百官的,犯了"食禁"主要责任人也要"杖七十";哪怕是误犯,"笞五十"都是免不了的。

另一条重罪是带药物到御厨。不管是谁,把药带到御厨就有可能混到食物之中,食物里下了药就算不是毒也有危险,所以坚决不能允许。这种事一旦发生,当事人也要判处绞刑。

不管是犯"食禁"还是带药入御厨都有可能危及皇帝的生命,量刑如此严重不难理解。然而仅仅是食物不清洁、冷热不适当也可能要吃官司。根据规定,御膳里混入了"秽恶之物"或者春天的饭食不是温的,夏天的汤羹不是热的,相关责任人流放两年!

鎏金银执壶·宋

此外,监守自盗,监管不严致使发生火灾以及无关人员擅入御厨,都要受到严厉惩罚,被判处流放或者其他刑罚。

由此看来,皇帝吃饭提心吊胆,给皇帝做饭也不好干,御厨这一行,实在是个高标准严要求的活儿!

第五章
有歧视也有尊重，女性地位并不低

提到封建社会中的女性，很多人想到的是她们在「三从四德」的道德规范下受歧视受压迫的社会遭遇。其实在宋代，妇女的社会地位并不像后人想象的那么低，女性拥有一定的受教育的权利，还享有财产权、离婚的权利和改嫁的权利，可以说是有歧视也有尊重。

[历史旅行指南·活在大宋]

HUOZAI DASONG

文艺女青年是这样炼成的

— 天天向上的大宋知识女性

说起古代女子教育,人们的第一印象大都是"女子无才便是德",或自动脑补女子的低下社会地位和黯淡生活。其实,南宋灭亡之前,尤其是唐宋以来,女子的生活还是相当恣意的,社会地位也不算低。

对于大宋女子来说,填词对句、琴棋书画什么的不过是雕虫小技,就连垂帘听政、建筑设计这种高难度技能,她们都有本事耍弄得得心应手。毫不夸张地说,在大宋,上至宫廷之内、官宦之家,下至蓬门荜户、青楼酒肆,文艺女青年比比皆是。正可谓:古代女子教育哪家强,中国大宋最辉煌。

教育面前,男女平等

经历过五代十国的乱世,大宋统治者明白,要想江山一统,万民归心,单靠中央集权是远远不够的,还必须将舆论导向抓在政府手里。不得不说,宋朝的皇帝们在这方面做得非常好,他们尊崇儒学,大兴科举,带头读书学习。宋高宗赵构就曾说过,"书不惟男子不可不读,惟妇女亦不可不读"。看吧,皇帝都表态了,女子读书是必需的!就连理学的倡导者、理学家朱熹,也曾公然表示,女子除了《孝经》和《论语》外,还应该学学《女诫》和《温公家

褐色芙蓉花罗镶花边夹衣·南宋

⊙这件南宋黄昇墓出土的宋代夹衣貌不惊人，可放在千年之前确实地道的高端奢侈品。请注意夹衣的领抹上的芙蓉、牡丹、山茶等花纹，这可不是刺绣或丝织的工艺，而是高大上的"贴金印花"工艺。也就是在丝织物上印出胶版模样，然后用金箔覆贴上。这件夹衣所镶的贴金花边，至今金箔仍然牢固地粘着，花纹仍然完整如新。

第五章 有歧视也有尊重，女性地位并不低

范》。毫不夸张地说，有宋一代，不但没有出现过反对女子接受教育的言论，才名在外的女性还会受到人们的普遍尊重，知识改变命运的例子也不少见。

就拿宋宁宗的杨皇后来说吧。她还是少女时就因为貌美被选入宫中，后来被宁宗册封为贵妃。杨姑娘当上贵妃不久，宁宗的原配皇后韩氏就去世了。这对于后宫嫔妃来说，可是个"扶正"的大好机会。杨贵妃很聪明，她知道只靠容貌没有竞争优势，毕竟后宫缺什么都不会缺美女。这不，杨贵妃在内涵上下起了功夫，她"尤自抑励，读书饰己"，很快就博取了贤惠的名声，一举完胜众妃，被册立为皇后。看吧，大宋女子要好好学习，天天向上，才有可能掌握自己的命运哦！

◘ 阶层不一样，所学大不同

按照阶层不同，宋朝女子大体可分为四类：宫廷女子、仕宦之女、平民碧玉、倡优婢妾。分属于不同阶层的女子们，接受教育的方式和学习的内容也有着显著的差别。

宫廷女子以皇室成员为主，太后、皇后、后妃、公主、宫女……数不胜数。有唐朝后妃干政，外戚专权的坏例子在先，宋朝皇帝选妃时首先看重品行而非家世，很多小官员之女，甚至平民之女纷纷入宫为妃。身为皇帝的枕边人，未来皇子皇女的母亲，德行很重要，女德顺理成章地成为女子教育的重中之重。

莲花插瓶鲤鱼金耳环
⊙耳环长6.7厘米，重3.5克，耳坠部分自上至下依次为带瓣莲实、荷叶、莲花、花瓶、鲤鱼、荷叶、刀形吊饰。带瓣莲实下用素面荷叶支撑，杆头自一朵圆形花瓣中弯曲穿过形成两环相扣固定莲实。杆的下部一侧有一片圆形荷叶。荷叶下边为含苞欲放的莲花。其下为束颈双系腹花瓶，应为宋代贵族妇女所佩戴。

宫廷女德的最高标准概括起来就四个字——不得干政。说不干政就不干政了？后妃们能这么听话吗？这就需要一些约束手段了。宋仁宗时期，张贵妃很受宠，一个叫王拱辰的官儿为了升职，将一个名贵的定州红瓷进献给张贵妃，企图走夫人路线。结果，仁宗知道了这件事，拿起瓷器就摔了，还非常严厉地斥责贵妃："让你们不要接受官员臣属的馈赠，你非不听，安的什么心啊！"还有一次，仁宗的另一位宠妃，在为他梳头时询问政事，得知谏官建议仁宗放出部分宫人，竟然撒着娇劝仁宗不要采纳这条建议。后妃干政了，后果很严重，这位宠妃当即被仁宗驱逐出宫。仁宗的皇后以此为例，教育后妃"皇上最不喜欢干政的女人了，你们要好自为之"。

德行以外，礼仪也很重要。大宋宫廷设有"内宰"、"副宰"等行政机构，由熟知礼仪的女官担任教官，负责教导后妃宫女们学礼仪，懂规矩。像年节庆典、后妃封赏、公主出嫁、回门等重大事件，都有严格的礼仪规程。要是谁行差踏错，丢人现眼还不要紧，还很有可能就此失宠，很难再承欢君前。

当然啦，文化知识也是必修课。为满足后宫女子们的学习需求，宫中有特设了教育机构。宋仁宗乾兴元年（1022），在掌管礼仪的女官"尚仪"之下，设有"司籍"职位，编制二人。除了负责经史子集的日常教学外，还可以教授书法。司籍之下，又设有典籍、掌籍和女史，编制分别为二人、二人、十人。后来，赵佶又设立"司教"，同样用于辅导宫人们学习文化。

咦，御花园那边好热闹！空地上，女子马球队正激烈对垒；凉亭边，两位宫妃在下棋，湖边还有一位弹着琴，宫廷女子的娱乐生活挺丰富呀。没错，不过人家这也是在受教育。实际上，宫中女子的游艺教育也很重要，博戏、对弈、弹琴、歌舞……应有尽有！这些教育的目的，不单教她们自娱，也是为了娱人。

自娱不必说，娱人是为了谁呢？当然是皇帝啦！

启蒙教育靠父母，共同进步有夫君

相比宫廷女子所学内容的丰富，官宦人家的女儿需要学习的内容就简单多了，《孝经》《论语》《诗经》

第五章 有歧视也有尊重，女性地位并不低

《礼记》《列女传》《女诫》都是必读书目，选读书目则视每个家庭的实际情况而定。保守一些的家庭偏重女德教育，开明一些的家庭更偏重诗词、历史等文化知识。

宋代的教育理念还是比较先进的，千年前的宋人已经深谙"父母是孩子第一任老师"的道理，家庭教育在整个教育体系中占的比重极大。尤其对于那些不能入官学的女子来说，家庭教育尤为重要。

北宋女诗人谢希孟和她官至礼部侍郎的哥哥谢景山都曾由母亲启蒙教学。兄妹俩都擅长填词作赋，留有百余篇佳作传世，这和他们母亲的言传身教是分不开的。著名女词人李清照也得益于出色的家庭教育。论拼爹，她的父亲李格非官拜礼部侍郎，对礼记深有研究，就连苏东坡都对其赞赏有加。论拼妈，她的母亲是状元王珪的长女，没出嫁时就已才名在外。有这样的父母，李清照能有后来的成就也就不足为怪了。

论起重视家庭教育的程度，蓬门小户也不遑多让。湖州有一位姓吴的秀才，终身未能进士及第，混得家徒四壁，却将满腹才学倾囊传授给女儿淑姬。吴淑姬也很争气，不假思索就能下笔成章，被围观者交口称赞。

不过，宋代也不是人人都饱读诗书吧？父母目不识丁怎么办？这个，也没事。前面说了，宋朝重视女子教育，但女子教育的内容并不局限于诗书礼乐，还可以学点专业技能。您看宋代著名建筑工程师俞皓的闺女，她睡觉时都"交手于胸，为结构状"，十多岁时就写出了三卷本木工专著《木经》。小小年纪就有了这样的成就，预工程师功不可没啊！

您说了，古代流行早婚，又没有计划生育，姑娘十三四就嫁人了，家庭教育再好有啥用，全被尿布淹没了。这您可想错喽！离开了父母还有丈夫呢，丈夫可是大宋女性接受再教育的重要人物。当然，这时的教育，已不是简单的传授、说教，而是互相渗透、互相学习了。

李清照、赵明诚这两口子就不用说了，人家那是男女文青情投意合，共同提高的经典案例。胡文楷在《历代妇女著作考》中记载了这样一个故事：宋代有个姑娘叫史炎玉，她不爱梳妆打扮，也不会缝补衣服下厨做饭，唯一的爱好就是写写字，填填词。史炎玉的丈夫叫张子履，他对妻子很宽容，妻子作一首词，他也紧跟着作一首，然后夫妇俩互相寻找对方的不足，改进后再来一首……久而久之，两人的诗词水平都有了提高。后来，史炎玉将自己和丈夫的词作整理成一本《和鸣集》，传为当世佳话。

其实在宋代，像这样夫妻相互学习，共同进步的例子数不胜数。但无论是父母教导还是夫妇自学，都是建立在起码有一方有文化或一技之长的基础上，如果父母没文化，自己没文化，嫁个丈夫还是没文化，女子这辈子是不是只能当文盲了呢？这可不然，家庭靠不住，还有社会呢！

▫ 塾师、技师加俗讲，学习不愁没途径

前面说过，宋代官学不招收女学生。但宋代的学风十分开明，女子可以光明正大和男子坐在一起接受教育。您觉着有点矛盾？才不呢。提示您一下，高考落榜生上不了公办高校，还有个民办高校等着呢，只要能学到真本事，公办、民办都是浮云……就知道您一点就透，没错，宋代的私学很发达，而且，男生可以来，女生也随便进。

在开封府的街头闲逛，您稍微注意一下就会发现，商贩的吆喝声之中，总是掺杂着琅琅读书声。走遍城内城外，大街小巷，到处都有规模不等的学堂。宗学、京学、县学这类学堂不用说，公字当头。此外更多的是乡校、家塾、舍馆、书会……用今天的话说，私立大专、中专学校、国学培训班、加强班到处都是，再长两双眼睛也不够看的。

就像小说话本上说的那样，办私学、私塾的多是落第秀才、潦倒文人，只能靠办办培训班养家糊口，这部分人被称为塾师。可别小看塾师群体，对于无法进入官学，没钱延请老师的平民女子而言，这已经是最佳教

青白瓷刻牡丹纹卧女枕·南宋

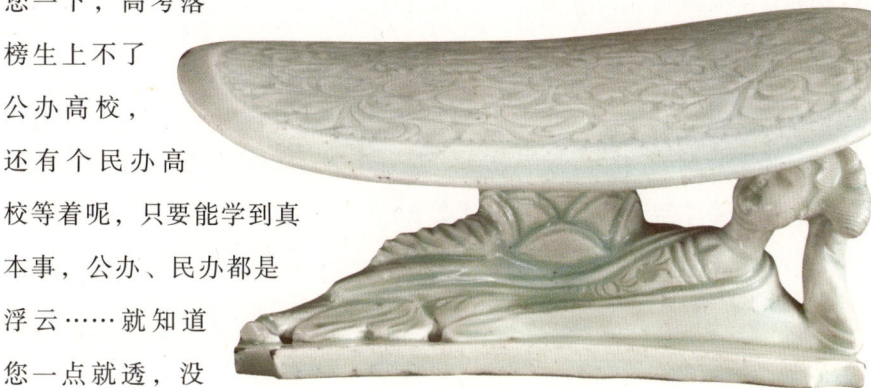

第五章 有歧视也有尊重，女性地位并不低

199

育渠道了。浙东罗仁卿的女儿罗惜惜，和一名叫张幼谦的童子从小师从同一位塾师，成年后结为连理（此事被明朝的冯梦龙写入《初刻拍案惊奇》）。宋代名妓温婉也曾进入私塾读书。当然，进入私学读书的女子们大多出身平平，系统化学习是谈不上，也就是背诵一下儒家经典、启蒙篇章而已。

对于更多的平民女子而言，家中有藏书很少，她们学习的内容多为厨艺、女红等实用性技艺。至于倡优婢妾，所学自然多是歌舞、诗词等"专业技能"，为的是给自己的职业生涯多加筹码。

大家都知道，唐玄宗专宠杨贵妃曾造成民间"不重生男重生女"的风潮。在宋朝，这股风潮依然盛行着。很多人家，尤其是不太富裕的人家，把女儿视若珍宝。女儿还在牙牙学语之时，就不惜花大钱请来技师传授技艺。当然，这类技艺主要是歌舞管弦等娱乐之技，技师也多是当红名伶舞姬。一旦自家女儿技艺超群，就有可能被官宦人家看中，收为乐伎或宠妾，而父母也会从女儿身上赚取大把银子。这不是赤裸裸的"卖女求荣"吗？没错，这种事不光您看不惯，当时的士大夫也看不惯。可是，大宋经济太繁荣了，各类家乐、家伎、歌馆舞肆等娱乐场所空前兴旺，女子就业岗位和就业机会相当多，这部分家长的行径也就禁无可禁了。

这么说，难道大宋女子教育真就如此发达，基本达到扫盲程度，人人都能有文化，至少也有个一技之长了吗？那倒也不是。不过就算大字不识一个，照样可以"受教育"。这时候，就该大宋的又一特色教育模式——俗讲发挥作用了。所谓俗讲，其实就是僧人到乡野间去宣讲佛经故事，以因果轮回劝人向善。这种教育形式最适合目不识丁的大妈大婶们，她们的人生观、价值观，正是靠这些"信仰教育"形成的。

客观说来，宋代才女虽然很多，但文盲女子更多。这也没办法，毕竟宋代女子教育还有着固有的历史局限性，宋代也并未像现代社会一样实现女权解放。不过，纵观整个封建社会，宋代对女子教育的重视程度，还有丰富多样的教育内容，都堪称封建时代女子教育的巅峰时期。女子，尤其是才女生于宋代，也算是恰逢佳时了。

[历史旅行指南·活在大宋] HUOZAI DASONG

宅女也疯狂，出游消费忙

—— 游玩购物是本能

第五章　有歧视也有尊重，女性地位并不低

大宋女子的才学真是让人羡慕不已啊！当然啦，这毕竟是大宋，女子受到礼法等的限制，要遵守妇德，平时在家里要规规矩矩，更不能随便出门，可谓"超现代"宅女——比今天的女孩子不知道"宅"多少倍。

确实，比起现代社会，大宋女子出门的机会不算多，不过，人家会玩儿啊！没有扛起半边天的压力，她们能玩会花，玩起来畅快淋漓，花起来毫不手软，那气魄，那花样，相当的疯狂。

▫ 调个情，幽个会，来个浪漫私奔

前面您已经了解到，咱大宋朝的节日那叫一个五花八门。当然，佳节美景，哪个也少不了女子的参与，不然一群大老爷们有啥过头。这么多节日，哪个最受大宋仕女的欢迎呢？如果举行个投票，上元节的票数绝对遥遥领先。您不信？咱们这就去见识见识。

闹元宵啦！闹元宵啦！快来看，御街两旁，各色花灯堆积成山，诸般商品琳琅满目……哎哎，您走神了。咱可不是来赏灯听曲儿的，您不是要看看女性们怎么过节吗。满大街人山人海，香车宝辇。嗯，美女少妇丫鬟婆子的确不

朱漆戗金莲瓣形人物花卉纹奁·宋

⊙奁是古代妇女梳妆时使用的镜匣。这件漆奁由盖、盘、身及底四部分套合而成，平面呈六瓣莲花形状。奁身为折枝花卉，奁盖面为仕女在花园中游乐的图像，二侍婢、主人衣着华美，手持扇，女婢持长颈瓶侍立，图像生趣盎然。在奁盖内有铭"温州新河金念五郎上牢"十字，是作器匠人的名号商标，为南宋时作为商品的日用器物所常见。现藏于江苏常州市博物馆。

少。谁叫这是女子可以堂而皇之通宵游玩的好日子呢！您注意到了没，遛弯的年轻姑娘们，几乎都是有主的——紧紧牵着小手甜蜜傻笑的情侣，满大街都是。

咦，他们怎么全都跑向宣德楼了？那不是皇宫吗？真有您的！来大宋这些天，汴京地貌摸得挺熟。您看，站在宣德楼上的那位黄袍帅哥，不正是咱们的道君皇帝（赵佶）吗？不过，这股浓郁的酒香味儿，我得给您解释解释。您运气真好，碰上了一段典故！

撇去皇帝这个头衔来说，人家赵佶可是不折不扣的风流才子，书画双绝，还特有浪漫情怀。这不，他看

←←← 游大宋指南 →→→

大宋有个名叫陈季常的富二代，此人没事儿就呼朋唤友地在自己家无限量畅饮。陈季常的夫人柳氏出身河东，性情彪悍且爱妒忌，每次看到丈夫和朋友饮宴，就在隔壁敲打墙壁，高声吼嚷，以至于陈季常见到她就浑身发抖，这也是成语"河东狮吼"的由来。

到满大街的小情侣，耳鬓厮磨，言笑晏晏，"少说也有五千来对儿"，龙心大悦之下，决定每人赐酒一杯。御酒喝了，盛酒的金杯可不能带走，这都是宫里的东西。不过，就有一位姑娘胆大包天，一口干了美酒后，居然顺手把金杯藏进怀里。当着皇帝的面就敢做贼？宫廷侍卫可不是吃素的！这不，立刻把她抓到皇帝跟前审问去了。前面说了，咱大宋姑娘，不管穷的富的，大都会读上几本书，能吟出几句诗。这姑娘也不例外。人家大大方方，顺口念出一首《鹧鸪天》。一句"归家恐被翁姑责，窃取金杯作照凭"，引得赵佶转怒为喜，不仅赦免她无罪，还将金杯赐给了她。

不就是看灯和老公走散了吗？至于嘛，还偷个杯子回家当证据。这您就不知道了。您是不是觉得，这么多情侣都是男未婚女未嫁，或是正式夫妻？实话告诉您，闺女密会情郎不稀罕。在古代那种男人三妻四妾、女子从一而终的社会，女子和情人见面必须得偷偷摸摸。只有在上元灯节，借着夜幕和人海、灯海的掩饰，才会明目张胆出现哩。不过，大街上拉拉手不算什么，您要溜达到灯少人稀的背阴地，或郊外的树林里，那才够看呢！很多词人都描写过上元节密约幽会的盛况，比如"蓦然回首，那人却在灯火阑珊处"，"月上柳梢头，人约黄昏后"，等等。

您先别叹气，还没讲到上元节的重头戏哩。啥？私奔？别惊讶，这种事儿绝不罕见。上元节通宵狂欢，人流如潮，城门大开。天时地利人和，此时不走，更待何时。

说到私奔，《醉翁谈录》里就记载了一个别样的私奔故事。大多私奔者都是郎有情妾有意，这一对呢，之前却互不相识。某一年元宵节，一位姓李的姑娘不满足身为太尉妾室的生活，在出游时偷偷将自己的香囊和红手绢扔了出去。李姑娘很聪明，她在香囊手绢上绣了一句话，"得此物有情者，来年上元夜乾明寺殿前有双鸳鸯灯可相见"，时间、信物、暗号都有了。她选择的地点也挺讲究，"乾明寺殿前"。那时候，寺院多是才子的借宿之处嘛。事情还真巧，一位姓张的书生拾到了香囊。第二年元宵节，他真的依约守在寺门口，对上信物和暗号后，作诗向李姑娘求爱。就这样越聊越投缘，第二天晚上，他们就私奔到杭州，开始新生活去了。这是真事。有《张生彩鸾灯传》为证。

第五章 有歧视也有尊重，女性地位并不低

▫ 游山水，观园林，逛寺庙

当然，一年三百六十五天，姑娘们可不是天天有机会这么狂欢的。除了节日外，天天宅在家相夫教子，洗手做羹汤？不不，这才不是宋代文艺女青年的主流生活。宋朝政府对女子出游的规定很宽松，社会舆论也相当宽容。男人们能去勾栏瓦肆，女子游乐的地方也不少。很多姑娘还会跟着自家男性亲属来场"说走就走的旅行"，踏遍远处的风景名胜。《东京梦华录》中就说了，"贵家士女，小轿插花，不垂帘幕……虽风雨亦有游人，路无虚日矣"。啧啧，风雨无阻呀。说到这，您怎么把油纸伞拿出来了？雨中踏青确实浪漫，可现在是晴天，大家伙儿也没工夫呀！

大宋朝还真不错，这么多公园，不去荒郊野地就能赏花戏水。嘘，您小声点，这哪里是公园，全都是有主的私人园子。而且，主人们的来头还不小，非富即贵。在大宋朝，有钱就是这么任性，找名匠修建个高大上的贵气园林不说，还免费对公众开放。当然，开放的时间就随主人高兴了。看，园林内游人如织，乐声不断，贵妇很多，民女也不少。咦，主人家怎么不见踪影？您想啊，这么多客人，主人家哪里招待得过来呀，还是远避为上，不仅游客自在，自己也图个清静。

当然，殷勤好客的也有，就看您敢不敢去了。赵佶时期，有一位叫朱勔的大贪官，他在苏州修建的园林可谓风景独好。"圃之中又有水阁，作九曲路入之"。不过，朱大人的这份匠心可不能算是好心。"春时纵妇女游赏，有迷其路者。朱设酒食招邀，或遗以簪珥之属"。看吧，哪位美女要是"有幸"被这位朱大人招待了，结局可想而知。

山水园林都玩腻歪了，咱们去寺庙逛逛吧。在寺庙怎么玩？听和僧人念经？哎，让我说您什么好呢。念经有什么看的，当然是去看美女啦。要知道，在宋朝，佛教的影响非常深远。上至帝皇将相，下至乡野村姑，很多都是虔诚的信徒。哪怕在偏远小山村，寺庙也是香火不断。一句"出门礼佛"，一家子婆媳、姑嫂、姐妹们，就浩浩荡荡地奔着寺庙来了。求子求财求姻缘，烧烧高香，摇摇签筒，吃吃素斋，寺庙内的活动也仅限于此了。

不过，特定节日更加热闹。比如北宋时期，东京有浴佛活动。每到那一天，相国寺周围"合都士庶妇女骈集……莫不蔬素"。"僧尼道流云集"不说，寺庙还会在浴佛日组织些集会啦，夜市啦等活动，大师手抄经、仿真小金佛、开光檀香珠……掏银子吧，您呐！

▫ 衣品饰品加精品，出游哪能不花钱

一说掏银子，您回过味儿来了。大宋仕女们的出游活动可谓花样繁多，她们也不是光出来看风景的吧？没错，景物摆在那里又跑不了，陪着女朋友、媳妇逛街旅行，最能让她们芳心大悦的是什么？购物呗。这购物可是女人的天性，现代商人都知道，女人的钱最好赚。宋代商人呢，早就认准这个理儿了。

带您去了这么多地方，您注意姑娘们的穿着没？这有啥注意的，不就是花红柳绿很美丽吗。一看您就不常陪着媳妇买衣服，"很美丽"这三个字，代表的可是时尚。南宋周辉就曾感慨："在我小的时候，就看到妇女的衣服样式隔几年就变了花样，估计在几十年前甚至上百年前，样式比起现在，更是大不相同了吧"。一个小孩子都能注意到女人的装束变化，可见当时流行风尚变化之快了。

您看，街上出来玩的姑娘们，哪个不是大袖飘飘裙摆飞扬。再看仔细喽，大袖有销金的，有带着金缕缝的。裙子有罗裙、百褶裙、赶上裙。还有宋人最爱穿的褙子，女子穿着的更是分外讲究。"衣红背子，皆用珠为饰"，这是用珍

龙泉窑青釉刻划妆奁盒套装·南宋

瓷胎持奁侍女·北宋

珠装饰的。绉纱褙子，这是夏天穿用的……宋代女装的花巧繁复，举不胜举啊！您说了，这和女人花钱有什么关系。哎呀，让我怎么说您好呢，有需求才有消费。您扭动尊头左右看看，商业街上，多少成衣铺裁衣铺布匹铺子，再看看里面，来往不绝的客人，不都是姑娘嘛。

衣服花样多了，配套的首饰自然必须收入囊中。这和现代女子一套衣服配一个包一双鞋是同样道理。季节不同，节日不同，咱大宋仕女们的衣着打扮也各有讲究。就拿上元节来说吧，为了配合月下的光线情调，姑娘们大都穿着清雅的白色衣裙，佩戴"珠、翠、闹娥、雪柳"等与白色相宜的首饰。春夏时分，姑娘们又会换上颜色鲜艳的桃红、鹅黄、柳绿衣裙，戴上配套的珠翠饰品。贫家女买不起珠翠，也会带个银饰应应景。往往一种饰物盛行，"合城妇女竞戴之"。看看，满城姑娘齐齐出动，消费热情相当高啊。

除了衣服饰物，一些精致小饰品也非常受宋女们的欢迎。宋女们出游的必经之路和游玩地点，往往摊贩云集。比如书画呀，玩器呀，用金玉镂丝的闹竿花篮，小如铜钱的珠翠冠，微型小玉扇……各种应景的小玩意摆的满满当当，惹得宋女们爱不释手，争相购买。

您说的对，宋代商品经济大繁荣，女子消费功不可没。这就不怪宋代学者袁褧感慨，"宣和已后……一袜一领，费至千钱"。看，在宋朝的宣和末年，一双袜子，一个领子，都要价一贯，其他衣饰的价格更是可想而知了。

▫ 剥剥枇杷，破只蜜瓜，酒楼茶馆喝一杯

风景很美，宋朝姑娘们很美，真人版宋女出游图确实相当震撼。咦，

什么味道这么香？哎，您还真当您看画儿呢。姑娘们玩了这么久，不饿嘛。您别伸长脖子使劲儿瞅，这样多不礼貌。来，姑娘们吃的零食，我都给您备下了，慢用。

在大宋朝，果子行相当多，鲜果干果应有尽有。"蜜筒甜瓜、椒核枇杷、紫菱、碧芡、林檎、金桃、蜜渍昌元梅、木瓜豆儿、水荔枝膏……"统统都是宋女出游的最爱。此外，还有"水团、麻饮芥辣、白醪凉水、冰雪爽口之物"，算得上宋代无添加的健康饮料，一会儿咱也去摊贩那买几杯尝尝。您说了，干果鲜果加饮料，这得花多少钱呀。嘿，这您就甭操心了，这些东西还都算平价的。那些出名的，比如奉化项里的杨梅呀，聚景园的碧莲新藕啊，那价位更够瞧的！

还有金橘，不是巨富显贵的女眷，别想吃得起。不就是橘子嘛，怎么这么贵呢。一说您就懂了，名人效应呗。其实，金橘起先并不算贵，从原产地江西到东京，也就加个运输费用和人工费用。不过，张贵妃（宋仁宗宠妃）最愿意吃它了。于是，金橘立即身价百倍，成为最贵的京师水果。宋女们出游时，谁要是带上几斤金橘，马上晋升为白富美。

你以为宋朝姑娘们能花钱，吃个零食就算能花钱啦，大头在后面呢。看吧，那边几位姑娘，正准备下馆子吃大餐呢。宋女也能上酒楼饮酒聚会？您千万别大惊小怪，宋朝是什么社会，开明，宽容。有钱有闲，闺蜜们自掏腰包外出聚个餐，甚至和男人们一同参加诗酒会举杯同饮，"陆珍海错"齐上桌，很正常。

不单白天游玩喝酒，宋女们晚上还会出来溜达溜达。前面咱们知道，大宋朝的夜市很热闹。有热闹的地方就有凑热闹的。这不，"旧曹门街，北山子茶坊，内有仙洞、仙桥，仕女往往夜游，吃茶于彼"。看吧，逛夜市，加上吃夜茶，也是大宋女青年们的流行时尚呢。

[历史旅行指南·活在大宋]

HUOZAI DASONG

端午斗百草，
七夕乞个巧

—— 闺中也有游戏控

对于大宋的女子来说，出游活动自然是极好的，疯狂购物也相当痛快。可是，出游毕竟不是常态，花钱也不能没个限制。前面说过，大宋朝的姑娘们其实还是相当"宅"的。不过，同样是宅，她们可比咱现代宅女热闹多了。为啥？人多呗。官宦巨富不用说，丫鬟婆子偏房侧室数不胜数。就算是蓬门荜户，怎么也有个姐姐妹妹做伴，大宋朝可不兴计划生育。

您纳闷了，人多有啥用，没有电脑电视智能手机，这帮姑娘天天聚一堆不腻歪？您甭替古人操心，人家那些专属娱乐项目，保管让你眼花缭乱，叹为观止。

▫ 小小草儿大娱乐，文斗武斗花样多

哎，您先别动，原地立正，咱们可找到宝贝了。什么宝贝，不就是蒿子嘛！您可别小看这根蒿草。您拉一下，相当有韧性。再试着折几下，要折断也挺不容易，这可是斗草大会的精品啊。听说过斗鸡斗鸟斗蟋蟀，还真没听说过斗草。草不叫不动不打架，有啥可斗的。这您就不懂了，草是死的，人是活的。斗草可是咱大宋女子的主要娱乐项目，重要性和普及程度丝毫不亚于今天

蹴鞠纹镜·宋

⊙这件宋代纹镜，背面浮雕有四人蹴鞠图像。蹴鞠就是中国古代流行的类似后世足球的运动，常有女子参赛，这面铜镜的图案就是一位高髻女子在踢球，与她对面的就是一位男性，两人背后还各有一名侍者。现藏于湖南省博物馆。

> 第五章　有歧视也有尊重，女性地位并不低

的麻将呢。

嘿，见过拔河的，没见过俩人用草拔河的。您让我说您什么好呢，这不就是斗草嘛！您看，这位红衣姐姐掐过蒿草，那位绿衣妹妹捏起艾草，两根草的草茎交叉套住。预备，用力，拉——艾草断了。我说的没错吧，放在平时蒿草不起眼，斗起草来可是一把好手，最适合生拉硬拽的武斗了。您没听错，斗草也分武斗和文斗。武斗不用多说，茎秆粗韧性强就是好草，文斗的花样就要多上一些了。

种类比赛算是最常见的文斗法了。比如，一大片三叶草田，您要是能找出棵四叶的来，这一局就是您

209

胜了。如果您再能找到几株珍珠草、相思子，这次斗草的冠军绝对非您莫属。不过，这种比法还只是通常的玩法，对草名才显本事。品种稀奇不算，还要求文思敏捷，学识丰富。你说君子竹，我就得说美人蕉；她说观音柳，对上佛手瓜倒也罢了，要是有对出罗汉松的，拿着佛手瓜的这位就必须乖乖领罚。啧啧，这种玩法有难度啊，比现代的成语接龙费事多了。不过，成语接龙没接好，顶多贴张纸条唱首歌，斗草输了罚什么？钱呗。

这不成了赌博了？真让您说中了。不整点真金白银，光分出输赢有啥意思。当然，大宋姑娘们大都是娇滴滴、文绉绉的淑女，斗草时总不能随身揣着大铜钱银锭子，人家的赌资风雅着呢。金钗玉佩、珍珠香囊，全都是香喷喷的随身物件。"君莫羡花间女郎只斗草，赢得珠玑满斗归""金钗斗草""疑怪昨宵春梦好，元是今朝斗草赢"，描写斗草得彩头的词句比比皆是。再有"斗草踏青""海燕未来人斗

《斗草图》·明·陈洪绶

草""抛牛沙上斗百草""青枝满地花狼藉，知是儿孙斗草来"，等等。不难看出，宋朝斗草风气相当兴盛。

说起来，斗草这个习俗可谓源远流长了。它最早的记载要追溯到南北朝时期的《荆楚岁时记》："五月五日，谓之浴兰节，荆楚人并踏百草，又有斗百草之戏"。每年的五月端午，天气逐渐转热，百病横生。人们就在这一天外出踩踏、采集百草，回家熬制成药汁，服用药酒，借此祛除厄运。久而久之，就演变成女子"斗百草"活动。直到宋代以前，姑娘们斗草还仅限于端午节这一天。到了宋代，社会相对开放，就连皇帝也对民间斗草活动充满兴味，亲自赏赐珠宝给斗草赢家，"皇恩乐佳节，斗草得珠玑"。于是，斗草就逐渐演变成想斗就斗的女子专属娱乐了——不过，要在有草的时节。

要想机智又灵巧，七夕月下见分晓

七夕的传说大家都知道，牛郎织女一年一度相会的日子，中国的情人节嘛。在这一天，大多现代女子收收鲜花巧克力，吃顿浪漫烛光餐就算过得很讲究。不过，对于宋代女子来说，七月初七是一年当中最重要的日子。"归来备乞巧，酒肴间瓜果。海物杂时味，罗列繁且伙。家人乐熙熙，儿戏舞娑娑"，热闹程度丝毫不亚于新年。

咦，这户人家怎么在院子当中扎个彩楼，这么高的墙，谁能看见啊。这可不是让别人看的，这叫乞巧楼，供自家女儿七夕晚上乞巧拜月专用。在古代，七夕的别称很多，乞巧节、女儿节、双七节……总之，这一天，女子成为当仁不让的主角。尤其在物资丰富的大宋朝，消费观念购买力都没得说，乞巧节办的可隆重了。瞧，彩楼上吃的，喝的，笔墨纸砚，针头线脑一应俱全，只有想不到，没有列不到，咱一样一样慢慢说。

您瞅那针和线，分开足足半指宽。时辰一到，月正中天，姑娘们要拿着它们对月穿针。谁穿得又快又好，就是向织女求到智巧啦。其实，宋代的穿针习俗已算是简化了许多。在汉代，姑娘们要拿着七孔针引线呢！佩服吧，就古代夜晚那照明条件，别说七孔，搁您身上，恐怕半个孔都穿不上。再看那朵花有意思吧，油光铮亮，还带着深绿浅绿花纹，明明是只大西瓜！呵呵，它是西瓜不假，但说是花也没错。它现在身份不一样，叫"花瓜"，雕刻成花朵形状的西瓜，乞巧必备佳品。

快别动那梳妆盒！幸好我接得快，这里面的活物要是掉出来，主人家不得把您的皮剥一层。您别在那当木头人了，吓成这样不至于吧，不就是盒子里趴着一只大蜘蛛嘛。这个盒子要到天亮时才能打开，哪只盒子的蜘蛛结网最密最圆，哪位姑娘乞的巧就最多啦。再说，蜘蛛又有喜蛛之称，别看长得丑，也是个吉祥物。

好好好，都依您，咱去彩楼周围溜达溜达。咦，窗台上好多彩绳。这是七夕前一天晚上扔的，房顶上更多。牛郎和织女不是要在鹊桥相会嘛，喜鹊和燕子得搭桥呀，彩绳就是为它们准备的建筑材料。哎，那边黄瓜架底下怎么蹲了好几位美女，跟听墙角似的。据说，夜深人静之时，像她们这样在瓜棚里守着，能听到牛郎和织女的情话呢！

重头戏开演了！嘘，别吵，姑娘们正手持高香，站在庭院中央的案几前，对着月亮拜祭呢。不过，姑娘们对月亮对织女说的话，可不单单是乞巧，还有求姻缘、生贵子、盼团圆……

▫ 秋千摆动腾空起，毽子翻飞落地来

不年不节的，怎么湖边围着那么多人，还有吹拉弹唱的。走吧，咱去瞧瞧热闹。嘿，这个玩意挺新鲜，秋千架子搭船上。好家伙，荡秋千的小伙胆子挺大呀，秋千马上荡成水平线。哎哎，怎么就跳下去了。别大惊小怪了，这叫"水秋千"，艺人们从秋千上直接跳进水中，和咱现代的跳水差不多。

没错，水秋千就是从宋朝开始出现的。词人张炎《阮郎归》里写的"钿车骄马锦相连。香尘逐管弦。蓦然飞过水秋千"，正是水秋千表演的场景。说到水秋千，咱得去观赏一下大宋女子荡秋千的袅娜风姿。要知道，宋朝以来，秋千才逐渐走入私人庭院，成为姑娘们的新宠。它和踢毽子一样，是皇帝御口承认的两大女子专属活动。

宫里的秋千活动极为盛行，"依林张幄幕，夹道建秋千"。层层轻纱之下，宫装美人俏丽的身影来回翻飞。不单皇帝看了赏心悦目，自己的心情也明

媚起来。"内人争送秋千急,风隔桃花送笑声"。

皇宫可是引领时尚的风向标,城内几乎家家户户都架设了秋千。这不,走在街头巷尾,不时会看到沿街院墙内飘出半缕衣带,传来几声笑语。不用猜,一定是墙内的姑娘们在荡秋千。您不用踮着脚尖使劲儿看,看不见的。不光您看不见,人家苏轼也没办法,"墙里秋千墙外道,墙外行人,墙里佳人笑"。哎,这边有位姑娘刚荡完秋千。您跑慢点不行啊,人家姑娘都不好意思了,连钗子松脱了都不知道,"见有人来,袜划金钗溜"。据统计,《全宋词》中,描写到秋千的词句不下两百处。"红粉墙头,秋千影里,临水人家","秋千人倦彩绳闲","东风吹动画秋千","无绪倦寻芳,闲却秋千索"……足可见秋千在宋代女同胞们生活中的地位。

除秋千外,毽子这种运动在宋朝也进一步风行起来,成为幼儿和姑娘们的最爱。足、膝、腿、腰、腹齐上阵,小小毽子踢出了数十种不同花样。"里外廉、拖枪、耸膝、佛顶珠、剪刀、拐子……"一时间,导致临安城涌现数十家专卖各种毽子的作坊,"率数十人,各专籍以为衣食之地"。毽子,继秋千后成为大宋姑娘们喜爱的专属活动之一。

《秋千庭院图》·宋·无款

离婚不算难，财产有份占

○ 婚姻家庭有保障

说起女性的婚姻和家庭，相信有两句话您一定听过。首先是"从一而终"，这是《周易》里的话，告诉大家女性要贞节，嫁了老公就要跟随一生，不能再换，老公死了也不能改嫁。另一句是"饿死事极小，失节事极大"，这句话是北宋理学家程颐说的，意思是饿死都不算个事，没了贞节，比饿死都可怕。其实，大宋实际情况并非如此，而且恰恰相反。

▫ 继承汉唐先辈的光荣传统

"从一而终"这条原则在明清以前从来就没有严格执行过，就算是在理学开始兴起的大宋也是一样。太远的不说，就从汉朝说起：大汉开国皇帝刘邦自己就收纳了项羽部将的妻子薄姬、赵王张敖的小妾赵姬，等等。刘邦的孙子汉景帝刘启也娶过金王孙的前妻王娡，这位王皇后还给他生了个刘彻，就是汉武帝。知识分子也一样，司马相如带卓文君私奔，卓文君可也是刚死了丈夫的小寡妇。到了东汉末年更了不得：曹操攻打邺城（古城，今河南安阳市北郊），据说就是看中了袁绍的儿媳甄氏，甄氏最后却成了曹丕的妻子，而曹植只怕也对甄氏神魂颠倒，才写下了《洛神赋》，留下一段公案。而西蜀刘备的穆皇后、东吴孙权的徐夫人嫁给他们时也都不是头婚了。

到了大唐，按照理学大师朱熹的说法，"唐源流出于夷狄，故闺门失礼之事，不以为异"。意思是大唐皇家是胡人出身，因此唐朝的女人们败坏门风，他们自己一点都不奇怪。朱熹只怕也不以为奇怪，因为他看不起少数民族，更看不起人家女性地位高。不过他说的情况倒是事实——唐太宗李世民至少就娶过两个再婚女子，更不要说他晚年宠幸的武才人又嫁给了他儿子唐高宗李治。武则天和李治的女儿太平公主前后出嫁两次，唐中宗李显之女安乐公主也出嫁两次，还差点当上皇太女。最无耻的大概是李隆基，这位唐玄宗连自己的儿媳妇都抢，硬是把寿王妃杨玉环变成自己的媳妇，封为贵妃。

唐代女性很自由，生活更是开放，据统计，仅唐朝公主再嫁的就有二十七人，其中有三个人嫁了三次。唐宋相距最近，这种风气流传下来，正好让大宋朝继承了这一"光荣传统"，从皇族宗室到官员士大夫，再嫁成为普遍现象。

宋太祖赵匡胤的妹妹先嫁米福德，再嫁高怀德，首开先河。后来，宋真宗娶了嫁过龚美的刘皇后，宋仁宗的曹皇后也有一次"婚姻"，只不过新郎一心学道成仙，新婚之日竟跳墙逃婚而去。大宋名臣中，范仲淹的母亲改嫁朱氏，以致于范仲淹当上官以后才能够认祖归宗。

第五章 有歧视也有尊重，女性地位并不低

金香囊·宋

⊙ 香囊呈桃形，中部镂空双鱼。双鱼头朝上，鱼身相对，鱼尾外翘，鱼头上方为棱花圆珠，鱼身下方为波浪云腾。牌饰边沿有"黄老铺庄"铭记。

王安石主持为儿媳再婚，另找婆家；岳飞的第一任妻子刘氏更是两度改嫁。就连提倡"从一而终"的程颐，他侄媳妇改嫁，他也没有反对。

有了皇家的榜样力量，再加上官员士大夫们的示范带头作用，民间更不用说，老百姓才不管什么"从一而终"的大道理，更不会认同"饿死事极小，失节事极大"这种逻辑。大宋女子们为了生计，也为了追求个人幸福，该离婚就离婚，该嫁人就嫁人，一点都不含糊。

▫ 国法家规都倾斜，生活经济有保障

当然啦，说离就离，说嫁就嫁，也要取得法律的准许和世俗的认可才行，不然人人都可以任性而为，社会还不乱了套？再说了，没有一个制度保障，财产也没法处置不是？离婚要

梳妆仕女图·宋·无款

弄到身无分文、净身出户，那日子还怎么过？所以，离开了全社会的支持和保护，不论男女想离婚都是件麻烦事，何况在男权社会的封建时代，大宋女子更需要这些支持和保护。万幸，大宋朝在这方面很有人情味，从政府到家族，对女士们的权利还是很尊重，而且通过法律和制度体现出来。

假如您是一位宋代女性，生活在一个经济还算过得去的家庭，那么，您从小就会获得和男子相当的权利。比如说家族每年的田租收入您也有一份，而且别人分多少，您也分多少。比如家里的田产地产，按照规矩您也有继承权，就算您父母离世，在家族里无依无靠，这些产业到您结婚时也会一点不少地分给您，并不因为您马上要变成外姓人而有所不同。再比如您从小到大，每隔一段时间（例如两年）就会得到一笔服装费或者衣料布料，用于添置新衣，到了长大成人（及笄）的时候还会有首饰戴。当然啦，您要是结了婚还不想离开娘家，或者招赘了一个上门女婿，您的这些收入都不会变化，该是您的都是您的。

刚刚提到了结婚。一般地说，您如果生活在大宋，娶媳妇比嫁女儿划算。因为按照惯例，嫁女儿花的钱比娶媳妇要多。比如《岳阳楼记》的版权作者范仲淹，他当上大官之后给范氏家族创立了一个范氏义庄，同时也制订了一份《义庄规矩》。根据这个"族规"，嫁女可以从家族支取经费三十贯，娶妇却只有二十贯。另一位南宋名人吕祖谦更绝——他规定嫁女儿经费一百贯，娶媳妇只有五十贯。这不是嫁女儿比娶媳妇花钱多的明证吗？况且娶媳妇的钱还能大家花掉吃掉，然而嫁女儿的钱却全都被女儿带走了，所以对同一个家族来说，当然愿意娶媳妇，不愿嫁女儿。

第五章 有歧视也有尊重，女性地位并不低

瞧，大宋女性是不是在娘家的权利还算不错？当然，这还只是普通人家，跟豪门贵族，甚至皇亲国戚没法比。女子嫁到男方，生活有幸福与不幸福的，男方有命长命短、幸与不幸的。倘若两口子过得不愉快，甚至男方一命呜呼，又或者犯下重罪要被发配远方，难道女子就要接受苦命，永远守在夫家受苦吗？

当然不是。大宋朝的法律规定了几种情况，女方可以提出离婚或者再嫁。比如丈夫死了，只要过了守孝期（最短是一百天），妻子就可以改嫁。还有，如果丈夫三年不回家，也可以判定婚姻失效，女方可以自寻出路。又或者像林冲那样被发配到沧州，妻子可以跟着，但也可以选择离婚。不是为了划清界限，只是为了更好地生活。

两口子既然要离婚，家产就要分清楚。通常来说女子从娘家带来的嫁妆离婚时可以带走，算作婚前财产了。如果是丈夫死了，妻子有儿子的，儿子可以继承丈夫的财产，没有儿子自己也可以继承。但在北宋时要丈夫没有别的继承人才行，而根据南宋的法律规定，妻子继承丈夫财产的总额不能超过五千贯。

离了婚再嫁，女子还能得到娘家的"赞助"，范家义庄就规定再嫁给二十贯，但再娶却不给。

◘ 思想舆论很宽容，离婚再婚无压力

离婚容易再嫁不难，当然是法律保护的结果。然而法律不外乎人情，况且法律也是由人制定的，如果大宋统治者和整个社会不是对女性离婚再嫁这种事儿很宽容的话，那么制度的许可、法律的保护也就难以想象。给您讲两件事儿，您就能理解大宋朝对女性宽容的程度了。

第一件事发生在仁宗朝。当时有个集贤校理郭稹，生母边氏早已改嫁，而且已经和别人生了四个孩子。边氏故世，郭稹非要停职，回家给生母守孝。照理说边老太太嫁到别人家，就和郭家断了关系，郭稹也不必为她守孝。所以当时就有个礼部官员宋祁批评他"过礼"，就是守礼守过头了。但士大夫阶层都同情郭稹，认为郭稹做得对。最后宋仁宗接受了大家的意见，准许郭稹停职守孝，还给这种情形起了个新名词——心丧，大概意思是照礼法不应该"服丧"，但心里

哀伤不是礼法能决定和限制的,所以还是应该"服丧"。后来,这种心丧竟然成了惯例,哪个官员的改嫁了别人的亲妈死了,都可以去守孝"服丧"。

第二件事还是发生在仁宗朝。御史唐询向宋仁宗告状,告的是举荐过他的参知政事吴育。这一状告的有趣:唐询"公诉"的内容是吴育有个弟弟娶了个媳妇,两人育有六子,吴育的弟弟死了,弟媳妇却没有改嫁。因此唐询状告吴育限制了弟媳妇改嫁的自由。本来嘛,这事看起来应该属实,吴育好像也有点儿不地道。不过,吴育这个弟媳妇的身份有点特别——她是宋仁宗姑姑的小姑子,也就是赵光义第七女万寿长公主驸马李遵勖的妹妹。所以,宋仁宗把这件事看作权力斗争,没有理睬。但不管怎么说,唐询能以此为理由状告当朝副宰相,可见当时对女性改嫁自由的尊重和对女性婚姻生活幸福指数的重视。

不管怎么说,大宋朝在绝大多数时期并没有把"从一而终"这种逻辑当回事,而且也没几个人把这种扼杀女性幸福的想法奉为金科玉律,更不要说"饿死事极小,失节事极大"这种顽固思想,那是基本没什么市场了。所以说活在大宋的女人们想要离婚再嫁,可以说毫无压力。

富婆总是很抢手

都说女子再嫁难,其实只要人家有钱,再嫁也是抢手的。赵匡胤、赵光义两朝宰相薛居正有个义子薛惟吉,四十出头就死了,留下一个寡妇柴氏。柴氏公公是宰相,丈夫死前也官至左领军卫大将军,朝廷封赏无数,家产自然是没的说,她的寡居引来了另外两位宰相的"关注"。

咸平年间(998~1003),宰相张齐贤打算续娶柴氏,但薛惟吉的儿子薛安上担心家产被侵夺,找宋真宗告状。宋真宗派人调查,柴氏又"交代"另一位宰相向敏中也曾经提出要娶自己,但自己没有答应;因此向敏中才指使薛安上告状,从中阻挠。两大宰相竟然争夺一个寡妇!简直是成何体统嘛!何况,接下来案情大白,向敏中居然还强迫薛家卖给自己一套宅院。事情的结局,张、向都遭贬斥,但柴氏终于嫁给谁了呢?不知道。

[历史旅行指南·活在大宋]

HUOZAI DASONG

抛头露面不算啥，裸体相扑很时髦

——○ 大宋的职业女性们

对女性朋友来说，大宋算是个不错的时代——有机会接受教育，有机会出游消费，生活蛮悠闲，家庭地位不低，还有相当程度的自由和权利，比起后来的明清两代强得多了。而且不管怎么说，缠足还没有盛行，理学还没那么强盛，大多数女人也就没有被禁锢在家庭那个小圈子里。

《纺车图》·北宋·王居正
⊙《纺车图》卷表现了宋代农村妇女的户外劳动，近景是边摇纺车边哺乳的中年妇女、围其左右戏青蛙的童子和狂吠的黑犬；另一端是弯腰偃背、双手拉着线团的老媪。画家以写实的艺术手法表现劳动的场面，意在对她们贫苦生活的同情。

的确，宋代女性抛头露面的机会还很多，当然她们中有许多人是为了维持生计才走出了家庭，在社会中闯荡。可以说大宋朝产生了众多职业女性，也给她们创造了不少就业机会。

宋代的纺织女工

"你耕田来我织布，你挑水来我浇园……"这是黄梅戏《天仙配》中的经典唱词。其实在古代农业社会，"男耕女织"是标准的生活模式。大宋朝商业发达，但经济基础还是农业，所以"男司耕读，女司纺织，自是生理"，民妇民女普遍从事纺织业，而且其中还有很多女性"为了生活，四处奔波"……

女人纺织为什么？为了解决穿衣问题。人生在世，穿衣吃饭是两件大事。大宋朝也好，历代的封建王朝也罢，向老百姓收取赋税主要就是粮食和丝绸布帛这两大项，而且国家生产也以这两项为主。所以，大宋女性除了要在家庭中纺织劳作，"辛苦得丝了租税"，织出丝绸布匹交税之外，还要参加国家"建

设",为皇室成员和广大公务员服务。

大宋最大的"国营纺织厂"是汴梁织锦院,这座创办于乾德五年(967)的"纺织厂"最兴盛时有织匠六百人,其中绝大部分是女性——她们就是"大宋纺织女工"。这些"纺织女工"在"国企"工作,辛苦点是难免的,不过有口粮吃,还有工钱拿,待遇毕竟过得去,既给家里节省了开支,又能赚钱贴补家用,算是挺不错的职业。因为织锦院主要产品是蜀锦,所以"员工"也以四川人为主,此外还有济州(治今山东巨野,后迁至济宁)、湖州等地的"纺织女工"也来到京城工作,看来当时已经有女子出门打工的了。

东京城专为皇家开办的除了"纺织厂",还有印染厂(染院)、刺绣厂(文绣院),这些厂家也提供适合女性工作的岗位。此外,大宋各地的大城市也有不少场院、织务、绫锦务、罗务这类的"纺织品公司",生产各种丝绵绫罗锦缎等纺织品,是大宋女性打工的好去处。

除了"国企","私营纺织厂"也有。纺织厂中的"私企"叫机户,其实就是纺织作坊。大宋朝机户很多,据宋仁宗时的大臣张逸报告,当时仅仅梓州(治今四川绵阳)一地就有"机织户数千家"了。这些机户都需要雇工,也提供了不少就业岗位。当然,从业人员主要还是女性。给人打工,当时叫"客作儿",不过

瓷胎持镜侍女·北宋

此"客作"非彼"客座",不是当讲师教授,而只是受雇于人。还有,在当时"客作儿"是骂人话,可不是什么好称呼,不能乱用的。

当垆看我孙二娘

当个"客作儿"虽然也算抛头露面,毕竟还不是真正直接接触社会。女人们接触社会,主要还是开店铺做买卖。甭管人家开的是酒店、茶馆、杂货店还是小吃铺,每天都免不了要面对三教九流,"笑迎四面八方客,善待五湖四海宾"。

提起开店做生意,大宋第一女名人当然要数在孟州道上十字坡前开了"人肉包子铺"的母夜叉孙二娘。一部《水浒传》向我们普及了不少这样的人物,例如同属梁山好汉的母大虫顾大嫂、开茶馆兼拉皮条的王婆、沧州牢城营李小二的妻子王氏、荒村开野店的李鬼媳妇……

大宋朝以前,汉代的卓文君和司马相如私奔,两人为了生计,就开过一段时间小酒馆,留下"文君当垆"的佳话。唐朝时,西域胡人跑到"东土大唐"来做生意,抢了不少国人的饭碗,其中就包括老板娘这一"职位",所以唐代有名的"胡姬当垆"成了一道美丽的风景。时至大宋,文君已逝,胡姬也绝迹中原,结果"当垆"的换成了孙二娘,在穷乡僻壤、荒村野店喝酒吃肉也成了一件危险的事,吃几个"人肉叉烧包"还是小事,若不小心喝了蒙汗药酒,成了下一位顾客吃的"人肉叉烧包"的原料,可就大大不妙了。

当然啦,大宋朝"当垆"的"孙二娘"也不都那么凶神恶煞,像"快活林大酒店"那位"疑是文君重卖酒"的妇人,还不是一照面就被武二郎扔进了酒缸里?不过您要是没有人家武二郎的手段,还是别轻易尝试,须知门外还躺着一个蒋门神哩。

大宋朝王婆似的人精、李小二妻子般的本分生意人也不少。南宋临安就有有名的一窟鬼茶坊,店主王妈妈,来来往往"皆士大夫"。想必客人们来了,要甜腻腻地叫一声"王干娘",王妈妈也会皮笑肉不笑地回上一句"西门大官人"。别笑,人家这地方正开在中瓦,乃南宋临安有名的红灯区也。甚至在偏远的海南岛也有老妇人开小旅店,接待了被贬官流放的宋初宰相卢多逊。老太太也是东京汴梁人,儿子因受到卢多逊的迫害,流亡到海南,病死当地。老太太只能

第五章 有歧视也有尊重,女性地位并不低

223

自立门户，等着看仇人落得和她儿子一样的下场。

▣ 一技在身赚高薪

所谓"家有良田万顷，不如一技傍身"，别管男女，要想谋生，最好有点本事。活在大宋，男人最大的成功靠读书实现，女人最佳的命运，则很大程度上要依赖学好一门或者几门技艺。

还记得那位摇过拨浪鼓，后来却当上了皇后的刘娥吗？一个货郎的妻子都能当上皇后，这个世界还有什么是不可能的？所以唐代大诗人白居易在《长恨歌》中所感慨的"遂令天下父母心，不重生男重生女"，挪到大宋一样适用。而且只要是还算太平的时代，总还不会有"生男埋没随百草"的危险，至于生女儿，也就不仅仅是"犹得嫁比邻"那么低的要求了。

不甘心"嫁比邻"，还想怎样呢？当然是"学成诸般艺，应聘入豪门"啦。对那些中等以下阶层的女子和她们的父母来说，邻家美男绝不是人生理想和幸福归宿。这些女孩子从小就被教以诸般技艺，并且树立起远大理想，将来一定要凭一身好本领加入到"大宋五百强高薪企业"，不单让自己享受和体验"不一样的人生"，还要为家族赚一份高工资，让父兄们能够过上体面的生活，在人前倍儿有面子。

话说，别提那些供职于"高薪企业"的大宋"女金领"，只要经过了这些企业"镀金"，她们的身价和气势就不同了。您别不信，有具体事例为证：一位退休官员，辛辛苦苦为官多年，一向很艰苦朴素，到了晚年，也想享受一下。他想起曾经在某次宴席上吃过京城私家女厨师做的菜，十分可口，于是委托中间人在京城给他请一位这样的私房厨师。

女厨师很快请到了，人家刚从"大企业"跳槽出来，人漂亮，能写会算，才二十来岁。这位"女金领"来到老市长的家乡，还没"入职"就提出一个要求，希望能以四人抬的软轿接她上门，"庶成体面"，这样才够面子，才符合她的身份。官员照办了，女厨师上任，第一件事就是"试席"，做一桌菜来让大家尝尝。人家那手艺、那刀工，那用料的讲究和浪费就不说了，单说她的"行头"和"佣金"："发行奁，取锅铫盂勺汤盘之属，令小婢先捧以行。爚灿耀

彩绘推磨砖雕·宋

⊙这块砖雕是宋代墓葬砖雕。此砖为青灰色，砖雕一个磨坊，内有两位妇人用力推石磨，墙上挂有箩筐、簸箕等物。画面生动真实，是研究宋代民俗的重要资料。

目，皆白金所为，大约计该五七十两。至如刀砧杂器亦一一精致。"人家自己有工具箱，干活都是用自己的家伙，而且那些大锅、小锅（铫）、水盆（盂）、汤盘、勺子竟然都是银器，其他的菜刀菜板之类也都是高档货。

"试席"结束，女厨师讨要赏赐，并提供了几份"支赐判单"（领取赏赐的清单），每份都有绢帛百匹或者钱二三百贯。官员傻了眼，硬着头皮照例给了赏钱。但是不久他就找借口把这位"女金领"辞退了。您瞧，一位曾经在"大企业"工作过的女厨师都有这么高的收入，敢摆这么大的架子，大宋女性的"高薪职业"看起来还真不少。

▫ 混迹街头女艺人

前面讲的这个故事，较早的记录见于《旸谷漫录》，后来很多笔记小说也都加以转载，渐渐就流传开了。在这个故事前面有一段话，介绍了大宋女性"职业进修"的方向和未来在"高薪企业"中的"职位"，包括"身边人、本事人、供过人、针线人、堂前人、剧杂人、拆洗人、琴童、棋童、厨娘"，而且"就中厨娘最为下色"。这样看来，女厨师收入那么高，原来还是最低等的！

但参加过"职业进修"也未必能保证"就业"，未必能"应聘"到豪门大户"高薪企业"。那些学来学去也没混上一个好工作的女子怎么办呢？她们中

225

很多人只好面向社会自谋职业，走上街头自谋出路去了。

在大宋女性的"职业进修课程"中，除了女红、"识文断字"这些基础课程之外，吹拉弹唱、击球蹴鞠、歌舞演艺等也都是必修课。有了这些基本技能，那些自谋职业的女子们在街头从事个文艺表演啥的也能混口饭吃，弄好了还能成名成家，前途倒也不坏。不过这回咱不说那些"大宋女艺术家"，单说这街头表演的一个行当——相扑。

本来相扑是体育运动，也算搏击术的一种。《水浒传》中就记载了大宋的两位相扑高手，一个是浪子燕青，还有一个叫任原。但大宋女子玩相扑，实际上表演成分居多，倒并不一定要分个高低输赢。不过，大宋女子相扑最吸引眼球的并不是打斗如何激烈，也不是比赛如何紧张，而是刺激。

怎么个"刺激"法？嘉祐七年（1062）正月十八，正是上元节庆典的时候，宋仁宗驾临宣德门，带着他的后妃们观看宣德楼下的元宵节大型文艺演出，这场演出其中一个节目就是女子相扑。应该说表演很成功，仁宗很高兴，还赏了"女演员"们不少绢帛银钱。但有个人看不惯了。谁啊？时任起居舍人、知谏院大臣司马光。

这位司马相公上了一份奏折，其中说："今上有天子之尊，下有万民之众，后妃侍旁，命妇纵观，而使妇人裸戏于前，殆非所以隆礼法，示四方也。"陛下您高高坐在宣德楼上，楼下是您的子民，您的媳妇们陪在您身边，大臣们的媳妇们也都到场。就这样一个场合，竟然有妇人裸体表演，这成何体统？

没错，司马光说的"妇人裸戏于前"，就是指女子相扑。大宋女子们抛头露面，玩相扑竟然还是裸体的。（当然，有证据表明，所谓的"裸戏于前"并不是全裸，只能算半裸。）

最后，在这份《论上元令妇人相扑状》中，司马光强烈要求取缔"女子裸体相扑"这一不文明的表演形式。然而，实际上这种事儿根本就禁而不绝。甚至到了南宋，《梦粱录》《武林旧事》还记载着女子相扑，而且已经出现名家能人：《梦粱录》有赛关索、嚣三娘、黑四姐，《武林旧事》有韩春春、绣勒帛、锦勒帛、赛貌多、侥六娘、后辈侥、女急快，可谓大宋十大女子相扑高手！

第六章
舌尖上的大宋，饕餮们的汴梁

中国的饮食文化源远流长，以五谷为主、蔬菜鱼肉为辅的饮食结构在宋代有了发展和巩固，形成了丰富多彩的饮食体系：中原地区的「北食」，南方地区的「南珍」，蜀中地区的「川食」等。异彩纷呈的饮食文化也带动了各具特色的烹饪手段的发展，宋代算得上是老饕的美好时代。

[历史旅行指南 · 活在大宋]

别看品茶是艺术，宋人从来不含糊

——◦ 大宋喝茶这件事

对于活在大宋朝的人来说，在饮食方面不能不说已经开始了全方位、高品质和多样化的享受。中华民族五千年的悠久历史、灿烂文化，很多方面都早早就迈向了同时代的文明巅峰，领先于世界。饮食文化的兴盛和发达，真真切切是从宋代开始的。

饮食饮食，先有饮，后有食。虽说"民以食为天"，食是更基本、更主要的物质需求，但也正因为如此，饮才是更讲究、更高端的精神需求。当然，咱在这说的可不是口渴之下的"牛饮"，而是喝出品味、喝出文化来的"饮"，例如饮茶，以及由此形成的茶文化。

▫ 三教九流都爱茶

大宋人喝茶，可以说是一场轰轰烈烈的"全民运动"。

茶这种东西，据说已发现了几千年，反正"神农尝百草"，凡是有点瓜葛的事件都可以算做饮茶的源头。至于喝茶的起源恐怕已经无法查考，不研究喝茶并且把茶上升为一种文化的第一人是唐代的陆羽，因为正是他率先写下了一部《茶经》，他本人也因此成了中国茶文化的开创者和茶道祖师。

当然，在陆羽之前，茶主要是被当作中草药使用，用来"解百毒"。

从陆羽到处推广,把茶当作饮料,把饮茶当成一种艺术介绍给世人开始,喝茶之风才渐渐发展。到了晚唐时期广泛普及,进入宋代以后,蔓延泛滥,达到了"君子小人靡不嗜也,富贵贫贱无不用也"的程度。君子和小人没有不爱喝茶的,有钱没钱也没有不用到茶的。茶,当然就在生活中占据了极为重要的地位。所谓开门七件事,"柴米油盐酱醋茶",茶虽然排在最后,但毕竟不能少,而这句话也正是从大宋朝开始流行起来的。

建窑黑釉兔毫盏·北宋

喝茶是如此普及和重要,大宋街头巷尾都是茶。在东京、临安的街市上,遍布着茶馆、茶肆、茶楼、茶坊,全国各地甚至乡村集市上也有茶铺和卖茶的摊子。在这些饮茶消费之中,最有趣的是一种"水茶坊",又叫"花茶坊",因为在那里招待客人的不是"茶博士",而是打扮得花枝招展,眼含情、口含笑、满面含春的"茶花女"。您猜得没错,那正是一种"高级而又文雅"的妓院,您在那里花上一笔"干茶钱",就能享受到美女分茶、佳人献艺的服务。当然,您要是想进一步接受"高端服务"或者到美女佳人的闺房之中和她们谈谈人生理想,进一步的消费也是免不了的。

即使您"阮囊羞涩",扮不成高富帅,走在大街上也一样能品嗅茶香、享看茶艺:街头有挑担、推车的流动茶贩,备齐了茶炉、茶壶、茶杯、茶勺、茶托、茶盏、茶海、茶碗,随时准备给您点一盏茶,供您观赏享用。当

曜变天目茶碗·南宋

⊙这件曜变天目茶碗是南宋时期建窑（今福建南平）烧制的茶具，因为黑釉表面产生了大大小小的圆形结晶斑点而得名。这件茶碗是宋代斗茶时使用的器具，茶水在茶碗中随着光线的变化能改变颜色，因此极其珍贵。这件曜变天目茶碗现藏于日本东京静嘉堂文库，被日本人视为国宝级文物。

然，有钱您只管喝，没钱旁边看看热闹算了。

除了出门喝茶消费，三教九流的人在家里以茶待客、借茶交际也是免不了的。大宋人讲究客来看茶，客去奉汤：您去别人家做客，主人会煮上茶陪您闲聊；等主人换上汤来，您就知道，应该告辞了。即使是平民百姓，没那么多讲究的人家，每逢初一十五也会拎着一只茶瓶出门，到街坊邻居家相互点茶，借此互相问候，拉近关系联络感情。

▫ 专卖制百姓，精品贡皇家

大宋百姓如此热衷喝茶，茶叶的

消费量自然非常可观，每年制茶、贩茶、饮茶创造的GDP数据十分惊人。两宋三百年间，政府大多数时期实行榷茶制度，即在政府管制下的专卖制度。仅仅制茶一项，北宋中期的年税收就有四百多万贯，到宋徽宗政和年间更高达一千万贯。

从强盛大唐到富裕大宋，茶农们种植茶树、生产茶叶的水平已经越来越高，但不管他们本事多大，手艺多好，还不是被国家攥在手心里？从他们开始种茶的那天起，他们的资源和收成就牢牢地控制在政府手中。他们的本钱是从国家"借"的，这样就得向国家交利息；制出来的茶叶要先扣"本息"，再扣税款，然后照官方制订的价格卖给商户或官营专卖店，最后才能销售到老百姓手中。虽然后来这种国家严格管制的制度有所放松，但茶叶在大宋朝基本被国家垄断是毫无疑问的。

大宋政府垄断了茶叶市场。那么，最好的茶叶去了哪里呢？当然是去了皇家。茶农每年制茶，茶中精品都成了贡品，贡献给皇帝。

在大宋朝，制茶的工艺越来越精湛，制出来的茶饼、茶团也越来越精致、美观。您知道，皇帝在古代那叫真龙天子，后妃公主就是凤，他们简直都是天上下凡来的，又怎么能和草民喝一样的茶？所以，贡献给皇家的茶基本都要制成龙凤的形状，也就是"龙团凤饼"。这些团啊饼啊什么的制作过程十分复杂，前后要经过七大工序，费工费力，但照样不断推陈出新。您就听这些名目：龙团胜雪、万寿龙芽、龙凤英华、启沃承恩、瑞云翔龙长寿玉圭、太平嘉瑞、龙苑报春、大龙、大凤、小龙、小凤……

什么？您也想来个团啊饼啊的收藏收藏？没问题，四十贯起价！贡给大宋皇室的这些"龙团凤饼"主要来自北苑（位于今福建建瓯市），由福建转运使负责督制。督制贡茶最有力的两位福建转运使，一个是丁谓，一个是蔡襄。所谓"武夷溪边粟粒芽，前丁后蔡相笼加。争新买宠各出意，今年斗品充官茶。"东坡先生对此很不以为然，专门写诗批评了这种不正之风。

不过，苏轼虽然不满那些人献媚邀宠，皇帝赐给他龙茶，他还是很开心。苏轼向友人透露：他在杭州时，一次来了个钦差。这位钦差大人到了临走时又神神秘秘地不肯走，直到把别人都打发开，才偷偷摸摸拿出一样

第六章 舌尖上的大宋，饕餮们的汴梁

东西交给苏轼——原来是一斤茶叶,但却是龙茶。钦差大人还悄声告诉苏轼,这是自己离京时,皇帝秘密交给自己,让他带给苏轼的,皇帝还特意交代,不可以让别人知道。其实,皇家每年的贡茶都喝不完,照惯例总要赐给大臣和外国使节一些。不过,大臣们能得到赏赐的机会极少,这样"密赏"更是一种殊遇。难怪苏轼终于忍不住说了出来,大概就是为了炫耀一下。

◘ 品茗从来是文化

像苏东坡这样的大文豪、大名人都对茶这么重视,可见茶这种东西在文化人心中的地位。茶,更早的时候叫作荼。除了茶这种广泛的叫法,仅仅陆羽在《茶经》里提到的茶的别称就至少还有四种:槚、蔎、荈、茗。槚、蔎都是古称,现在没人会用,荈现在只用来指粗茶,也很少人知道了。但是一提起茗,您肯定知道是茶。说喝茶很平常,好像大家都会喝,然而说起品茗,那就文雅得很,一定是文化人才会做的事情了。

文化人做起品茗这种文化事儿,讲究得很。品茗,不单所用的茶要好,器皿要好,水质也要特别,火候还要精当。但这些还都是基本功夫,此外更要讲究环境、姿态和对象:或者独坐静室,心境空灵;或者倚窗凭栏,听风赏月;或者佳茗在手,诗书相伴;或者烹汤煎水,茶友来会……无论是哪一种,只要让文化人那么一描述,立刻风雅无限。

譬如还是说苏轼,他说"沐罢巾冠快晚凉,睡余齿颊带茶香",就连睡醒了砸吧嘴有茶香回味这种事都可以成为诗句,更别提"酒困路上惟欲睡,日高人渴漫思茶,敲门试问野人家"了。酒喝多了,太阳照得人迷迷糊糊,就想喝杯茶,于是到山野人家去求饮。

当然,睡醒了砸吧嘴或者喝多了讨一碗茶都算不上大雅,非得像苏轼这样的文化人写出一首诗来才行。不过,同样是苏轼,"酡颜玉碗捧纤纤,乱点余花唾碧衫"就雅得很了——美女脸儿红扑扑地,捧着玉碗的手同样纤纤如玉,一身碧绿衣衫来回闪动,点出一盏盏仙茶,更唱出一曲曲动听的歌儿……那景色、那歌喉、那茶香,真能让人沉醉,不知是醒时梦里。而当他说"从来佳茗似佳人"的时候,简直把品茗这种事形容得美不胜收。

《斗茶图》·宋·刘松年

⊙斗茶又称茗战,起源于唐代,到了宋代已发展成为民间的一项比茶品质的活动。斗茶首先要选茶,也注重水的选择。后来斗茶逐渐发展为一种风俗,变成一种茶叶的评比形式和茶艺活动。

第六章 舌尖上的大宋,饕餮们的汴梁

　　文人们重茶、爱茶,把茶当作自己不同凡俗的象征,由此也形成了一些独特的见解甚至怪癖。例如陆游,人们把他说成陆羽的后人,他欣然接受,甚至以茶圣的后人自诩,还准备要续写《茶经》。陆游推崇用雪水煎茶,说"雪液清甘涨井泉,自携茶灶就烹煎"。还有苏轼的门人、"苏门四学士"之一的黄庭坚,他为自己家乡的双井茶代言,大做广告,终于把这种茗茶推荐成了贡茶。最绝的是王安石,据说他将药与茶同饮,但同时又认为对花不可以品茗,大概王安石觉得茶也是花的同类,对着花煮茶,有点"杀鸡儆猴"的意思,太过于煞风景了吧。

▫ 分茶见功夫，斗茶论高下

讲究品茗的大宋文化人把喝茶这种事喝出了水平，喝出了层次，更喝出了艺术。咱就说大宋以前的人们，尤其是北方人，喝茶就喝茶，还偏要在茶里加上盐和姜，还有加花椒或者乳酪，甚至是芝麻的。这哪是喝茶，简直是喝汤嘛！宋人在相当程度上还沿袭了这种风俗，因此苏轼的弟弟苏辙说"北方茗饮无不有，盐酪椒姜夸满口"。而苏轼本人觉得这法子简直"暴殄天物"，批评家人"老妻稚子不知爱，一半已入姜盐煎"——家里人不知道茶的珍贵，把他一半的"珍宝"拿去调入姜和盐，做成了汤。

但是，真正的宋人早已经不再糟蹋茶这种好东西，反而从喝茶、品茗中发展出精美而又高深的艺术，那就是观赏性的分茶和竞技性的斗茶。

分茶，是一种点茶表演，就是把沸水从高处向下注入茶杯茶盏，和研磨好的茶叶末混合，在茶汤表面形成种种转瞬即逝的图案的技艺。宋人分茶，要把水在茶瓶中加热到恰到好处，达到"蟹眼已过鱼眼生"（至于怎样是"蟹眼"，怎样又是"鱼眼"，全凭经验，而且要全靠耳力听辨出来），再把这水顷入茶杯茶盏之中——这就叫"注汤"，有的还要用茶匙搅拌——这叫"击拂"，借此扬起茶花，形成图案。

这种分茶的技艺如同在茶盏中作画，能画出花鸟虫鱼山水，虽为时短暂，却堪称绝妙。当北宋时有个和尚名叫福全的，他更有一种绝技，分茶时能在茶汤表面化出文字，而且这些文字连起来竟能成为诗句。他曾给人表演过这项绝活，在四个茶杯中写下一首绝句：

生成盏里水丹青，巧画功夫学不成。
却笑当时陆鸿渐，煎茶赢得好名声。

水丹青就是分茶，又叫茶百戏、

官窑青釉菱花口碗·南宋

汤戏或者茶戏。看来宋人是把分茶当成一种消遣娱乐，纯粹的技艺来看的。当然，这样的技艺实在绝妙，比今天舞起长嘴大茶壶，要"丹凤朝阳"、"苏秦背剑"这些姿势好看得多。可惜，这门技艺已经失传，非要到大宋朝才能看到了。

比分茶高明也高深得多的，是斗茶。一个"斗"字，分明就是竞技了，要斗出个输赢，分出个高下才行。斗茶，斗的不单是技术，还有知识、经验和技巧；比的也不仅是茶的优劣，还有水的质地，加热的火候，以及注汤、击拂的水平。经典的斗茶程序要从鉴别茶团茶饼的品质开始，然后研磨、筛选茶末，烹制茶汤，给茶杯预热，调和出茶膏，最后才是注汤击拂。这一系列的工作要潇洒自如，前后连贯如同行云流水，才能显示出操作者高深的功力。

文化人好茶，因此无不对斗茶有深入的研究。那位北宋名相，在福建转运使任内开发出精品小龙团的蔡襄就专门写了部《茶录》讲斗茶。除了当皇帝什么都在行的宋徽宗赵佶也不甘示弱，写了部《大观茶论》，把斗茶上升为一门高深的学问。

范仲淹说斗茶"胜若登仙不可攀，输同降将无穷耻"。大宋人对斗茶，看得还真重。

酒后兴致高，官家演茶道

宣和二年（1120）十二月，徽宗赵佶在延福宫设宴招待他的皇子和大臣们。皇帝请客那美酒佳肴还差得了？大家吃喝玩乐差不多了，宴会也就该结束了。这时，赵佶来了兴致，非要请大伙儿喝茶，而且他一时技痒，亲自上阵给大家"注汤击拂"。"少顷，白乳浮盏面，如疏星淡月"。赵佶得意扬扬地让大家品尝；大伙儿一边受宠若惊地喝着，一边赞不绝口，当然更要拜谢皇恩。赵佶露了这一手，正是"斗茶"的最高境界——他点的茶汤花乳白，浮在茶盏表面；茶末在茶面上分布均匀，仿佛夜空中的星月一般。记载这件事的正是他的宠臣蔡京。老蔡有没有浮夸不知道，不过以赵佶的爱好之广、闲暇之多，想来也不是不可能。

[历史旅行指南·活在大宋]

御酒与村酿，都入众生肠

——杯中日月知多少

能够称得上"饮"的，除了茶，自然还有酒。"酒逢知己千杯少"、"酒入愁肠愁更愁"、"烹羊宰牛且为乐，会须一饮三百杯"、"花间一壶酒，独酌无相亲"，甚至可以"一曲新词酒一杯"。咱中国人自古就离不开酒，开心了要喝，伤心了要喝，欢庆宴会要喝，一个人独处也要喝，就连文人作了首词，得意起来都要喝。

大宋从开国皇帝赵匡胤开始就有喝酒的老传统——人家不靠喝酒，咋能巩固政权呢？所以，宋人自上而下无论酒量大小、有钱没钱都能喝两杯，大宋朝自始至终也离不开酒，更有说不尽的酒文化……

▫ 内法密封藏，天下遍酒香

如果有一种酒，人们一听那名目就知道价值不菲，好酒之人立刻食指大动、垂涎欲滴，那么这种酒一定叫御酒。古时候皇帝那叫"以天下奉一人"，给他喝的酒还能差得了？就说宋代，国力虽然不强但是富有，而且技术先进，酿酒方法比前代有了很大进步，所以大宋朝赵家的御酒没得说，不敢说绝后，但肯定空前了。

空前著名的"赵氏酒业"都出产什么好酒呢？"赵氏酒业"直属生

产厂商为"内酒坊",也就是专门为皇宫大内生产酒的酒厂,所用的方法也属于高度机密,叫做内法。其实最早的内法酿酒并不稀奇,说穿了就是蒲州(今山西永济)酿酒法,实际上后周时已经成为皇室"专利",大概赵匡胤怀旧,就沿用下来。所以,"赵氏酒业"的主打品牌就叫蒲中酒。

当然,除了沿用不衰、保持传统的蒲中酒,"赵氏酒业"也有创新发明,而且机缘巧合流传出来,为人所知。比如宋真宗曾经赐给宰相王旦一瓶苏合香酒,并且泄露了秘方和功效:"每一斗酒以苏合香丸一两同煮,极能调和五脏,却腹内诸疾。"这下好,大臣们纷纷效法,侵权仿造,全不顾皇家的专属权。

"内酒坊"之外,"赵氏酒业"下辖有专为高级国宴、高官福利酿酒的光禄寺,其主打品牌"光禄寺酒"为大宋第一"名酒"。只不过和内酒一样,这种酒不对外销售,只用于赏赐和特别场合。光禄寺也为皇家生产御酒,这种酒要加"防伪标签"——一种黄绸封盖,成为其专属标签和价值的象征。

到了南宋,宋高宗给自己换了一种专门用酒叫作蔷薇露,"光禄寺酒"也被"流香酒"取代。南宋末年还有人进献给皇帝一种"长春法酒"的秘方,要用三十多种名贵中药,效果估计是好得不得了。可惜大宋皇帝们无福消受,很快就把"专利"转让给蒙古人了。

大宋第一也是唯一的"赵氏酒业"还有不少家"子公司""分公司""合营公司"等分支机构,由赵氏支系子弟们、外戚家族和官僚家族

青白瓷执壶·南宋

第六章 舌尖上的大宋,饕餮们的汴梁

影青刻花注子注碗·北宋

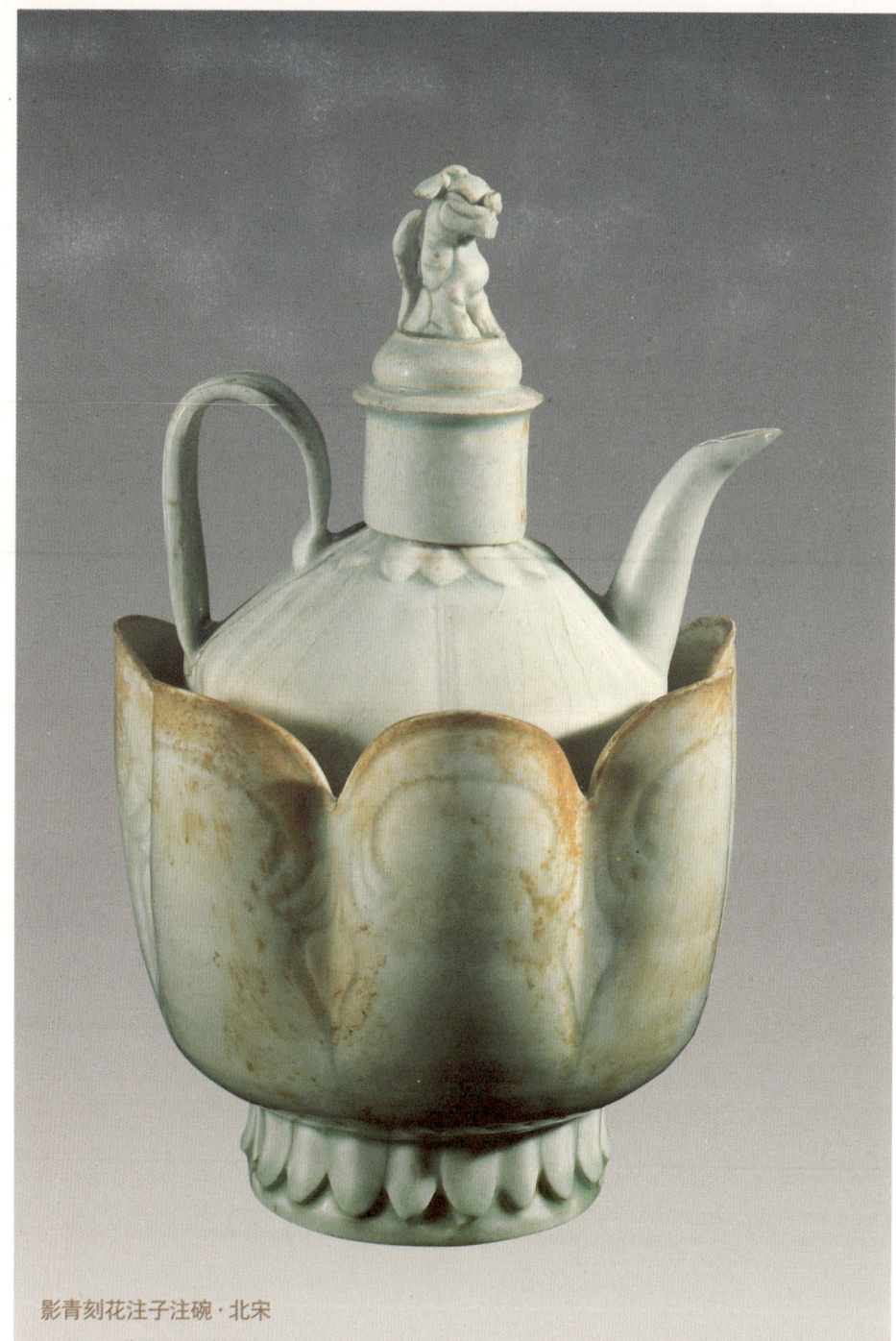

⊙这是一件做工精美的酒器,下半部分是用于温酒的注碗,上半部分是盛酒的注子(酒壶),前端有倒酒的细颈小口,将温酒、注酒的功能融为一体,是宋代酒具中的精品。

经营。也全都有自己的独创和主打品牌，比如香泉、琼酥、瑶池、玉沥、清醇等。此外还有在"赵氏酒业"的主导和管理下的七十二正店"独资子公司"，像丰乐楼，就有名酒"眉寿"与"和旨"两大名牌……

广泛遍布大宋全国各地的众多"私营酒业"就不必说了，光是流传下来的名酒品牌就有二百多种，另外还有多种特别的酒类，比如加入了羊羔肉酿造而成的羊羔酒，从牛乳中提炼出来的醍醐酒，还有荔枝酒和黄柑酒，等等。

宋代的酒性和宋人的酒量

大宋朝著名的"品酒达人"当算打虎的武松。"三碗不过冈"的景阳冈名酒"透瓶香"，被他一口气喝了十八碗，然后他还能轻轻松松消灭一只国家级保护动物。后来他醉打蒋门神，一路之上实行"无三不过望"，把乡村野店的各种劣酒灌了三十余碗，在肚子里开了个鸡尾酒会，照样威风凛凛地打倒了曾经的"相扑冠军"，还顺便调戏了一下人家的娘子。不过，咱们早就被科普过，大宋的酒没那么烈性，武松也并非酒神。

据近现代学者考据，宋代时大约还没有用蒸馏法制成的高度白酒，即使有也极为稀少和昂贵。宋人喝的酒，主要以是酿造法制成的黄酒，还有一些浓度不是很高的果酒和用浸泡法制成的配制酒。这些酒的酒精度都不高，大约不会超过十度，比啤酒也烈性不了多少。另一方面，宋代的容器容量虽然比现代略大，一碗能装将近半斤酒，一升相当于现在的一斤多，但还不算吓人，换算下来，喝一碗酒还不到现代的半瓶啤酒，喝一升也不超过一瓶半。

照这样算下来，打虎武松在景阳冈喝的还不到十瓶啤酒，去快活林的路上最多也不超过二十瓶。这种喝法，酒量算不上大，肚量却的确不小。

那么宋代人真实的酒量到底有多大呢？苏门四学士之一的张耒透露了一个数据："平生饮徒，大抵只能饮五升以上，未有至斗者。"据他了解，他见过或者听过的酒鬼中，能喝到五升（大约七八斤，不超过十斤）以上就算海量了。他提到两个人，一个叫刘仲平，一个叫杨器之，据他说都能喝个六七升，但已经醉了。他说自己和晁补之酒量相当，"两人对饮，辄尽一斗，才微醺耳。"每人喝五升刚有点酒意，估计这位老兄有点吹牛。而且恐怕他再喝下去，酒量没问题，肚量却要受不了了。

当然，张耒生得晚，没遇到酒鬼皇帝宋真宗。据说这位赵恒在历代帝王中酒量首屈一指，"近臣无拟者"——身边的大臣们没一个喝得过他。他"独孤求败"，听说有李仲容"魁梧善饮"，忙把他找来一决高下。两人举起大杯，开怀畅饮，直喝得酣畅淋漓，勾起了老李的兴致。这个平时"居常寡淡，颇无记性"的家伙对皇帝的问话"对答如流"，并且即兴解释了称皇帝为官家的来历。不过这场高手对决的结局没有公布，《湘山野录》中只说老李后来告饶，不肯再用大杯，估计是"皇帝没赢，老李没输"的局面。

不过另几位比张耒他们略早的人物简直不能叫酒鬼，只能叫酒仙了。赵煦朝有个官拜参知政事的张方平，他年轻的时候和另外两个人——石延年与刘潜喝酒，根本不说喝几杯，也不论几升几斗，"但言当饮几日而已"，也就是要喝酒就连喝几天！

▫ 那些爱酒的名流们

张方平的这两位朋友中，刘潜算是一位小名流，石延年则算得上不大不小的中名流。刘潜善饮，他最有名的事迹就是和石延年一同喝酒，这两位在京城王氏酒楼喝酒，你一杯我一盏竟然彼此都不说话，就这样对饮了一整天，一点喝多的样子都不见，唬得酒楼的王老板一惊一乍，还以为来了哪路神仙，四处去宣扬。当然，知情人知道喝酒的不是神仙，而是"酒仙"。刘潜的另一个事迹也和喝酒有关。那次他正和石延年喝酒（又是这家伙），有人来报信说他娘得了急病，他连忙回家，但他娘毕竟还是死了，而他也"一恸遂绝"，跟着死掉。这还不算稀奇，更稀奇的是他媳妇摸着他的尸体大哭，跟着也死了。时人称赞他们夫妇说"子死于孝，妻死于义"，但咱总疑心至少刘潜的死跟喝酒恐怕有点关系，不完全是伤心的缘故。

就像石延年，他是文学家，也是书法家，又和很多名流如欧阳修、苏舜钦都是好友，自己当然名气也不小了，向来以好酒闻名。石延年除了和张方平、刘潜结为酒友，与苏舜钦也因喝酒并称。史书载，这两位喝酒简直入了魔，发明了很多花样。譬如夜里不点灯对饮之"鬼饮"，披头散发赤足戴着镣铐的"囚饮"等。最有趣是一种"鳖饮":把自己裹在草席之中,喝酒时伸出头来干一杯,喝完了再把头缩回去……真不知道石、苏二人为什么要发明这种古怪姿势,这恐怕不能用为了找刺激解释,却很像魏晋名士"标新立异"的脾气。这位石老兄脾气也的确有点怪,他屡次报考公务员,好不容易才考中,却嫌职位不称心不想干,别人推荐他升官他也不肯。到最后,皇帝想到要重用他了,却因为说了一句"这家伙别的都好,就是贪杯不好",弄得石延年戒了酒,却不久就染病离世,反而丢了性命。这样一个人,内心也真是纠结矛盾。

苏舜钦名气更大,是北宋前期和梅尧臣齐名的大词人。他虽然和石延年一起胡闹,但却更加正经一些。苏舜钦年轻时曾经住在岳父家里,不过他一点都不掩饰自己好酒嗜饮,每天都要喝上一斗酒。当然,他这样的表现难免让他老丈人心中不快,更疑心他不务正业,因此专门派人去调查他。结果答案揭晓,小苏竟然在读《汉书·张良传》,而且每读到精彩的句子就喝上一杯。这下子老丈人放心了——能用古书下酒,这位才子有前途。

李铁拐木雕像·宋
⊙这件木雕以神话传说中的"八仙"之一李铁拐为造型,雕刻出光头赤脚,破衫半袒的老年乞丐形象。右手撑着铁拐,左足蹬在铁拐之上,侧身昂首,右手高举酒壶,将酒水注入口中。现藏于安徽省博物馆。

> **游大宋指南**
>
> 宋朝是中国酿酒业大发展的一个朝代，宋代的酒类品种繁多，按照现代分类法可以分为黄酒、果酒、配制酒和白酒四大种类。宋代的黄酒那是标准的粮食酒，原料以稻米、黄米为主，口感醇厚还不上头；果酒则以各种果品为原料，什么葡萄酒、梨酒、荔枝酒、石榴酒、椰子酒。配制酒则是在蒸馏酒精的基础上，加入花果或者药材，是宋代酒虫们滋补强身的首选。

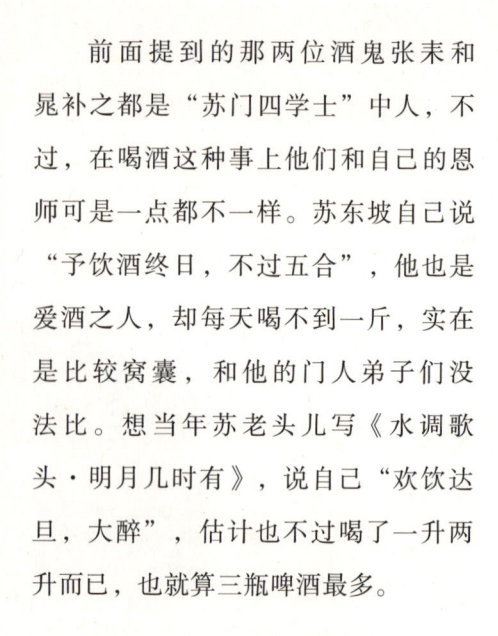

前面提到的那两位酒鬼张耒和晁补之都是"苏门四学士"中人，不过，在喝酒这种事上他们和自己的恩师可是一点都不一样。苏东坡自己说"予饮酒终日，不过五合"，他也是爱酒之人，却每天喝不到一斤，实在是比较窝囊，和他的门人弟子们没法比。想当年苏老头儿写《水调歌头·明月几时有》，说自己"欢饮达旦，大醉"，估计也不过喝了一升两升而已，也就算三瓶啤酒最多。

杯中之物花样多

宋代人物像苏老头儿那样"欢饮达旦"是很平常的事，这绝对是从开国皇帝赵匡胤那传下来的祖训。皇帝带头喝酒不用说，国宴级的宴会、君臣小聚的便宴几乎每月都有，有时一个月就要喝上好几次——元旦要喝，元宵要喝，端午中秋要喝，重阳冬至也要喝，春雨贵如油要喝，瑞雪兆丰年要喝，就连钓个鱼、赏个花都要喝。国宴酒局里有了皇帝，那规格、场面还能错得了？又是歌舞，又是百戏，又是杂剧杂技，等等，别提有多热闹了。就算是便宴，听音乐、看美女一般也是少不了的，可以变着花样玩乐，让有幸参与的大臣们感到无限尊荣、无限开心与风光，也无限怀念。

抛开国宴、君臣便宴，王公大臣、富豪世家的宴会也都奢华无比，美食、美酒不必说，这些家庭哪家没几个家伎，没有家庭"文工团"？宴会上额外更是既有各种表演，又有美女相伴，您要是有机会参加一两次，保管让您当神仙也不换。

除了这些大型宴会，朋友小聚、同学会餐、同事联谊一样可以"有声有色"。参加这些酒宴，"招娼引妓"同样很平常，根本不必担心有什么负面影响或者打翻了家里的醋坛子，影响到家庭的安定团结。当然，这些"秀色可餐"的助兴方式之外，酒令可以更好地帮着您活跃酒桌气氛，提高喝酒的娱乐性，让每一位酒客"多喝上三五杯"。

酒令这种事也是"古已有之"，只是到宋代有了新的发展变化。传统的酒令，有从仪礼变化而来的投壶，就是每人发四支箭，向席前的铜壶或者陶瓷壶中投掷，以投中壶口或壶耳为胜，不中为负，输了，自然就要喝酒。

投壶比的是技艺，如果技不如人，被罚酒也就没的埋怨。不过宋代人比较谦逊，不喜欢分胜负、论输赢，所以投壶虽然作为仪礼保留，别的此类酒令这时已经不多了。欧阳修为了发扬"不争而乐"的精神，还发明了一种九射格，免得酒徒玩酒令争胜负，惹出"酒祸"来。

这种九射格的玩法，是在一个大圆盘上画九种动物，中间是熊，上面是虎，下面是鹿，左右分别为大雁、兔子、鱼和大雕、野鸡、猿猴。参加游戏的人依次射箭，看看能射中哪种动物。但喝酒的方式却和能不能射中无关，因为大家已经实现抽了按九种动物设置的酒筹，上面写着赏罚规则。有人射中了某种动物，就按照那种动物的酒筹上所写规则喝酒——比如酒筹上写着新来的喝一杯，您第一次参加这种酒局，就得喝一杯。

宋人不爱比武争胜负，却喜欢掉书袋、拼学问。所以宋代的酒令，很多和诗词歌赋有关，还有谜语之类。估计您作为现代人参加那样的酒局，基本只有罚酒的份。诗词歌赋就不说了，谜语您也未必猜得出，不信试试？

目字加两点，不得做贝字猜；贝字欠两点，不得做目字猜。

这两个字，一个是贺（賀），一个是资（資）。如果不认识几个繁体字，没有点基本的文字功底，还真不容易猜到。

[历史旅行指南·活在大宋]

饭局酒桌讲究多，规矩也烦琐

—— 宴饮必须讲礼貌

前面咱们提到，在大宋，您到别人家做客时主人会上茶相待，等您要走了主人又会奉汤送客。不过这只是宋人一般待客的礼仪，而且只和茶、汤有关。您要是本来就准备去别人家蹭饭，或者有人请您吃饭喝酒，那讲究可就多了——从双方有这个打算开始，要进行一整套程序，还要遵守各种烦琐的规矩，简直麻烦死。

然而，咱们的老祖先就是这么麻烦，无论做什么都要讲个礼仪，吃饭更不能例外，不然怎么叫"礼仪之邦"呢？

▫ 从接请帖，穿衣服说起

话说这天您在家正闲得无聊，寻思着找谁蹭顿饭，管家敲门，送进来一张纸片，您接过一看，只见上面写着：

欲二十二日午间具家饭，款契阔，敢幸不外，他迟面尽。

右谨具呈。二月日。中大夫、提举洞霄宫范成大扎子。

您左看右看，觉着这是有人自动送上门来，但又不敢确定，忙瞧管家。管家这才告诉您：这的确是祠禄官范成大的请帖，请您二十二日，也就是两天后中午到家里吃饭。接着管家又说：送信的人还在门外等着，去还是不去得给个回话。

您一拍大腿，这还用说，去啊！说起这位范成大您也知道一点儿，人家是南宋大名人，官至资政殿学士、参知政事。这样的社会名流请客还能不去？当然，您也大概明白"款契阔"就是聊天叙旧，"敢幸不外，他迟面尽"无非是客套话。至于"家饭"，那就是家常饭菜呗。咱中国人好说"薄酒素菜，款待不周"，意思也都差不多。不过这位范先生也真是太客气了，又不是结婚生孩子，犯得着发请帖吗？

您正琢磨着，管家在旁边低声提醒您，要不要写个帖子回复一下。吃个饭也得写回信？您有点不耐烦。管家连忙解释：这是规矩。尤其是对范成大这样的名人又是文化人，更不能含糊。您想了想，反正自己也不会写，让管家去写吧，您就憧憬着两天后的美食美酒了。

时间到了，您兴冲冲、迫不及待地叫来管家，让他备轿（范成大是南宋人，您得坐轿）出发。管家从头到脚打量了您一番，疑惑地问：您就准备这么出门？您摸摸自己乌黑铮亮的头发，拍了拍身上的褙子，反问：这有什么不好吗？

但您总得戴上纱帽，穿上皂衫，扎上革带吧？管家说，朱老夫子（朱子，即朱熹）教育我们"士大夫常居，常服纱帽、皂衫、革带，无此则不敢出"。这已经是最低配置要求了，要是赶上朝会、正式宴请，还得穿戴得更正式得体呢。

青釉捧食侍女像·宋

⊙在宋代，奴婢、使女大多为"良口奴婢"（因罪而籍没为官奴婢，世代为奴的称为"贱口奴婢"），她们主要来源于生活贫困的良人，以缔结契约的方式，与雇主结成雇佣关系。相对于唐代的奴婢，宋代奴婢地位有所提高，但仍然没有人身支配权，奴婢在雇佣期间犹如卖身于雇主。

第六章 舌尖上的大宋，饕餮们的汴梁

得，穿就穿吧。吃顿饭还得穿戴得呆板拘束，真不知道图个什么。不过反正现代大酒店也有非正装不得入内的规矩，您什么大场面没见过？能接受，很习惯。

上个桌儿好难

穿戴好纱帽、皂衫、革带这套"正装"，您乘上一顶肩舆"小轿"就出发了。虽然还是早春二月，但上巳、清明已经近了，出了门满眼一片翠绿，夹着杏花桃花的粉白嫣红，江南二月的景色还真是怡人。不过您穿戴打扮得如此"严实"，尽管坐在轿上也还是很快就感到闷热了。好不容易挨到范学士家，您跳下轿就想进屋，赶快松口气，然后尽快进入正题——开吃开喝。随行而来的管家一把拉住您，上哪儿去啊您这是？怎么也得让人去通报一声，等主人出来迎接，然后才能进去啊！

这又是规矩！等吧。您百无聊赖站了半天，才见范学士施施然从院里走出来，快步来到轿前，整了整衣冠，上前弯腰施礼，恭请您登堂、入席。

刚才您立等的时候，管家已经简明扼要地给您上了一堂礼仪课。您知道主人恭请，您得谦虚客气，一次不行，三次才能"勉强"接受，走在主人前面。而且每到一处门户前，主人都会停下来请您先进，您照例都得一再客气之后才能行动。等一直走到主人请客的饭堂前，主人又会连续三次弯腰施礼，恭请您登堂入室，您照例表示不敢占先，最后才迈上台阶进屋。

您也正是这样做的，满脸堆着笑，一遍遍说"这哪儿好意思啊""不敢当""您先请"，然后被主人让进一道道门，您一边心里嘀咕着："净玩虚的！"

范学士家的门也真多，您二位走过四五道门，终于来到饭堂前。范学士又和您客气一番，把您让进了屋里，这一段"拜迎"的礼仪才算进行完，您也终于松了口气。

进了饭堂您抬头一看，两边已经摆好了饭桌条案（宋代时合餐制虽然已经兴起，但正式酒宴还是分餐，所以长条的饭桌分两边摆放），但上面还没有菜，连酒都没摆出来。屋里也没有别的客人，原来您吃喝心切，到得早了那么一两个时辰。

早不早反正也来了，您正琢磨着自己应该坐哪儿，一个仆人跑进来报告,又来客人了。范学士连忙跟您说"怠慢",让您自己先凉快一会儿,又出去迎接客人了。就这样,您眼巴眼望着,等待开席。

东翁西宾话座次

迎进一个客人又一个客人,足足过了半个时辰,客人到得差不多了。范学士已经是气喘吁吁、汗流浃背,来回走了五六圈,这时候才算站定了喘了口气。他一边跟大家寒暄,一边说抱歉忘了安排座位;大家嘴里说"没事",眼睛都盯着椅子,恨不得一屁股坐下去。

那就排座吧。这排座也大有学问,可不是随便一屁股坐下去的。只见范学士走到一位年长的老者面前,请他上坐。老者略一推辞,就在范学士的陪伴和众人羡慕的眼光下走向饭堂右手边靠里的第一张桌子,坐下了。这间饭堂朝南,右手边就是西侧。您点了点头,古人以右为尊,而且西是客位,这您听过。

让过老者,范学士又走到另一位看起来就官架十足的家伙面前,请他过去坐在老者下首。那家伙也真客气,死活不肯过去坐,后来还是旁边两位连拉带劝,一边说"此座非您莫属",他才一脸勉强的样子入了座。接着范学士安排了两个人,又来请您。您也装模作样客气几句,走过去坐下了。

忙活了一通,大家总算都在西边坐定,范学士才走向东首,在把头的位置坐下。原来,东就是房间的左侧,范学士自己坐在那边表示谦虚;而且东是主位,主人也应该坐在那边。古人称东翁、东主、东人,就像现代叫东家,是主人的意思。至于西宾,宾客通常坐西边,以示主人对客人的尊重。古时家里请来家庭教师吃饭要坐西边,所以又叫西席。那么这饭堂要是不朝南呢?那就坚持以右为尊,客人坐右边,主人坐左边。

但还有一个问题,北面的位置给谁坐呢?答案是只有尊长可以坐在那里。比如范学士的老爹如果还在,他也想出来陪大家喝酒,他就可以坐在面南背北的位置。另外,其实在此时"共桌而食"的合餐制也很流行了。在一张桌上,对着门的位置右首为尊,是主客的座位,左首是主人的位置,以此类推。

您坐在座位上,望着主人范学士,等他喊"上菜"。主人也望着大家,却并不喊"上菜"。转眼间,仆人从主人身后的房门进来,捧着脸盆、端着酒杯、拎着酒桶。范学士先在脸盆里洗了洗手,仆人就把脸盆端过来,让客人们也依次洗手。讲卫生当然是好事,您也洗了手。接着范学士又亲自给大家洗酒杯,仆人再一个个按照尊卑次序分发给客人,并给客人倒酒。

▫ 开席了也不能太放肆

好不容易这一切都忙完了,仆人又从范学士身后的那道门鱼贯而出,端上

银錾花鎏金双鱼纹把杯·南宋
⊙宋代不仅皇室、王公大臣、富商巨贾享用金银器,就连富有的平民乃至酒肆、妓馆也都大量使用着金银器。宋代金银器在造型和纹饰上,不再像唐代那样追求雍容华贵,改为追求造型多样,构思巧妙,纹饰也更加多样化,以象征美好幸福、健康长寿等寓意的花卉瓜果、鸟兽鱼虫为主流。

来一盘盘菜。您左右一看，大家都正襟危坐，对摆在眼前的菜看都不看一眼。当然啦，您看也没用，这些都是"看菜"，就是用来看的，根本不能吃。那好吧，您也学别人的样子，规规矩矩地坐着，等着主人发话。

这时候，范学士清了清嗓子，端着酒杯站了起来，客人们也全都起立端杯，您也跟着学样。接着，范学士滔滔不绝说了祝酒词，无非是些"光临寒舍不胜荣幸"、"薄酒素菜不成敬意"的客套话，说到最后的主题就是提议大家共同干一杯。干一杯就干一杯，这您可不怕，您一扬脖，一杯"流香酒"就灌下了肚子。但是且慢，您干错了不是？这杯酒应该从主客，也就是那位老者喝起，然后是那个大官，一个个轮下来，轮到您了才能喝。算了算了，喝都喝了，下不为例吧。您看着别人把一杯杯酒喝下去，最后是范学士干杯，表示感谢大家赏脸，这样，"一行"酒就算结束。

"一行"就是一巡。古人说"酒过三巡，菜过五味"，请客喝酒至少要喝"三行"，也有喝"五行"、"七行"的。不过好在第一行结束后，就开始上菜了。这次是真的能吃的菜。但是看着菜，您不敢轻举妄动，生怕又犯错丢丑。果然，大家都不动，等着范学士提起筷子夹了一口，大家才纷纷开始吃。

折腾了这么半天，您饿得也吃不出好坏了，不管三七二十一只管往肚子里塞，还得一边应付着敬酒，忙了个不亦乐乎。您这边吃着，酒局正常进行，身为主人的范学士连番敬酒，客人们也纷纷回敬，很快"五行"酒过去，宴会到了自由发挥阶段。这时您注意到有人已经解下腰带，脱下衫袍，露出了里面的褙子。您摸了摸自己已经滚圆的肚子，连忙也把自己的革带解下，衫袍脱掉，彻底

第六章 舌尖上的大宋，饕餮们的汴梁

青白玉杯·宋

放松。当然,您也注意到没人摘帽子,所以您的纱帽也只好乖乖留在头上。

顶着帽子吃了整整一顿饭,喝了大半天,您早已经满头大汗。这时天色已晚,华灯初上,大家酒也喝不动,菜也吃不下了。范学士道歉说,今天招待不周,家里的乐队出去走穴还没回来,京城里的乐队戏班子也都有预定,竟然没给大家奏乐、演戏,实在是怠慢了。旁边的一个家伙小声嘀咕:这个老范还真行,基本都是按《礼记》规定的礼仪招待的,只可惜没有礼乐,显得不够庄重。另一个说:可不是,还以为能看点歌舞表演呢,结果没戏。

歌舞表演您懂,但礼乐是怎么回事?后来问了管家您才明白,主人每一行敬酒都应该有礼乐伴奏,主人端着杯,礼乐不停就不能放下,客人也得端着杯陪着。您心想,乖乖,幸亏没有,不然这顿饭局还不把您累死?

然而即使是这样您也够狼狈的,您揣了整整一大兜枣核、杏核之类的回家。因为这事管家教过您,"赐果于君前,其有核者怀其核"——主人家端了水果干果给您吃,有核的,要把核揣起来,不能乱扔。除了这一点,古人吃饭喝酒时的规矩还多着呢,您是真真切切地体会到了参加大宋饭局的不易。

[历史旅行指南·活在大宋]

HUOZAI DASONG

炊饼没馅馒头有，面食天下佛家粥

——⊙ 宋人的主食餐桌

参加一次宴饮聚会既耗体力又费神，实在是得不偿失，比不上自己在家吃饭舒适自在。何况民以食为天，这个"食"主要还是主食。宋人的主食，在北宋时以面食为主；到了南宋，随着宋室南迁，面食也被传播到江南。但南方是稻米之乡，平民百姓向来多食米类，而佛家吃粥，慈善者舍粥的传统也在影响着面食习俗，为宋人的餐桌增添了新元素，粥食、米食也开始列入宋人的食谱。

▪ 饼可以蒸煮烤，馒头馅种类多

大宋卖面食的第一名人是武二郎的哥哥武大郎，他卖的面食叫炊饼。现在有人学武大郎的样子穿上宋人的衣服，挑着担，卖的却是烧饼。其实这是个极大的笑话，炊饼是蒸熟的，原本叫蒸饼；烧饼要烤熟的才行。蒸饼改名叫炊饼是因为宋仁宗，这位皇帝叫赵祯，"祯""蒸"音近，为了避讳才改作"炊"。千年以后的人不知道，还以为炊饼就是烧饼，结果弄了个冒牌货出来。殊不知好好的烧饼要是捂起来拿出去卖，软塌塌不酥不脆，有人买才怪。

闲话少说，武大卖炊饼（蒸饼），可见这东西是当时常见的主食。其实炊

> **游大宋指南**
>
> 宋代炊饼业竞争十分激烈，为了在市场中取胜，卖炊饼的小贩想出了各种方法，在街头使用五花八门的叫卖声，以招徕顾客。开封城中一位卖炊饼的小贩，为了别出心裁，在皇后居住的瑶华宫前附近叫卖"吃亏的便是我啊"，结果被开封府衙役抓捕审讯，最后还被打了一百板子。正所谓，叫卖有风险，小贩需谨慎。

饼就是今天的馒头，没有馅也不加油、盐、芝麻、糖之类，可以挑着走街串巷叫卖，而为了保温、保洁才加以遮盖，且价格便宜，适合平民消费。实际上，宋人吃的面食大半可以叫饼，蒸出来的叫炊饼，烤出来的就叫烧饼，而煮出来的，则叫汤饼。汤饼可以是面条或者面片，而且荤素皆备、花样繁多：荤的有软羊面、大片铺羊面、猪羊庵生面、插肉面、抹肉面、炒鸡面、丝鸡面、鱼面、炒鳝面、虾臊子面等；素的有菜面、百合面、笋泼面等；也可以荤素搭配，如笋泼肉面、虀肉菜面等。此外还有拌面，称为淘或冷淘，有笋菜淘、丝鸡淘、银丝冷淘等。

但是既然宋代的炊饼就是今天的馒头，宋代的馒头又是今天的什么呢？答案是包子。宋时馒头带馅，实际就是包子。北宋最高学府太学为学生提供伙食饭，食堂的主食之一就有太学馒头。宋仁宗曾经去太学视察，专门品尝了当天的伙食馒头，随后评价说："以此养士，可无愧矣！"咱大宋用这么好的伙食培养人才，可以不用感到惭愧啦！

宋仁宗的名人效应果然巨大，太学馒头一举成名，大家都抢着吃。而市面上的馒头也不示弱，各种馅料令人垂涎，如羊肉馒头、鱼肉馒头、蟹肉馒头、四色馒头、笋丝馒头、菠萝果子馒头、糖饭馒头、灌浆馒头等——这里的菠萝果子和糖饭馒头应该都是甜食，灌浆馒头想必就是灌汤包子。除了这些，还有独下馒头、假肉馒头、馂馅馒头之谓。独下，是一整个大肉丸；假肉即今素肉；馂馅者，酸馅也，是用酸味的菜蔬做馅。

包子、兜子和角子

在大宋，炊饼不是烧饼，馒头就是包子理应成为常识。当然啦，大宋也并非没有包子,而且有很多种包子。例如《东京梦华录》说汴梁著名的包子铺有州桥的王楼山洞梅花包子、御街西的鹿家包子,还有鳝鱼包子、诸色包子;《梦粱录》和《武林旧事》则提到临安专有包子酒店卖薄皮春茧包子、肉包子;此外有细馅大包子、水晶包儿、笋肉包儿、虾鱼包儿、蟹肉包儿、鹅鸭包儿,等等。这些包子也都是带馅的面食,和当时的馒头区别不大,经常并列。不过当然,"包子"和"馒头"并不完全一样,包子皮可以不用面,馅也可以不用肉菜。

所谓皮不用面,载于宋初陶谷所著《清异录》。在这本书的"馔羞门"类事中,陶先生向广大吃货做了个广告,介绍当时阊阖门外有一家特色小吃,名叫"张手美家",他家每到一个节令就专有一种特色食物出卖,其中伏日(一般指初伏)卖的就叫"绿荷包子"。这种包子显然不是面皮包成,很可能是用荷叶。《东京梦华录》也有"猪羊荷包",大概也是荷叶包的猪羊混合肉馅吧。

包子可蒸可煎,用料丰富多样,堪称大宋美食。当时还有一种类似包子的食物,取了个怪名叫兜子。从字面意思看,兜子古时指没有厢的轿子,但四边可以有围栏,现代人说兜子则指不封口的袋子。据此,"兜子"这种食物应当上不封口,将馅露在外面,并且肯定不能煮着吃,只能蒸。宋人美食中记载的兜子:有四色兜子、决明兜子、鱼兜子等。其中的

第六章 舌尖上的大宋,饕餮们的汴梁

银錾金梅竹双禽图器皿一套·南宋

四色兜子，大概和现在的一种多种馅料的蒸饺类似，看一眼就能知道包的是什么馅，而且色彩鲜明、对比强烈。至于决明兜子和鱼兜子，里面应该有决明子和鱼肉。

据考证，宋代时已经有了饺子，但那时的饺子不作"饺子"，而是用"角子"这两个字。而且，当时的角子既不是年节必备的吃食，也不一定煮着吃。《武林旧事》就提到御厨房给太上皇（宋高宗）进奉一种"火烧角儿"，大概是烤着吃的。从同时进奉的其他几种食物看，这东西也可能是一种甜食——因为当时送去给太上皇的还有天花蘑菇、蜜煎山药枣儿、乳糖之类，看来这"火烧角儿"也不会是肉馅吧。

▫ 年节吃食，中外风味

大宋人过年不吃饺子，吃的是馎饦。馎饦是种什么东西呢？不同时期的馎饦很可能并不一样。宋朝时的馎饦，根据欧阳修的说法，应该是唐朝的"不托"，为汤饼的一种，也就是面片汤。《齐民要术》说馎饦是将拇指粗细、两寸许长短的面团按压成薄片，在沸水里煮熟而成，极为光洁滑嫩。这样看来至少南北朝到北宋时的馎饦，都是面片汤。但是从唐朝传到日本的馎饦已经变了样，实际上是一种杂烩汤，有菜也有肉，并把面直接在汤里炖熟。然而清人蒲松龄写《聊斋》，说做馎饦要用肉，大概又有点馄饨的意思了。

那么宋人吃的是哪种馎饦呢？很可能是面片汤。

长沙窑人鱼摆件·宋

不过其实，宋人最重视的冬日节令是冬至，而不是除夕新年。在冬至那天，人家吃的是大馅馄饨。馄饨这种东西，和现代的馄饨、饺子很像，大概两者的性质兼而有之。宋人自己解释说馄饨是混沌氏的创造，估计是牵强附会，不过馄饨倒很可能和"混沌"这个概念有点关系。就像清朝人富察敦崇在《燕京岁时记》里所说的，"夫馄饨之形犹如鸡卵，颇似天地混沌之象，故于冬至日食之。"馄饨像不像鸡卵不好说，但象征着混沌倒似乎有点道理——这很符合咱们老祖先的脾气，什么事都要联系到天地阴阳。冬至日是一阳初始的时候，自然容易联想到混沌初开。馄饨的品种很多这一点，参照馒头和包子的情况就可以知道了。否则，宋代时也不会出现富贵人家过冬至要做十几种馄饨，盛在一个精美的容器里，并美其名曰"百味馄饨"的情况了。

过了冬至和除夕就是元宵，也就是上元节。元宵节吃元宵，宋人一样有这种口福。北宋元宵叫油䭔，和现代炸元宵没什么不同。而南宋汤圆叫"浮圆子"，也可作"浮元子"，应该是煮着吃，不然不会浮起来。《武林旧事》提到一种乳糖圆子，大概就是浮元子的一种，是甜的。另一种澄沙团子，笔者却疑心并非汤圆，而是麻团、豆沙包似的东西。另外，依照宋人喜欢肉食的天性和习俗，那时的汤圆大概也该荤素都有、咸甜具备，并不限于甜的素馅。

到了寒食不能举火，面食也要吃凉的。这时人们的主要面食有馓子，为"寒具"之一种。说起馓子您可能知道，就是油炸的细如面条的东西，现在还有得卖。但"寒具"是什么呢？其实就是寒食节的吃食，种类很多，有米有面，还有一种饴糖（稠饧）。端午不用说，当然要吃粽子，当时的粽子有用菰叶卷裹的，也有用竹筒装的，但内容一致，都是糯米。此外如重阳节的重阳糕、腊八日的腊八粥，也都要用到米，不全是面食了。但是还应该提一下的，是烧饼，还有一种饆饠。烧饼本来叫胡饼，是胡人的东西。宋代也已经有了改良版，例如麻饼，很可能就是芝麻酥饼。至于饆饠，有人说源自波斯，谁知道是馅饼还是抓饭，到现在争议还很大。

七宝五味腊八粥

前面提到的年节吃食，从端午

的粽子开始就有了米的影子。其实寒食节的"寒具"之中就有糯米粥,已经要用到米了。北宋的都城汴梁在今天的河南,属于北方。北人自古向来以面食为主,不过也有些食品是用米做的。何况汴梁是京城,汇聚天下物产,自然也少不了米。像馒头品类中的那个"糖饭馒头",就不知道是不是用了某种米饭加糖做馅,包在了馒头里。不过这方法也实在奇怪,难以理解。但《东京梦华录》中另有南食店中的煎鱼饭,还有一种"荷包白饭",则肯定是米饭了。因为南食就是南方的食物,当时南人并不吃面,更何况南方本来就产稻,煎鱼饭不是米饭还能是什么?倒是"荷包白饭",固然可以归入"包子",说是今天的荷叶饭大概也差不多,只是不知道荷叶粉蒸肉和它有没有亲戚关系。

北方人吃的米饭类食物毕竟太少,翻遍史书也很难找到几种。不过当时无论南北都有以米作为原料的食物——粥。要说粥这东西能在民间普及,还得感谢两种人,一种是僧人,一种是慈善家。佛家吃粥是传统,佛法弘扬、信众广大,佛家的一些传统习惯自然也就传播开来。而古时候的慈善家,发给穷人面饼、馒头、包子的罕见,施舍粥的可就比比皆是——稀粥一碗也能活人,做了善事又不至于因此倾家荡产,也算是好事。

当然,咱这里要说的并不是普通的粥,更不是慈善家们施舍的稀粥,而是大宋驰名粥品,名叫七宝五味粥。七宝五味粥出自佛家,佛家经典中有七宝,各种说法不一,不过基本都有金、银、琉璃、珍珠、琥珀这几种,此外也都有一种叫砗磲的东西——砗磲属贝壳类,然而却是佛家的宝物,更是藏传佛教中的圣物。不过您别想歪了,七宝五味粥可不是,也不能把上面这几种东西煮来吃。这里说的七宝,实际是七种食物"胡桃、松子、乳蕈、柿、栗、粟、豆",其中的胡桃就是核桃,乳蕈应为乳菇,柿用的是柿饼,栗是板栗、粟是小米,豆应该就是小豆。

这种粥要什么时候才能喝到呢?这一点北宋南宋一致,都是在腊八。所以七宝五味粥,其实就是腊八粥。当然,这东西听起来更像是今天的八宝粥,而且平时也不是绝对喝不到,只是名称简单了一些,可以叫七宝粥、五味粥,也有七宝素粥的说法。大概因为是来源于佛家,所以特别加一个"素"字吧。

[历史旅行指南 · 活在大宋]

HUOZAI DASONG

一品四海珍，食精脍更细

——美食超赞，吃货很忙

在大宋这么一个富裕幸福的时代，怎么少得了珍馐美味？咱们前面已经零星提到了一些菜品名称，又讲了大宋丰富多样的主食，现在该说说各种美味精致的美食佳肴了。您别看大宋疆域没有汉唐大，但在饮食方面绝对是"吃货辈出"。首先说吃的内容：举凡鸡鸭鱼肉、海鲜野味、珍禽异兽，宋人可以说无所不吃，更无所不好。再说烹饪手法：不论煎炒烹炸、焖烤炖煮、腌酱生吃，宋人同样是样样精通，无所不用。孔夫子说的"食不厌精，脍不厌细"，在宋朝餐饮业上得到了极好的体现。

▫ 猪肉品级低，羊肉正当时

要了解一个朝代的饮食品味，知道当时的人以什么食物为贵，当然要看皇帝的食谱。全国数帝王高大上，他吃什么，当然什么就是高大上。以肉食而论，大宋皇帝们吃什么肉呢？答案是羊肉。

据史料记载，宋神宗在位时，皇家一年到头要消耗四十余万斤羊肉，而猪肉的需求才四千多斤，大约只占百分之一。这种数量和需求比例终整个北宋基本稳定，到了南宋羊的数量减少，但皇室还是坚持吃羊。所以说宋朝皇帝不喜猪肉、主攻羊肉是基本正确的。在宋代，羊肉属于肉食中的主流食材，否则也不会成为皇家的首选。

实际上，宋人对羊肉评价很高。不单是羊肉，羊的全身在宋人看来都是宝，它们不仅美味可口，而且能滋补治病，对身体大有好处。因此尽管宋朝羊的畜牧数量有限，而且基本靠进口，皇帝还是带头大吃特吃，宋人更把羊肉看成上等肉食，以羊肉为美，以吃羊肉为尊贵。例如南宋司膳内人曾经留下一份宋高宗留下的菜谱，名《玉食批》，在这份御膳中，单凭名目就可以看出是以羊为食材的菜就有酒煎羊、羊头签、羊舌签、排炊羊，等等。此外像大臣贵官的菜单上有烧羊、烧羊头双下、羊舌托胎羹之类，应当都属于羊肉菜式中的极品。

与羊肉相比，猪肉简直算不上什么。皇帝不吃猪肉，不过倒不是和猪相关就完全不沾。《玉食批》中就赫

配犀角杯·宋

⊙佳肴离不开美酒，宋代的饮食文化中酒水可是必不可少的。《水浒传》中，武松动辄就是十几碗的无限量畅饮。不过在蒸馏酒还没有大行其道的宋代，这种酿造出来的粮食酒普遍在七八度到十几度之间，确实是多喝而不上头的。

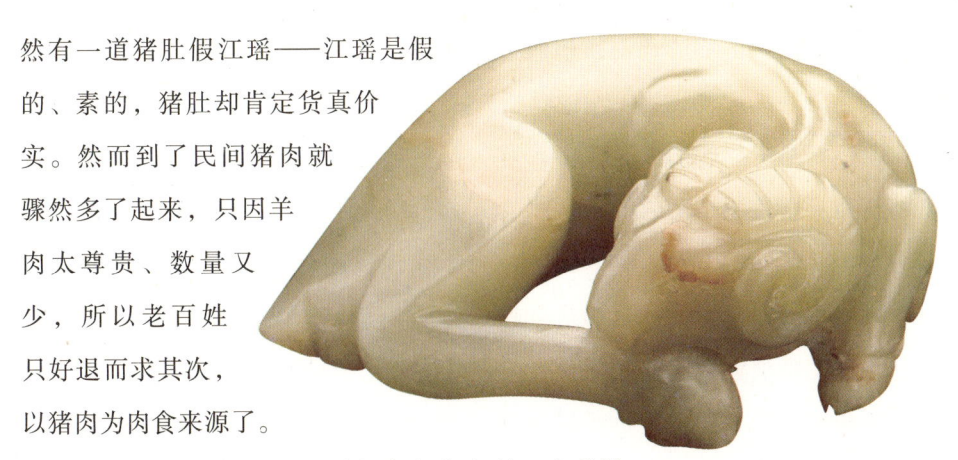

然有一道猪肚假江瑶——江瑶是假的、素的，猪肚却肯定货真价实。然而到了民间猪肉就骤然多了起来，只因羊肉太尊贵、数量又少，所以老百姓只好退而求其次，以猪肉为肉食来源了。

大宋的社会底层一天要吃多少猪肉呢？这恐怕没法统计。但有两件事很能说明问题：第一，东京汴梁每天的猪肉有固定进货渠道——生猪每天傍晚从南熏门进城，被赶到肉铺屠宰。这时节才叫壮观，只见万猪奔腾、尘烟飞起、声势浩大。但到第二天一早，这些猪们就挂在了市店门前，摆在了肉铺案上。待到夜里，它们就已基本都祭入汴梁市民的五脏庙了。第二，某些地方猪肉可能更便宜，几乎是穷人的专利。例如在黄州，猪肉就"价贱如泥土"呢。

但是您问了，宋人为啥不吃牛肉？水浒英雄不就个个吃牛肉吗？事情是这样，那时靠牛耕田，牛是主要的农业劳动力，当然不能吃，也不应该吃。大宋多位皇帝曾亲自下令民间不能宰牛，百姓怎么吃得到牛肉呢？官员们也不好公开吃吧？不过实际上吃牛肉的还是不少：比如说强盗就可以——水浒英雄是强盗，所以他们吃；民间也会偷着吃，而且成了风气，以至于有很多书记载宋人"公然"吃牛肉。既然说"公然"，当然就是犯法的意思。

▪ 螃蟹鲜、河豚美，生死只等闲

"健康诚可贵，生命价更高。若为美食故，二者皆可抛。"

玉羊·宋

⊙ 根据《东京梦华录》的记载，北宋神宗时，开封的御膳房每年要买入"羊肉四十三万四千四百六十三斤四两，常支羊羔儿一十九口，猪肉四千一百三十一斤"，皇家御厨羊肉的用量是猪肉的一百倍以上，民间的肉食喜好自然也跟随着这个风尚。

第六章 舌尖上的大宋，饕餮们的汴梁

这就是大宋吃货的理论，他们就是这么勇敢。人们都说第一个吃螃蟹的人，一定是个勇敢的人。其实，爱吃螃蟹而又坚持不懈的人，肯定比第一个吃螃蟹的人更勇敢。

无论在南宋北宋，螃蟹都是个好东西。《玉食批》中以螃蟹为食材的菜品有螃蟹酿橙、洗手蟹、蜅蜊签。这前后两种回头再说，洗手蟹可是大宋名吃，是螃蟹在大宋的经典吃法，官民通用。其具体做法是把螃蟹斩碎、拌上佐料、洗洗手就吃，又快又方便。只是这样吃肯定有问题——螃蟹本就性寒，再加上生吃，吃多了难免生病。北宋时的宋仁宗就爱吃蟹，结果小小年纪就吃出了毛病，害得刘皇后禁止他吃蟹，甚至连累整个皇宫都不能吃海鲜。

无独有偶，宋孝宗赵昚也爱吃蟹，而且同样吃起来没完，结果得上了痢疾，怎么都治不好。后来，宪圣慈烈吴皇后（宋高宗的媳妇）偶然路过一个小药店，有病乱投医，请教小店的郎中。说来也巧，这个郎中正好擅长治痢疾，给孝宗诊过脉后，竟然只用几副药就把他治好了。不过这药方很怪，是用热酒送服以新藕研磨的藕粉，不像中药，倒像偏方。再后来孝宗还敢不敢吃蟹呢？书里没说，估计是控制不住，照吃不误。吃蟹很危险，但毕竟还不至于送命。不过另一种食物就不那么可靠了。

"似闻江瑶斫玉柱，更喜河豚烹腹腴。"宋代人爱吃河豚，把它列为极品美食。当然啦，宋人已经知道吃河豚的危险，早在宋以前很多书中就有河豚"性有毒"、"鱼肝与子俱毒"的记载，《本草拾遗》更说这东西"入口烂舌，入腹烂肠，无药可解"，可见其危险之至。

然而河豚再毒，也掩不住它的美味。这巨大的诱惑令人前仆后继，不惜冒着生命的危险也要大快朵颐。前面那两句诗就是"大宋第一吃货"苏东坡所作。当时他正在海南，吃到了天下第一鲜果荔枝，体验到了杨贵妃体验过的那种绝世美味。在这位极品吃货看来，荔枝这种极品鲜果，只有江瑶玉柱和河豚才能和它媲美！

当极品吃货遭遇极品美味，还有什么力量能把他们分开呢？当初苏轼在常州，有人请他吃河豚，他吃得酣畅淋漓，连话都顾不上说，到最后肚子溜圆，还要再夹上一口才肯罢休。而他吃了一整顿饭，对河豚唯一的评价是："也值得一死！"

▫ 怎么贵怎么吃，有钱就是任性

当初咱们讲到大宋贵族消费时提起蔡京请客卜了一道主食"蟹黄馒头"，价值昂贵。其实对于皇族贵族来说，人家有钱就是任性，东西怎么贵怎么吃，上不了台面一概不要。

就说前面那道羊头签。签这东西有人说是羹，也有人说是竹签串烤的肉串，但都很可疑，因为王安石吃羊头签是在看书时抓着吃，而且一吃一整盘，可见它既不是汤也不是串。其实，这东西应该是油炸食品，但到底是在羊头肉外面包了什么，则可以存疑。

扯远了，回头说羊头签。羊头签并不用整个羊头的肉，而是只取两腮的嫩肉，但这可能只是宫廷御膳的做法，王安石未必舍得，平民百姓更没那么任性。然而宫里做羊头签浪费，做别的更浪费：前面说的那个螃蟹签，要用蟹螯里面的肉；螃蟹酿橙用的也是蟹螯里的肉，具体做法是在橙上挖一个洞，取出橙肉，填入蟹螯肉，加入醋、橙汁、盐之类调料，蒸熟后食用。

羊头剩下的肉和螃蟹剩下的部分哪里去了呢？全都被"弃之地"，直接扔掉了——因为那就不是给高贵人士吃的东西！皇帝这么奢侈，他的大臣们也毫不示弱。还是那位蔡京蔡太师，他喜欢吃一种鹌鹑羹，做这样一道菜要用几百只鹌鹑。就算只有一百只，就算他每天只吃一次，坚持不懈，他一年就能吃掉三万六千五百只！

这么浪费的事情大概谁也无法忍受，以至于后来鹌鹑们的鬼魂集体给蔡太师托梦，为他上了一堂生动的"因果报应"课，"食君廪中粟，作君羹中肉。一羹数百命，下箸犹未足。羹肉何足论，生死犹转毂。劝君宜勿食，福祸相倚伏。"吃你的被你吃也是活该，但你要是吃多了，早晚会有祸。

比蔡京大九十七岁，当了三次大宋宰相的吕蒙正在奢侈方面也许赶不上他的晚辈，但在浪费方面一点不差。他的最爱是鸡舌汤，而且每天早上都要喝。这样做的结果就是，他家的鸡毛成了山——鸡肉呢？不知道，但肯定不是他自己吃，而且他也吃不完。

第六章 舌尖上的大宋，饕餮们的汴梁

▫ 野味求珍奇，偏民食诡异

所谓豪奢，光是猪羊海鲜肯定不够，就算是尽量挑剔，只选"精华"的所在，也还不够显示上流社会的高贵。那怎么办呢？还要珍奇特别，一般人难以见到，甚至无法想象才行。食物中最为珍奇特别的，莫过于历代相传，但却从来没有定说的"八珍"。

说起这些稀奇古怪的玩意，您会不会立刻想起龙肝、凤髓来？那得恭喜您，您多多少少还知道"八珍"这种事。当然啦，龙肝、凤髓根本不存在，不过一般说法中的熊掌、猴脑、象鼻、驼峰这些东西还是有的，虽然珍稀，毕竟不是在地球上根本找不到。这几种"奇珍"，熊掌、象鼻和猴脑对大宋高大上们来说也不算太难，在南方想办法总能搞到，但驼峰就不行，因为骆驼只有北方的戈壁沙漠才有，那里却全都是大宋的敌人。所以，在大宋吃驼峰就显得异常高贵。皇帝御宴中，第三行酒上的菜一定有一道"双下驼峰角子"；而吃驼峰，最佳选择是壮硕盛年的骆驼，其中极品，是紫驼峰。

除了抓两匹"沙漠之舟"来杀了，吃肥美、软嫩的驼峰肉，捕食野生动物也是上上选择。大宋珍稀野生动物中有一种和现代人关系很深，那就是雪天牛尾狸。什么，您没听过？正常，咱换一个现代名称，果子狸，知道了吧？这种动物"首如狸，尾如牛……压入糟盎肥欲流"，是一种肉质极为甘美的动物，而且越到秋冬越肥，难怪要在雪天里倒霉，成为人们的盘中餐。

像紫驼峰、雪天牛尾狸这样的珍物，帝王豪富之外，文人士大夫们只能偶然有机会品尝，所以才会念念不忘，但对平民百姓来说，那可就遥不可及，如同天方夜谭了。然而有些平民百姓的食物对于文人士大夫们来说，也如同天方夜谭。比如有一个著名的故事说，苏轼带着他的小妾朝云到惠州，老兵买回来一种粉白细嫩的肉食给这位朝云女士吃。朝云女士吃了大概觉得味道还不错，以为是某种海鲜，于是好奇地打听了一下。结果那答案把这位北方的娇小姐吓坏了，竟然"哇之"，就是吐了出来。这还不算，她接连病了几个月，最后竟然一命呜呼了。什么东西这么吓人呢？其实很简单，就是蛇肉。

维C维D不能少，素食同样很美妙

——菜蔬与果品的狂欢

从主食到副食，从肉类到海鲜，再从御膳珍馐到天价名菜，又从山珍到野味，咱再这边一口气讲了一大堆，您那边却忍不住拍案而起：这不公平！难道活在大宋就只能吃肉？要想食素就只能当和尚喝粥？

别，您这说哪儿的话啊！谁说素食主义者在大宋就没有口福？咱大宋一样有青菜豆腐，一样有干鲜果品，只有您想不到，没有咱做不到。当然啦，超越历史限制、超出基本常识的要求不算。譬如您明知道是在大宋，却偏要吃十六世纪从南美洲传到欧洲，又过了近百年才出现在中国的马铃薯，那就是难为人了。

▫ 腌拌煎煮，蔬菜豆腐

在南宋京城临安，您很容易就可以买到下面这几种菜：

青瓷花卉纹盘·南宋

磁州窑白釉剔花花卉纹盘口瓶·北宋

⊙宋时有"天下九福"之论，京师是钱福、眼福、病福、屏帷福，吴越有口福，蜀地药福，秦陇鞍马福，燕赵衣裳福，而洛阳，则是花福。所谓的福，意指甲于天下。东京钱多、风景多，人物好，有良医，屏帷是特产；吴越乃是太平地，在烹任上的发展比北方要强得多；蜀地气候适宜药材生长；关西有好马也有好鞍；河北的织造名声大。至于洛阳，特产的牡丹贵为花王，自然是天下第一。

藕鲊、冬瓜鲊、笋鲊、茭白鲊……鲊菜

糟琼枝、糟黄芽、糟瓜齑……诸般糟腌

上面这两类一类叫鲊，一类叫糟，它们都是怎么回事呢？鲊可以是腌制的咸鱼、酒糟鱼，也可以是拌菜——把菜切碎，加入盐、面粉或米粉，再调入其他佐料拌匀即成，可以存起来随时取食。所以藕鲊就是拌藕片，冬瓜鲊就是拌冬瓜片，笋鲊就是拌笋丝，茭白鲊不用说，就是拌茭白碎丁。其他任意合用可口的菜拌出来，大概就都可以统称鲊菜了。

至于糟，实际就是酒糟。宋人喜欢用酒糟腌制食物，上文讲雪天牛尾狸就有"糟一宿"的做法，就是用酒糟腌制一夜。肉类可以糟，菜蔬也可以糟。琼枝是海藻，糟了就是糟海藻；黄芽肯定不指茶，应该是豆芽菜，所以糟了就是糟豆芽；宋时蔬菜瓜至少有黄瓜和冬瓜，齑则是姜蒜韭菜一类辛辣的东西，可见糟瓜齑很可能是酒酿辣瓜条。同样，多种蔬菜也都可以糟之，成为诸般糟腌。

不管是鲊还是糟，都有点咸菜的意味，喝粥还行，下饭就不够好了。没关系，咱还可以做羹。羹都是煮出来的，不过有些也可以先过油：譬如元修菜，其实就是一种蚕豆，也叫作豌豆，产于四川。做元修菜用的是这种蚕豆春天时的嫩苗嫩叶，采摘回来择好洗净，下锅"用真麻油熟炒"，再加盐、酱煮成菜羹，苏东坡说食之"点酒下盐豉，缕橙芼姜葱。那知鸡与豚，但恐放箸空。"实在是一种美味。像这样的菜羹还有很多，而且有的名字还很典雅：如玉带羹，其实是莼菜和笋；碧涧羹更绝，是芹菜做的。

说到美食家苏东坡，不能不提一下东坡豆腐。这道名菜有两种做法：可以用葱油煎豆腐，再加入一二十研榧子和酱料，煮熟即成；也可以只用酒煮。既然这道菜是苏轼研制的，当时肯定已经有了豆腐，而且豆腐已经是很受欢迎的食品。而关于豆腐的吃法，宋时有豆腐羹、煎豆腐。煎豆腐不必说，豆腐羹大概就是豆浆，另外《玉食批》御膳食谱中有一品"生豆腐百宜羹"，很可能是顶级百搭口味豆腐脑。最绝的是苏东坡有个朋友张挥，法号仲殊，他吃豆腐竟要用蜜腌渍了再食用，别人都受不了他，只有苏轼能和他面对面大嚼。这人也怪，不单豆腐这么吃，面筋、牛乳也这么吃。

干果蜜煎，各地名鲜

说完了菜蔬该说果品。在东京街头市面上有众多"干果子"出售，如梨有梨条、梨干、梨肉、梨圈；枣有胶枣、枣圈、肉芽枣；李子有嘉庆子、乌李、李子旋；山楂有查子、查条……此外还有林檎旋、林檎干、温柑、金橘、龙眼、荔枝、芭蕉干、人面子、巴览子等。

上面提到的这些其实不应该叫干果，倒应该叫果干，大半是为了便于保存把鲜果晒干后制成的，也有些经过了特别加工。譬如嘉庆子本来是洛阳一个叫嘉庆坊的地方李树上结出的李子，在汴梁很有名，因此被称为"嘉庆李"，也叫嘉庆子。根据《本草纲目》介绍，这种李子要在夏天成熟变黄的时候采摘，裹上盐揉去汁液，再和盐一起晒干去核，再次晒干才算制成，可以做下酒的小菜，也能当看菜。

当然，除了盐渍法，嘉庆子也可以用蜜煎。蜜煎是用蜜腌制之后再烘干的果干，说穿了就是今天的蜜饯。不过有些水果不用蜜，用糖也行。如前面没有提到的一种樱桃煎，就要将樱桃在"梅水"中浸泡煮熟之后再倒入印模之中做成饼，同时为了增加甜

《枇杷山鸟图》·宋·林椿

味，在水中加了糖。不单樱桃煎，按照《本草纲目》的说法，嘉庆子也可以"糖藏"，看来用糖腌制也行。因此宋代的果干，大部分应该都是甜的。当然，用盐腌制就会带有咸味，而水果原有的酸性也会呈现出来，这大概就是"咸酸"。宋代时有"䬾香咸酸"，也属于加工过的水果或干果，"䬾香"虽然不容易搞清楚是怎么回事，"咸酸"却是很好理解。

既然属于"干果子"，当然不会是新鲜上市的。就拿龙眼和荔枝来说，您肯定知道它们产于南方，生活在现代任何地方固然都可以凭借保鲜技术吃到新鲜龙眼和荔枝。然而在大宋，毕竟难以想象，杨贵妃虽然可以"一骑红尘妃子笑"，但人家贵为贵妃啊，老百姓哪里会享受那样的待遇？再说就算运来了，也没几个人消费得起，更不会在大街上售卖。大宋朝最好的荔枝来自福建，龙眼来自广西。这些南方的"显贵水果"自然不大可能成为东京汴梁平民百姓的"新宠"，即使对南宋临安的人来说也不容易。不过，当时的两京民众还是能尝到很多地方特产的鲜果，像河南陕县的凤栖梨、荥阳的石榴、太原的葡萄、温州的柑橘（温柑）、江西的金橘，等等。

说起江西的金橘，当初和竹子一起作为贡物送到东京汴梁。东京人大概不知道竹子并不能吃，尝试了一下，觉得太酸太硬不好吃，不肯再要了。但是金橘呢，也不是特别得宠。宋仁宗的张贵妃对金橘表现出浓厚的兴趣，这才令它身价倍增，又一次验证了名人代言的巨大力量。

风雅要吃花，慈悲需造假

《山家清供》是一本好书，给后人留下了不少特别的菜式，而且能让咱知道具体的做法。譬如这一款雪霞羹，光听名字就让人动心。再看那做法，"采芙蓉花，去心、蒂，汤焯之，同豆腐煮。红白交错，恍如雪霁之霞，名雪霞羹。加胡椒、姜，亦可也。"好不稀奇啊，不过那红白两色交相辉映，错杂在汤盆之中，倒的确惹人喜爱。况且以芙蓉花瓣入菜，倒也新鲜，味道肯定清淡、馨香。只是如果加了胡椒或姜，反而觉得有失风雅了。

提起"风雅"这两个字，似乎总和风花雪月相关。名人文士们要吃花，只怕也为了显示风雅吧。《山家清供》里用花做的食物还不少，例如广寒糕：用桂花去了青涩的花蒂，洒上甘草水，和糯米粉制成糕饼，其实就是现代的桂花糕。不过在当时，这种广寒糕还有另一种寓意——"大比岁，士友咸作饼子相馈"，公务员招考那一年，考生们纷纷以广寒糕为互赠礼物，"取广寒高甲之谶"，图个高中榜甲的吉利。

再比如梅粥，用凋谢落下的梅花瓣和雪水与白米煮成粥，梅花要最后才下锅。更有一种"汤绽梅"最是神奇，农历十月梅花将要开放时，用竹刀将整朵梅花割下，花苞花蒂蘸上蜡，放到蜜罐里封存。到第二年夏天取出，以热汤泡制，据说梅花就会绽放开来，而且梅香沁鼻，尤为可爱。只是不知道这样做出来的汤能不能喝。

前文提到的那位找大夫给赵昚看病的吴皇后吃东西喜欢清淡，不爱荤腥。她吃生菜时要加入牡丹花瓣，有时还要裹上一层面，油炸酥脆了再吃，这就是牡丹生菜。除了用牡丹花，她有时也用梅花，那就该叫梅花生菜了。

《山家清供》里的菜式有些用了花的名目，但其实并非直接吃花。"梅花汤饼"实际上是做成梅花样的面片汤。"百合面"用的是百合根，而不是百合花。还有一种"蜜渍梅花"虽然用梅花花瓣泡的水浸过，但吃的是白梅肉。至于"梅花脯"，根本和梅花没关系，是用栗子、橄榄切片，拌上盐吃的，据说有"梅花风韵",所以才取了这么个名字。

前面咱还提到过假肉馒头、假江瑶。假肉就是素肉,假江瑶当然也要用别的东西代替。但为什么真材实料不吃,要吃冒牌货呢?理由很简单:一心要慈悲,不肯荼毒生灵,但却又抵抗不了美食的诱惑,于是只好吃点假货过过嘴瘾了。《山家清供》就介绍了一款假煎肉,而且有详细的做法:将瓠瓜和面筋切片分别油煎,再加葱、椒、油、酒共炒而成。不过可惜,煎面筋用的是"肉脂",也就是动物的肥油,大概不这样总不能使面筋有肉味,所以这种素肉还是粘了荤腥,不能算真的素菜。

《东京梦华录》介绍了不少这种"假"菜,例如假河豚、假蛤蜊、假炙獐等。《梦粱录》也有,像腰子假炒肺、假团圆燥子、假清羹、虾蒸假奶、假驴、假鸭等。就连宫廷御宴也造假——《玉食批》中有鳜鱼假蛤蜊和猪肚假江瑶之类。不过看那配料,这种菜估计不是为了慈悲,而是大概蛤蜊和江瑶的确不易得,偶尔也得造点假,能吃到那个味就行了。

不可思议说看菜

看菜是宴席开始后专门用来陈设供客人观赏的菜肴,不可用来食用。

看菜这种东西很可能南北朝就有了,到唐朝更是得到了大发展。宋时的看菜愈加精致,多用各种蜜煎果子加以雕刻,使之看起来更加美观。在大宋宫廷御宴上,看菜是一道亮丽的风景:各式金银琉璃器皿盛着各种雕花蜜煎,那些冬瓜、金橘等水果上面雕刻着花鸟鱼虫、人物故事,甚至亭台楼阁,巧夺天工,更令人赏心悦目。

民间也有雕花蜜煎和看菜。东京街头卖雕花蜜煎,酒店则有看菜、看碟,老百姓买了雕花蜜煎回去,看过之后多半可能也吃掉了;酒店的看菜、看碟却在上酒时撤掉,不给吃。

当时御宴餐前专门给辽、金等国使者上猪羊鸡鹅兔等肉食,不过也是看菜,因为要用绳拴着,还是不给吃。

专题

玉盘珍馐直万钱
——一份大宋最著名的菜单

大清朝搞了个满汉全席，其肴馔之珍奇丰盛、品类繁多，口味之南北杂陈、菜系俱全，堪称登峰造极，可谓近现代人的极品盛宴。吃在大宋，最奢华顶级的宴会，当然要数皇帝的御宴。然而可惜，宋人太过抠门，没给咱留下皇家御宴菜单，让咱无从想象大宋皇帝们一次宴席上百道菜的全貌。

不过咱得感谢周密，这位老先生在《武林旧事·卷九》中记录了一份张俊款待宋高宗的菜单。您想啊，这桌宴席虽然不是皇宫御厨做的，却是给皇帝吃的，而且这位张俊富可敌国，又一心巴结宋高宗，他进奉的宴席还能差得了？绝对是国宴级别。

趣评大宋1：

我请客我光荣

在正式开始展示菜单之前，咱先来说说张俊其人。首先要严正声明：南宋高宗朝有两个音同字不同的"名臣"，但此张俊非彼张浚，可以说天差地别。

张浚，南宋名相，抗金英雄，终生主战，一世清廉。他官位很高，既任宰相又当枢密使。但他始终主张对金国作战，力图收复失地，因此受到排挤，历经沉浮，最后抑郁病死。

张俊，南宋名将，和刘光世、韩世忠、岳飞并列为"中兴四将"，早年也曾

战功赫赫、威震中原，因为平定苗刘兵变救驾有功，为宋高宗所器重。然而后来他为了迎合宋高宗赵构的投降路线，在有望收复中原的大好形势下退兵，又主动上交兵权，转变为主和派。最可恶的是，他竟然参与了给岳飞制造冤假错案的行动，帮着宋高宗铲除主战势力。也正因为这件事，张俊背上了千古骂名，到现在他的铁像还跪在杭州岳飞的墓前。

尽管留下了千古的骂名，但当时投机成功的张俊却赢得了皇帝的信任，而且可以大把大把捞钱。在绍兴十一年到绍兴十二年（1141~1142），张俊当了短短一年多的枢密使，并在卸任之后得到荣宠和优待——兼任镇洮、宁武、奉宁三军节度使，同时享受一份祠禄官待遇，而且被封为清河郡王。这可是一般文武官员根本不敢奢望的。

有了地位特权，发财自然特别容易。除了高薪高福利，这位清河郡王"生财有道"，他"占田遍天下，而家积巨万"，是个名副其实的大地主、大富豪。据说他还是超级"房叔"，名下房产数十百套，仅租金一项收入就已非常惊人。张俊还在京城临安开了家五星级豪华大酒店"太平楼"，跻身大宋酒店业……

张俊靠"紧跟"宋高宗成为"亿万富翁"，自然要"饮水思源"，而且要牢牢地稳固自身地位，那最好的方法就是靠紧宋高宗这棵大树。所以，当他知道宋

⊙作为一个吃货，生活在美食诱惑无穷的宋代，实在是一种幸福。

高宗要来看望他，他立刻欣喜若狂，而且马上感到这是个天赐良机，无论如何都要请皇帝他老人家吃顿饭，而且要大张旗鼓、轰轰烈烈，不惜一切代价。

张俊深深知道，这是一种无上的荣耀——请皇帝吃饭，我请客，我光荣！

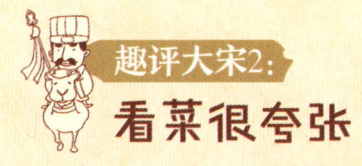

趣评大宋2：
看菜很夸张

绍兴二十一年（1151）十月的一天，以宋高宗为首的一行人前往看望了清河郡王张俊。

张俊盼望已久的这一重要时刻终于来临了。他在自己的豪华府邸设宴招待了宋高宗一行——养兵千日，用兵一时，张俊全府上下对这顿饭可以说是煞费苦心、倾尽所能：

宴会正式开始之前，照例是"初坐"，也就是宴会的开幕仪式，大家坐在那里叙谈聊天。但聊天不能干坐着，要上看菜，我们来看看张俊给宋高宗上的看菜都有什么

绣花高钉一行八果垒：香圆、真柑、石榴、橙子、鹅梨、乳梨、榠楂、花木瓜。

（这是八种水果高高垒起）

乐仙干果子叉袋儿一行：荔枝、圆眼、香莲、榧子、榛子、松子、银杏、梨肉、枣圈、莲子肉、林檎旋、大蒸枣。

（果干十二种放在布袋里）

镂金香药一行：脑子花儿、甘草花儿、朱砂圆子、木香、丁香、水龙脑、史君子、缩砂花儿、官桂花儿、白术、人参、橄榄花儿。

（香药十二种上贴镂金花样）

雕花蜜煎一行：雕花梅球儿、红消花、雕花笋、蜜冬瓜鱼儿、雕花红团花、木瓜大段花、雕花金橘、青梅荷叶儿、雕花姜、蜜笋花儿、雕花梜子、木瓜方花儿。

（蜜煎果子十二种）

砌香咸酸一行：香药木瓜、椒梅、香药藤花、砌香樱桃、紫苏奈香、砌香葡萄、砌香萱花柳儿、甘草花儿、姜丝梅、梅肉饼儿、水红姜、杂丝梅饼儿。

（咸酸果子十二种）

脯腊一行：肉线条子、皂角铤子、云梦犯儿、虾腊、肉腊、奶房、旋鲊、金山咸豉、酒醋肉、肉瓜齑。

（脯肉腊肉十二种）

垂手八盘子：拣蜂儿、番葡萄、香莲事件念珠、巴榄子、大金橘、新椰子象牙板、小橄榄、榆柑子。

（大概是放在手边，唾手可得的干鲜水果八种）

够了，要不要这么夸张？光是看菜就弄了七十六种！不过也没辙，人家这是国宴，国宴当然要有国宴的规格。

张俊陪着高宗坐了一阵，高宗转到旁边屋休息去了。等他再回来坐下，宴会进入第二项——上餐前开胃菜。

这一次有"切时果一行：春藕、鹅梨饼子、甘蔗、乳梨月儿、红柿子、切橙子、切绿橘、生藕铤子"（八种），有"时新果子一行：金橘、蔵杨梅、新罗葛、切蜜蕈、切脆橙、榆柑子、新椰子、切宜母子、藕铤儿、甘蔗奈香、新柑子、梨五花子"（十二种），有雕花蜜煎、砌香咸酸同前，又有"珑缠果子一行：荔枝甘露饼、荔枝蓼花、荔枝好郎君、珑缠桃条、酥胡桃、缠枣圈、缠梨肉、香莲事件、香药葡萄、缠松子、糖霜玉蜂儿、白缠桃条"（淋以糖霜果子十二种），以及脯腊一行同前。

同前就是和前面一样，也就是雕花蜜煎、砌香咸酸、脯腊和刚才上来的一样。但是不是刚刚端下去又原样

白玉角杯·宋

端回来就不知道。不过不管怎么说，去掉重复的，这一次增加了三十二种，而餐前开胃菜共六十八种。

不说别的，六十八种开胃菜每种吃一口，肯定饱了，不必再吃。

趣评大宋3：大菜配小食

但是高宗根本没饱，而且很可能他对这些开胃菜中的大部分也只看看，根本不动。因为宴会在这些开胃菜之后，才正式开始。

宴会开始就要喝酒了。高宗这顿饭一共喝了十五盏酒。和法式大餐类似，高宗每喝一盏酒，就要上两道主菜，也可以说是宴会正式的大菜。所以，这次宴会的大菜共有三十道。三十道不算多，咱列在下面，每盏酒对应两道菜：

第一盏：花炊鹌子、荔枝白腰子

第二盏：奶房签、三脆羹

第三盏：羊舌签、萌芽肚

第四盏：肫掌签、鹌子羹

第五盏：肫脍、鸳鸯炸肚

第六盏：沙鱼脍、炒沙鱼衬汤

第七盏：鳝鱼炒鲎、鹅肫掌汤齑

第八盏：螃蟹酿橙、奶房玉蕊羹

第九盏：鲜虾蹄子脍、南炒鳝

第十盏：洗手蟹、鲚鱼假蛤蜊

第十一盏：五珍脍、螃蟹清羹

第十二盏：鹌子水晶脍、猪肚假江瑶

第十三盏：虾橙脍、虾鱼汤齑

第十四盏：水母脍、二色茧儿羹

第十五盏：蛤蜊生、血粉羹

好啦，主菜齐备，高宗也喝得差不多了。这三十道大菜，咱都已经见过不

妇女斫鲙雕砖·宋

⊙斫鲙雕砖表现一妇女剖鱼做饭的场景，妇女腰系宽大的斜格纹围裙，挽起袖子，身前的高木方桌上有厨刀和菜墩，墩上摆放着一条大鱼，还有3条小鱼用柳枝串起，正待清洗。妇女足边有一盆，水波荡漾。桌旁有一个方形火炉，炉火熊熊，炉上有锅，锅中水在沸腾，表示即将煮鱼。

少，而且基本和《玉食批》类似，看来是照抄御厨的。不过这里还是有几道菜值得说一说，那就是"脍"。数一下，三十道菜品中有七道为"脍"，也就是切片生吃，可见这种吃法的时髦。当然啦，"脍"是从唐朝传下来的，当年更时髦，而且流传到日本，现在还留下刺身呢。然而刺身是生鱼片，日本人只是吃鱼才生吃。再看上面七道：胘肯定不是鱼肉，而是羊的胃；鲜虾蹄子脍中无论鲜虾还是蹄子都不是出自鱼类；鹌子水晶脍和鱼没关系；虾橙不必说了；水母很可能是海蜇，也不是鱼；如果五珍指的是"八珍"之五，五珍脍也很难想象是鱼肉。结果七种"脍"只有一种是鱼肉。看起来，宋代人生吃的本事比日本人大多了。何况有些菜虽然不叫"脍"，但也是生食的，如蛤蜊生。

不过说到这儿您可能心里在嘀咕：说好的豪华盛宴，怎么大菜才三十道？这也太逊啦。别忙，作为主菜的大菜之外，还有小食、分插食、劝酒果子库、厨劝酒。劝酒果子库其实是餐中加的甜咸果子，内容基本不超出餐前开胃菜的范围，只是妆点摆盘的方式变化了一些，并多了"拣松"和"陈公梨"。插食和厨劝酒则是菜品，也包括主食，插食有炒白腰子等八款，其中的炙炊饼、（不）炙炊饼窝骨就有点主食的意思（有一版《武林旧事》刻本此处带"不"字，意思就是不烤的夹肉骨馒头）；厨劝酒则有江瑶炸肚等十味。这样算下来又有二十道菜。前后宴席上就有五十道菜品了。

这还没完，此外还有"准备上细垒四卓，又次细垒二卓：内有蜜煎咸酸时新脯腊等件"。这里的"卓"很可能是桌，上面摆着备菜，应该和前面有所不同，但不知道都是什么，也不知道有多少。

趣评大宋4：随从有盒饭，百官送外卖

接下来的东西有点怪，因为菜单上写着：

对食十盏二十分：莲花鸭签、茧儿羹、三珍脍、南炒鳝、水母脍、鹌子羹、鲦鱼脍、三脆羹、洗手蟹、炸肫。

对展每分时果子盘儿：知省、御带、御药、直殿官、门司。

晚食五十分各件：二色茧儿、肚子羹、笑靥儿、小头羹饭、脯腊鸡、脯鸭。

看糊涂了没有？对食十盏分成二十分，看样子是人坐在桌前对着吃东西，而且是分餐。但果子盘儿里装的，怎么看都不像果子；晚食要分五十分，也有点让人想不通。

但接下去再看就明白了。原来接下去有：

直殿官大碟下酒：鸭签、水母脍、鲜虾蹄子羹、糟蟹、野鸭、红生水晶脍、鲦鱼脍、七宝脍、洗手蟹、五珍脍、蛤蜊羹。

直殿官合子食：脯鸡、油饱儿、野鸭、二色姜豉、杂爊、八糙鸡、炼鱼、麻脯鸡脏、炙焦、片羊头、菜羹一葫芦。

直殿官果子：时果十隔碟。

准备：薛方瓠羹。

看来这些都是给直殿官吃的。直殿官是谁？宋代官制有殿直和小殿直，殿直是武散官，不属于具体职位，小殿直是宫廷女官，在皇帝身边伺候的人。这样说来，直殿官应是小殿直，皇帝到别人家做客，她们跟着很正常。皇帝要吃饭，她们也得吃饭，而且还不能怠慢，要设专门的酒席。

弄明白了直殿官，前面那些知省、御带、御药和门司也就容易猜测了，他们应该都是皇帝身边的人，所以一个都不能忽略，甚至连果子盘儿也得给他们准

备。不过,他们毕竟是伺候皇帝的,级别也差得远,不能入席,所以只能抽空吃两顿。您再琢磨琢磨"合子食",原来是工作餐盒饭啊!

皇帝一行人等都安排好了,文武百官也不能忽略。老张这次是下了血本,这边请皇帝,那边文武百官也都分别送去一桌酒席——虽然不能请你们来陪着,也得让你们吃到,尤其是知道皇帝到我家吃饭来了。

《开芳宴图》画像砖·宋
⊙开芳宴是唐宋时代夫妻之间一种特定的宴席,按照当时的风俗这样的宴席能体现出丈夫对于妻子的宠爱,也向外人传递了家庭和睦的关系。在唐、宋、金几朝,以此为题材的画像砖成为达官贵人墓中流行的装饰题材。这块画像砖的人物形象为一位手托酒盏的侍女。

当然,送给文武百官的酒席不能和请皇帝的一个档次,而且文武百官也还要分出档次,这样才显得阶级分明。简单说吧,老张把文武百官分成了五等,各自送了一份"外卖"——不收钱。

菜单上等级人员划分太多,就不一一列举了,反正第一等就两位——秦桧和他儿子秦熺。且看秦桧这份"外卖":

烧羊一口、滴粥、烧饼、食十味、大碗百味羹、糕儿盘劝、簇五十馒头血羹

烧羊头双下、杂簇从食五十事、肚羹、羊舌托胎羹、双下大膀子、三脆羹、铺羊粉饭

大簇钉、鲊糕鹁子、蜜煎三十碟、时果一合切榨十碟

酒三十瓶

秦熺虽然同列第一等,但是内容少了很多,酒也只有十瓶。

总结一下这次宴会,宋高宗共享受到(看到不吃也算)看菜七十六种、开胃菜六十八种、正菜五十种,合计一百九十四种——备菜不算,随行人员伙食"盒饭"不算,官员"外卖"不算。

第七章
精神享受不放松，东京娱乐有攻略

宋代是中国封建社会发展的高级阶段，物质文明和精神文明都达到了前所未有的高度，市民阶层的生活也发生了深刻而广博的变化，展示出了气象万千的社会风貌：雅俗共赏、上下同乐的娱乐活动；门类繁多、热烈丰富的节日庆典，都将社会世俗生活的朝气展现出来。

[历史旅行指南·活在大宋]
HUOZAI DASONG

酒足饭饱出门去,文艺演出正当时

——瓦子勾栏真销魂

大宋美食味道不错吧？什么，您没吃到？在精神上品尝一下就行啦，您还想真吃到嘴啊！话说回来了，南北两宋的特色风味您都领略过了，茶点果品、甘醴佳酿，甚至奢华宴席您也"享受"了一番，应该心满意足啦。那么酒足饭饱之后，是不是该来点文娱活动了？

提起文化娱乐，您一下子想起来，东京城不是有瓦子和勾栏吗？对，就去那儿！咱也去感受感受，学习学习，顺便……咳咳，批判批判……不过慢着，您恐怕误解了，瓦子和勾栏可不是藏污纳垢的所在，人家正经是文娱之地。

▫ 原来到了"百老汇"

站在大宋东京城最著名的御街起点——宣德门外，从这里一直往东走就到了内城皇宫的东南角，也就是东角楼。从东角楼再往东不远，南侧有一条长街，叫作界身街，街东偏北有餐饮名店潘楼，再往南，就是咱们的目的地，瓦子区啦。

那么，瓦子到底是啥子呢？其实瓦子又叫瓦舍，听起来就是砖瓦房。不过事实上，瓦子根本不是砖瓦房。根据《梦粱录》记载，"瓦舍者，谓其来时瓦合，去时瓦解之义，易聚易散也。"把瓦一片片叠在一起容易，再一片片分开也不难。这就叫瓦合瓦解。咱们现代人只说瓦解，没人用瓦合这个词了。不过这么一解释，您不就明白了吗？就是人群汇聚分散的地方嘛！

没错，前面人还真不少。沿这条街走过去，有桑家瓦子、中瓦子、里瓦子三大瓦子——瓦子之内是大大小小的勾栏，足有五十多个。然则勾栏又是什么呢？勾栏，是用栏杆之类的东西围起来的圈子，外面张贴着各种海报以做宣传招徕之用，里面是演出场所，有众多文艺曲艺技艺表演。这些勾栏有的是板壁结构，从外面看活像个大箱子，有的规模更大，还搭着大棚，像这里中瓦子的莲花棚、牡

杂剧《打花鼓》图

⊙杂剧是宋代的一种戏剧形式，由唐代的歌舞杂技发展而来。北宋时，杂剧已经成了滑稽戏、傀儡、皮影、说唱等表演形式的泛称，还可以作为一种戏剧表演形式单独演出。北宋时期，在汴梁的瓦子勾栏中已有较大型的剧目《目连救母》杂剧的表演。

第七章　精神享受不放松，东京娱乐有攻略

丹棚，里瓦子的夜叉棚、象棚，都是可以容纳上千人的大型表演场地。

晕，绕了半天，原来勾栏就是剧院哪！这条有着三大区的街道，分布着大大小小的剧院，那不就是百老汇吗？是啊，差不多也就一个意思。根据《梦粱录》作者吴自牧的意见，勾栏瓦舍纯属于"士庶放荡不羁之所"，"子弟流连破坏之门"！简单说吧，就是教人学坏，伤风败俗的地方。不过您别想多了，人家老吴只是有点封建顽固，把一切文化娱乐都看成是"靡靡之音"，教人腐化堕落的东西。

石雕杂剧故事人物·宋

再次重申，此勾栏绝非彼勾栏！这里的勾栏，绝对合法经营，只是戏园剧院，别无其他！

▫ 段子有点耳熟

好啦，耳听为虚，眼见为实，咱这就亲身去体验一下。喏，那边不是有个小勾栏？您看那四边板壁围起，前面有个小门，门前还贴着字画，围拢了一群人，节目指定热闹精彩，咱这就去看看！

说话间已经来到勾栏前，围着的人太多，门前写了什么也看不清。算了，直接进去吧。买票？不用。这儿都是先看后给钱。没错，就是打赏。这不，进门您一瞧，前面是一排围栏，围栏外坐满了人，大家都伸长了脖子向前看，一边还嚷嚷：再来一段！再来一段！

原来这是刚散一场，大伙儿催下一场

呢。来得正是时候!

说话间,旁边走上来一位布衣长袍的主儿,看样子就是个文化人。他往中间那么一站,台下顿时就安静了许多。只听他开口说道:承蒙诸位抬爱,小人就再给大家说一段:话说这天下大势,分久必合,合久必分……

咦,怎么听着这么耳熟?这不《三国演义》吗?这您都听出来啦,文化不低嘛!瞧这个勾栏,正是说书人,也就是说话人的场子。人家这一段叫说史,说的是"前代书史文传兴废争战之事"。当时流传最广,最受欢迎的就是"说三分",也就是魏蜀吴三国故事。据说当时就连小孩子都喜欢得不得了,而且"爱憎分明":听到刘备打了败仗就愁眉苦脸,竟然还有哭鼻子的;听到曹操倒霉就拍手叫好,又唱又笑……

什么?您就不爱听这段?行,咱再换一家。出门往前,不远处又是一处勾栏,看那架势人也不少。要不咱去瞧瞧?哈,果然热闹,这不正讲着呢吗?没错,还是说书:这回人家说的是经,也就是佛家故事。您听——"却说那三藏法师……","再看猴行者……"慢着,这咱也知道,《西游记》!不过他为啥不说孙悟空,却要讲"猴行者"?

其实是这么回事,吴承恩他老人家这时候还没出生,您看过的那套《西游记》也还没写出来呢!现在您听的,应该是《大唐三藏取经诗话》。这时候的西游故事刚刚有个雏形:故事比真实的《大唐西域记》多了不少神话色彩,而且出现了最早的孙悟空形象,不过叫猴行者,但却不是猴,而是个白衣秀士;故事里也还没有猪八戒,沙和尚只隐约有个影子。然而在这个话本里,已经有了个善于变化的"白虎精",更有想招赘唐僧的女儿国王。

您听了一会儿,觉得说书人虽然讲得精彩,但是故事实在粗糙。唉,没办法,这不是在宋朝嘛!算了,咱还是改听别的去吧。除了说史和说经,大宋说书人还会说小说、说公案以及说传奇:什么风尘女子、精灵古怪、清官断案、豪侠惩奸,要什么有什么。著名"说书表演艺术家"也有不少,像张十一、贾九、赵世亨、徐明,想听谁的咱找谁去!您要是想热闹一点,还有一种说书形式带着简单伴奏,叫作银字儿……

什么,这些您都不喜欢?您想听点带唱的?没问题呀!

听"歌剧",看"电影"

要听唱,咱得去稍大点儿的勾栏。唱歌都得有伴奏不是?伴奏需要乐队,舞台自然就得大点儿。说起宋朝的唱,最有名的当属小唱。小唱唱的是曲子词,又叫词曲,简单地说就是宋词。

宋词?您一下就反应过来了。这我知道啊,唐诗宋词谁没学过,但那不就是古诗词吗,和唱曲儿啥关系?您看,这就不懂了吧?古时候诗和词都是用来唱的。尤其是宋词,"凡有井水饮处即能歌柳词",那是说只要有井水的地方就有人会唱柳永的词。当然啦,"柳郎中词只合十七八女郎,执红牙板,歌'杨柳岸晓风残月'",能把婉约缠绵的宋词发挥到极致,都是美女,像李师师、徐婆惜、封宜奴,就都是小唱名角儿……

什么,您想听李师师"浅斟低唱"一曲?恐怕不行。您也知道,李大美女刚傍上徽宗赵佶,哪儿有空啊!就算有空,人家现在那身价也非让您倾家荡产不可。其实想听唱,瓦子勾栏里其他形式也不少,像把街头巷尾叫卖的曲段搬上舞台的嘌唱,将两支曲词反复吟唱的唱赚,还有模仿街市叫卖果子创造出的说唱艺术——吟叫等。

这些您都不喜欢?没关系。还有一种,包您满意,那就是大宋"歌剧"。说是"歌剧",其实当然不会是西方的那种。不过,人家用的也是中国传统音乐里的正统音乐,即宫廷乐曲中的各种曲调。创造这种艺术形式的人名叫孔三传,他把传奇和灵怪故事编成唱曲,融入高低不同的曲调中,配合或繁或简的配乐,就成了诸宫调。听一曲诸宫调,那可绝对是雅俗共赏的艺术。

欣赏完艺术大师孔三传的诸宫调,咱再去前面更大的勾栏中,观赏一下大宋"高科技"艺术形式——影戏。说起影戏,大家都知道是皮影戏。其实在影戏之前,早在秦汉甚至更早的时候,就已经有了傀儡戏,也就是木偶戏。东京瓦子里也有傀儡戏,用木棍支撑的,用线穿着的都有,不过今天咱不说,单说影戏。

影戏用光照影,以人配音,看起来栩栩如生,简直是"老电影"。宋代勾栏瓦子上映的"老电影"最早是"黑白"的,用素纸裁剪人物形象,后来变成彩色的,用羊皮雕形,再加上彩色的饰物,这样人物

玉狗·宋

就更鲜活生动了。

当时的影戏，也有三国故事，可以上演"三英战吕布"、"走麦城"之类。还有乔影戏，乔是滑稽的意思，大概就是"喜剧电影"了。最喜欢影戏的还是小孩子，毕竟这种形式有点像动画片嘛！

◘ 杂剧人人都喜爱

说实话，无论是"老电影"还是"老动画片"，大宋东京肯定比不上现代剧场。不过东京勾栏瓦子里还有一种艺术形式，是现代剧场肯定学不会的，那就是杂剧。您没听错，就是杂剧。虽然这种艺术形式要到元代才能更加繁荣，要等一位叫关汉卿的老先生出生才能发扬光大，但无论在北宋东京还是在南宋临安，杂剧都已经很有规模了。例如在七月十五中元节之前，一过了七夕，勾栏里就开始上演《目连救母》，这出戏一演就是七八天，快赶上一档普通的电视连续剧了。

除了这种传统剧目，杂剧的形式内容还很多样，更能适应不同阶层的人，可以即兴发挥，可以现编现演，语言幽默滑稽，还能起到讽刺规谏的作用。有宋一代，上至皇室宫廷，下到乡野百姓，没有不喜欢杂剧的。但是要在宫里给皇帝演杂剧，太老套了不行，太新鲜了讽刺过格，惹得龙颜大怒要杀头怎么

> **游大宋指南**
>
> 据《宋人轶事汇编》记载，在南宋绍兴年间的一次宫廷宴会上，优伶表演杂剧时就嘲讽了陷害岳飞、搜刮民财的武将张俊。宴会一开始，优伶就拿出一枚铜钱，说自己能测出贵人的星象。接着，扮演宋高宗、韩世忠、张俊等人的演员相继出场。优伶窥视一番高宗后，说这是帝星，又看了眼韩世忠说是将星。最后轮到张俊，优伶说看不到星象，只看到张大人坐在钱眼里。宴会上的众人哄堂大笑。

大观通宝

⊙大观通宝是北宋徽宗赵佶在大观年间（1107~1110）所铸造的铜钱，它有小平、折二、折三、折十等多种版式。

办？不用担心，杂剧演员脱光鞋袜露出脚丫子也没事。这叫"无过虫"，就是不算你大不敬，皇帝也不怪罪。正因为如此，杂剧演员还真"隐其情而谏之"，做了不少好事呢。

例如赵佶时，蔡京建议发行一种当十大钱（一个铜币当十个用，一元变十元）以抑制通货膨胀。但是货币面值变大，其实就是货币贬值啊。为此，杂剧演员给赵佶演了一出戏：

客人到货摊上买豆浆，扔了一个大钱，喝了一碗，让卖家找零。卖家摆摆手，告诉客人没有零钱，让客人接着喝。客人连喝了五六碗，实在喝不下了，鼓着大肚子说："要是相公再发行当百大钱，还不要了我的命啊！"故事滑稽，令人捧腹，但是赵佶也还聪明，看了之后很受触动，终于修改了法令，停止发行当十大钱。

杂剧能教育皇帝，皇帝也从善如流。这也算是一段佳话。

不过杂剧在民间又有另一种作用，在上演杂剧正剧的间隙，往往还有一种杂拌，大多是演员装成村夫村妇，做出可笑的样子，互相殴打一通，来博观众的一笑。至于在那些大型勾栏之中，有时候还会有更多丰富多彩的节目上演：比如说浑话（类似今天的三句半）、学像生（就是口技）、变魔术、演杂技，等等，简直是说也说不完……

宝津楼上坐，逍遥看表演

——百戏很好玩

第七章 精神享受不放松，东京娱乐有攻略

离开了勾栏瓦子，您连呼不过瘾。怎么呢？节目不错，内容不错，花样也不少。可就是规模小了点。想想咱现代：奥运开幕那叫啥气派？年年春晚那叫啥档次？这勾栏瓦子，差得远啦！

您说的没错。要论规模大宋跟现代那是没得比。不过您不就想看有气派上档次的吗？没问题。三月初三，金明池畔，皇帝登临宝津楼赐宴的时候，诸军呈献百戏，那盛况不敢说绝后，但肯定是空前，包您在宋代以前的任何时候，都看不到这样盛大的表演。

▫ 楼上没您的座儿，楼下委屈着

一提起三月三金明池，您眼前一亮，这咱知道啊！三月三上巳节，又叫"丽人节"、"水节"。那天不单全东京城的帅哥美女、士人百姓们会齐聚金明池，据说皇帝也会驾临，还会带着他的大小妃嫔们，光这阵容就没得说！那些后宫美女们在哪儿落脚来的？对，就是宝津楼。您知道金明池是怎么回事？宝津楼又是怎么回事吗？

话说这金明池，原本是后周世宗柴荣在位时期所建，最初是用来操练水军的。大宋建立后，宋太宗赵光义就在这儿检阅过北宋的水上军事力量。不过平时，老百姓也会到池边来临水踏春、观赏垂钓。到了宋徽宗赵佶的时代，金明池建起了亭台楼阁、拱桥彩门、殿宇街市，正式成为皇帝和皇室成员们上巳节春游、开设琼林宴之后观池上竞标，赐宴百官之余赏诸军百戏的地方。

在这片"金明池5A级风景区"，除了有池上仙桥、池中水殿，池东的酒食店铺、勾栏瓦舍、池西的垂钓区和池北的"奥屋"（为大龙船的"船库"）之外，最重要的建筑就当属池南岸的宝津楼了。宝津楼居高临下，建在一个砖石结构的高台上，占地方圆有百余丈，可见其规模之宏大。从宝津楼向北，能够俯瞰池中的仙桥水殿。而宝津楼实际上也不是单一的建筑，它的南侧有宴殿，宴殿西侧是射殿，宴殿是赐宴百官的地方，射殿则是皇帝射箭的场所。在宝津楼南一直到琼林苑（实际上，宝津楼也算是琼林苑的一部分）西门之间有一片空地，这就是北宋东京"国家大舞台"，百戏上演的地方了。

当然啦，正如前面所说，您如果想登上宝津楼，跟赵佶和他的嫔妃们一起观看百戏，估计是没门，楼上没您的座位，赵佶也没开明到随便请一个人上楼近距离观察他的女人们。所以啊，这事儿您就别指望了。

灰陶彩绘文吏俑·宋

⊙这件文吏俑的服饰很容易让人联想起《水浒传》中的宋江宋押司，其实宋江就是一个标准的文吏（押司又称押录，宋代吏员名目），而非官员。在中国古代，由中央政府委任的、颁发俸禄、定期考核升黜、有品阶的才能称为官员，而由民户轮差或由招募、承袭等途径进入各级官衙，办理具体事务，无品阶、无俸禄或俸禄很低的只能称为吏员。根据历史资料显示，宋代冗官现象中吏员所占的比例极大，宋真宗时曾一次性在全国裁减吏员十九万五千余人。

不过也没关系，琼林苑西大门两边都搭着彩棚，那是专门留给老百姓，展现赵佶"与民同乐"风范的。您可以在那儿找个座儿，委屈一下，边看演出，边听咱介绍这盛况空前的百戏。

舞旗舞狮舞蛮牌

好啦，现在咱这边座儿也有了，那边赵佶也登上了宝津楼，"大型上巳节禁军汇报演出"，现在开始。为啥叫"禁军汇报演出"？咱这是在东京，东京主要军队就是"大宋中央军"——禁军。而百戏则是禁军诸部专门呈献给皇帝的文艺节目，当然属于"汇报演出"。现在明白了吧？先别多问，好戏开场了。

首先登场的是十几位鼓手。他们敲着鼓，其中一人晃动着两个鼓槌上前致辞——他不是用说，而是用唱，唱的是"青春三月蓦山溪……"有时令、有地点有祝语。一番进献唱贺之后，这才退下。随着致辞结束，鼓乐齐鸣，一个头上裹着红色巾帻的大汉奔入场内，手中挥舞着一面大旗，在大旗的引导下，一群雄狮猛虎翻滚着进来。原来，这就是现代经常能看到的舞狮。当然，那时候可以"舞"的动物很多，狮子老虎之外，豹子也

有。而刘筠在《大酺赋》里提到百戏时说："且观夫鱼龙曼衍，鹿马腾骧，长蛇白象、麒麟凤凰，"看来，这些珍禽异兽都可以"舞"，但后来大概都慢慢灭绝了，就连虎豹都退场，只剩了狮子。

现在，动物们或坐或卧，或翻滚或扑击，迅捷威猛地表演了一番，然后撤了下去。下一个出场的，又是一个"红巾大汉"。他手执两杆白旗，"跳跃旋风而舞"，这叫"扑旗子"。您看他一会儿纵身攀越，一会儿凌空筋斗，舞蹈中带着杂技，庄重中透出洒脱，是不是很有趣味？这种表演如果规模再大点人数再多点，是不是就跟现代的旗舞差不多了？

咦，舞旗谢幕，乐队怎么反而大张旗鼓合奏起来了？好家伙，还一下子冲上来百十号人！原来，真正精彩的大戏刚刚开场。现在上场的这一百多人，都是军中健儿。只见他们人人奇装异服，手持蛮牌刀枪，前面还排列着战旗，一行行、一队队军容整齐、威风凛凛、杀气腾腾，这是要演哪一出呢？别着急，您看他们左一行右一队穿插变化，像不像古时候列阵对战？没错，他们演出的正是战争场面。看，他们已经接连变换了几种

阵势，现在更两厢相对，左右两翼阵型突出，中间向内凹入，布下了偃月阵。没错，这正是古代两军交战，主将对垒或者冲锋杀敌的典型阵法。

这不，两军各自杀出一人，战斗在了一处。您看他们枪来牌往、剑来牌往、刀来牌往……怎么都是牌？这是舞蛮牌嘛，表现的就是蛮牌，当然离不开蛮牌啦。其实，这种舞蛮牌就是从古时和宫廷礼仪舞蹈中的"武舞"变化而来。它的观赏性很高，又没有那么多"繁文缛节"，既可以群舞又可以对舞，而且能够让人感受军队战阵和作战技巧，实在是一种很精彩的舞蹈形式。同时，乐队吹奏的，就是蛮牌令，是专门给蛮牌舞伴奏用的。

▫ 烟火序幕鬼神来

就在这时，只听得"轰隆"一声惊天阵地。不好啦，打雷啦！您正在惊呼，眼前又是一片迷茫：表演场地上竟然腾起漫天烟火，那些跳蛮牌舞的军士竟然消失在烟火之中，退下不见了……其实，这是下一个节目的序幕。您瞧，烟雾之中不是又有人出来了。哎呀不好，这些哪儿像人啊！他们披散着头发，带着假面具，面具上还露出吓人的獠牙，嘴里竟然喷出火来！没错，他们扮的的确不是人，而是鬼神。您看他们青衣黑裤，衣裤上还贴着金花，光着脚，敲着锣，样子吓人，还不停地又蹦又跳，在烟火中忽隐忽现，是不是很恐怖？这种舞蹈叫"抱罗"，是假面舞的一种。

又是"轰隆"一声，这次您听清了：是爆仗不是打雷，原来宋人报幕用的是鞭炮。果然，又一阵烟火之后，一伙儿把脸涂得藏青碧绿、戴着面具、画着火眼金睛的大汉上场了，他们身披兽皮绣袄，手执刀斧杆棒，仿佛在捉拿驱赶着什么，又好像不时地凝目四望、侧耳聆听，样子极为古怪。这叫"硬鬼"，大概是捉鬼的意思。

还是爆仗，又起烟火。这次上场的是钟馗，他一脸大胡子、一身官服，相貌极丑，旁边还跟着个敲锣的随从，帮他招魂引鬼。两人跳跃舞蹈，绕场几周，又走了下去。这一段叫作"舞判"，表现的是阴司专捉恶鬼的钟馗。随着"舞判"出场的，是一伙表演"哑杂剧"的艺人。他们个个本来就瘦骨嶙峋，又在身上涂了粉，把脸抹白，看起来活像骷髅。

不过最精彩的还是他们的表演，说是跳舞又不像跳舞；看着像在演杂剧，但又个个都不出声。他们的动作踉踉跄跄，姿势千奇百怪，时不时引人发笑，很有点滑稽哑剧的样子。再加上他们的扮相奇异，就更令人忍俊不禁了。

"哑杂剧"之后，爆仗声中烟火里又现出七个人。他们演的是"七圣刀"。说是七圣刀，其实只有六把

《大傩图》·宋·无款

刀,当中有一个人,戴着小帽,挥舞白旗,大概是发号施令的。然而剩下的六个人拿的可都是真家伙,而且他们真的是捉对厮杀;刀刀不离心口面门,仿佛随时会要了对方的性命!

这一幕之后的两个节目:一个是"歇帐",一个是"抹跄"。"歇帐"没太多动作,倒有点像现代戏剧中的文戏"坐场",是一帮奇装异服带着假面具的家伙排列在场中,如同寺庙中的鬼神塑像一般,只是没有唱腔,也不念台词。"抹跄"就热闹得多,又是一百多人下场,他们画着花脸,拿着木刀,排兵布阵一番,然后一对对表演拼杀格斗的套路,到最后其中一个人丢了刀,仰面朝天摔倒,后背"啪嗒"一声跌在地上,才算结束。

▫ 马技马球更开怀

下面,整场"汇报演出"的最重要的高潮部分就要到来啦。在高潮之前,先是插播几段小节目,有咱们之前看过的杂剧,还有杂拌——您听,宝津楼上众多美女们都笑开了锅。看来深宫高墙内的后妃们,还是很喜欢看演员们的幽默演出的!

但"好玩"的段子总是短暂的,精彩大戏马上开演。您瞧,那边不是有人骑马上场了?打头一人空手,这叫"引马"。随后一人擎旗,这叫"开道旗"。"开道旗"之后,转眼间又是数骑驰骋而来。当先一匹马上骑手抛出一枚红绣球,系着红锦索,后面的骑手弯弓搭箭,边追边射,各出奇招,以射中为胜。

射过"移动靶",再射"静止靶"。第二场骑射是把柳枝插在地上,众射手依然在场中纵横奔驰,一边张弓施弩放箭齐射。这次他们用的箭比较特别,箭头很宽,形如铁铲,名曰"划子箭"。大概用这种箭,比较容易把柳枝射断吧。

骑射之后,又有马术表演:一阵"旋风旗"(就是把十几面小旗装在轮上,纵马背出来绕场盘旋)刮过,马术队上场。他们表演的技术动作有:"立马"——手执大旗站在马鞍上;"骗马"——飞驰之中跳下马背,再抓住马鞍纵跃而上;"跳马"——手抓马镫,身体腾空在马后上下往来;"献鞍"——身子腾下马鞍,右腿悬在马的颈鬃处,左脚蹬着马镫,左手抓住马鬃……

除了这些简单的马上动作,还有人表演不少绝活:有"倒立",有"赶马",有"飞仙膊马",还有"镫里藏身",甚至有人跳下马让马先跑，再飞身追及，抓住马尾重跃马背，演一招"豹子马"……真是惊险刺激，叹为观止。此外还有在马上操练器械，试演刀剑的，更是让人大开眼界。

您刚刚发出一连串的赞叹，突然一阵香风袭来，场中骑手四散，几个穿黄衣的老兵挥动龙旗，数队俊俏"少年郎"疾驰入场，盘旋开来。您再仔细一看，这哪是什么少年郎，分明是一群小姑娘。原来，她们都是宫中的"妙法院女童"，女扮男装来表演骑射的。只见她们人人马术精湛，个个英姿飒爽，行进中队列齐整，战斗时法度谨严，还真有点巾帼英雄不让须眉的样子。

演出最后，是两场马球表演赛。马球您肯定看过，大宋马球和现代马球大同小异，就不多说了。不过您请注意，前一场表演赛选手骑的是驴，这种比赛叫作"小打"，其实更该叫作"驴球"才对。后一场，虽然是女子比赛，但骑的却是马了，这种叫"大打"，才是真正的马球呢。

白釉骑马童子像·北宋

大宋"高尔夫"

大宋朝除了已经有足球、马球外，还有一种球类运动，和现代堪称贵族运动的高尔夫球打法非常接近，简直就是大宋版"高尔夫"。

这种运动在宋代叫"捶丸"，丸比球小，而且更加坚硬，是不是有点像高尔夫球？捶丸时，选手击丸用的是一种前端弯曲的球棒，这就是高尔夫球棒了。捶丸的目的，是要击丸入巢。巢是在地上挖的小坑，这不是和高尔夫球的球穴很类似？这么一比较，宋代捶丸还真的就是今天的高尔夫。据说，赵佶就是个"高尔夫"高手。不过他的装备可不一般："高尔夫球"平时装在锦囊里；球棒也是"土豪金版"，棒身涂彩，棒头嵌有玉石，棒身边缘还镶着黄金，足见其尊贵。

百戏池中演，龙舟水上游

——水中嬉戏也诱惑

逛过勾栏瓦子，看过宝津楼前的诸军百戏，您肯定觉得在大宋享受文化娱乐，最好也就莫过于此了。当然，您这么说也差不多，但还不全面——因为您还没看过大宋水戏，也没有感受过大宋水上龙舟赛的紧张刺激场面。

其实就在刚才的"汇报演出"之前，水上表演和龙舟锦标赛刚刚结束。想看？除非您会时空穿梭，要不就再等一年。不过不管怎么说，一定满足您的愿望，至少让您想象一下那盛大、壮观的场面。

◘ 临水殿中坐，遥看水秋千

其实呢，在这里有必要详细说说大宋三月间金明池的游春活动和皇帝及其家族正式出游以及赐宴的行程安排。实际上，金明池和它旁边的琼林苑每年三月初一就正式开放了，直到四月初八才会关闭。在此期间，老百姓每天都可以来金明池畔游春赏玩，据说"虽风雨亦有游人，略无虚日矣。"刮风下雨都挡不住人们的游兴，可见宋人是如何爱玩。

但是当然，游春也有高峰日黄金期。什么日子是最高峰黄金的时段呢？当然是皇帝来的那天。事实上，皇帝并不一定在上巳那天出现。根据《东京梦华录》记载，宋徽宗赵佶赐宴琼林苑，更在宴殿赐宴百官并观赏水上争标和宝津楼百戏，是在三月二十日。这一天，赵佶到金明池后的第一项活动就是在临水殿观看争标，然后才会赐宴百官，再看百戏，还得到射殿射箭，最后才起驾回宫。所以说临水殿看争标是一件很重要的大事，而且从宋太宗赵光义那儿算起，这件事还有点检阅水军的意义在里面。当然，赵佶早把争标搞得跟文艺演出差不多，怎么看也不大像阅兵式了。

话说赵佶来到临水殿中，大臣们陪着他喝酒。这时候争标活动开始，首先开场的第一个项目是什么呢？还是百戏，只不过是在水上进行。

这时节，水面上排开了七条船，分成三组。它们都是干什么的呢？其中两条船上是乐队，另有四条船上是演员，表演的内容和前面提到的差不多，还是舞旗、舞狮、舞蛮牌、假面舞等，也演杂剧，所以没什么好说。

但是还有一条船，这条船上搭着彩楼，好像戏台。彩楼前有小门，如同戏台上的帷幕。这是要唱戏吗？戏台会不会太小了？等到表演开始，答案揭晓了：原来是"水傀儡"，就是在水上表演的傀儡戏。当然，这也没什么神秘，只是新颖一点罢了。

不过更新颖的还在后面。"水傀儡"谢幕，又来了两条船。这两条船上竟然架起高高的秋千。船上的艺人一边表演着爬杆，一旁还有人吹着笛子敲着鼓伴奏。这时，荡秋千的演员出场了，只见他踏上秋千，双腿双臂用力，几下就把秋千荡起老高，很快就和秋千架上的横杆相平了。

秋千又荡到了最高点，猛然间，那人双手一松，腾空跃起，离开了秋千，他的身体不断翻腾着，直冲向水面，一下钻入水中，激起一阵浪花。隔了半晌，他才从水中

第七章 精神享受不放松，东京娱乐有攻略

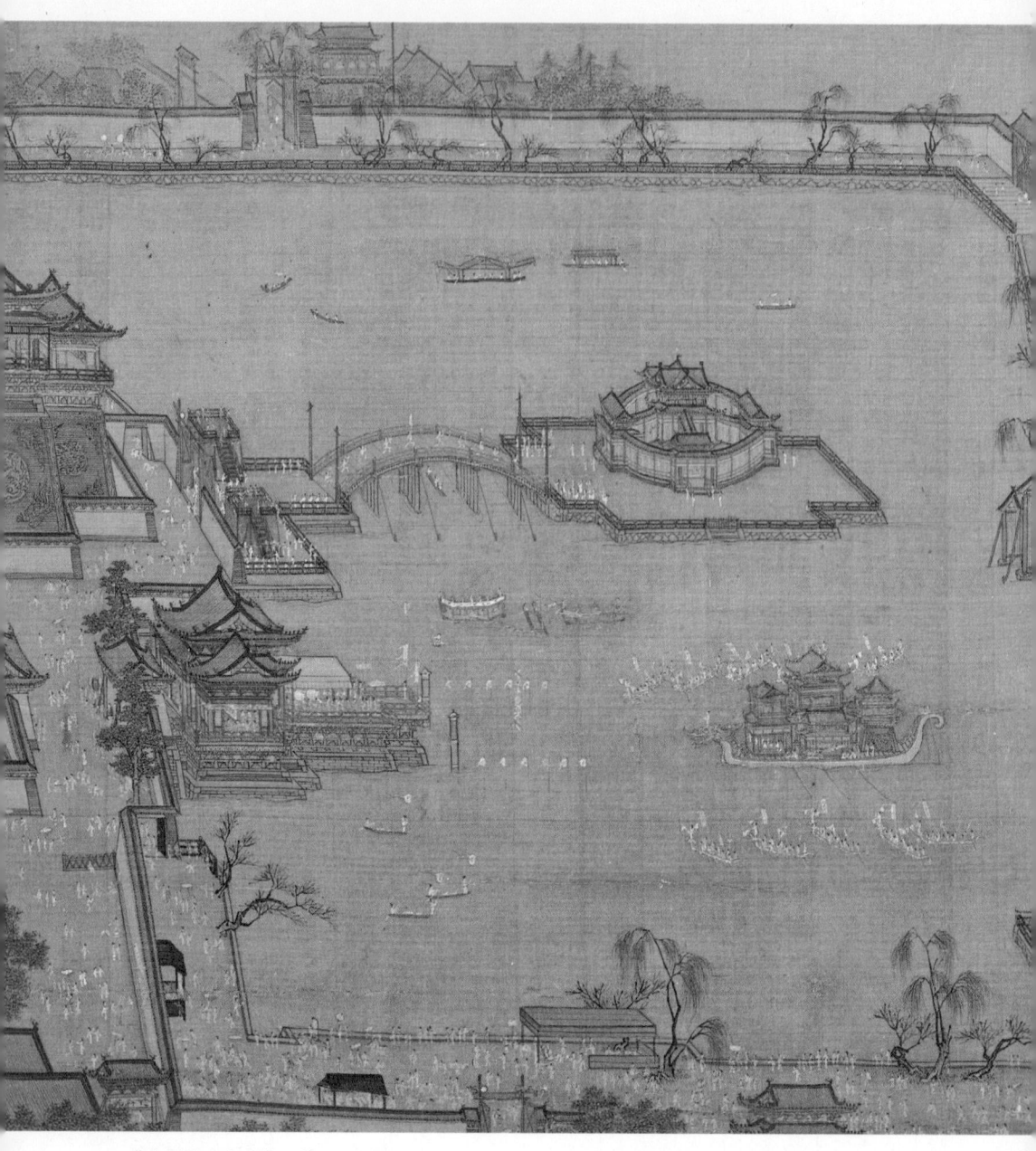

《金明池争标图》·宋

⊙这幅《金明池争标图》将方圆约九里三十步的金明池及岸边的景物、人物悉数生动摹画下来,细致描绘了"临水殿""宝津楼""棂星门""仙桥""五殿""奥屋"等主要建筑物。表现主题的龙舟竞标场景以一艘大型龙舟为中心,其两侧各有五艘小龙舟,每船头各立军校一名,舞旗招引,舟中桨手则奋力划棹,向前方标杆冲去。画面中各龙舟左突右进的空间安排,营造出争标的激烈、刺激与紧张气氛。

跃起，爬回了船上。这就是"水秋千"，也是宋代特有的水上运动，而且还有点高台跳水的韵味呢。

百戏演罢后，小舟牵出大船来

水上百戏很快演完了。这时候该是今天的重头戏——争标开场了，参加争标的代表队，纷纷入场。

首先来到临水殿前的，是二十只小龙船。虽然说是小龙船，每艘船上也有五十余人，他们中有一个人挥舞旗帜站在船头，是整艘船的掌旗，此外还有司鼓、掌锣，当然也少不了桨手、舵手。这干人都穿红衣，正是大宋水上正规军——虎翼军。虎翼军这个名称，根据《宋史·兵志》，是宋真宗大中祥符五年（1012）初步确立的，第二年正式建制，训练基地就在金明池。

接着，又有十只虎头船开来。这是民间代表队，他们的掌旗穿锦衣，其余司鼓、掌锣、桨手、舵手穿青衣。这些人虽不像虎翼军那样训练有素，但看起来也有模有样，中规中矩。

跟着虎头船的，是两条飞鱼船和一条鳅鱼船。飞鱼船规模不算小，而且很精致，上面有各种彩色图画，穿彩色衣服的演员和五颜六色的小旗子，此外还有红伞、锣、鼓、铙、钹……怎么这么乱？因为人家不是来比赛的，而是来给运动员们当啦啦队的。至于鳅鱼船就惨了，全船是由一根木头做的，也就是条独木舟，而且船员也只有一个人……

这三十三条船的出场，除了分明是运动员入场式之外，还有一个重要的任务，就是赶到金明池北岸的奥屋，把那艘豪华皇家大龙船拖出来。现在由虎头船执行的拖船任务完成了，大龙船被拖到临水殿旁。说起这艘大龙船，它足有三四十丈长，三四丈宽，在当时绝对属于豪华型邮轮。大龙船整体当然是龙形，船头和船身还雕刻着龙的鬣须和鳞甲，装饰以描金涂彩，在阳光下烁烁生辉。船是楼船，分布着馆阁、回廊，围以栏杆。船的每一层都设有皇帝的宝座，底层的外围还有十个包厢，专供皇帝身边有地位的嫔妃使用。

这艘皇帝御用龙船最有意思的设计您看不到，因为藏在了船舱的底部。在那里，一个个桌面大小的铁制大钱被固定在底板上，它们起到了稳定船身的作用，让船保持平衡，而不

第七章 精神享受不放松，东京娱乐有攻略

295

会轻易侧翻倾斜，更不会在风浪中左右摇摆。

赵佶有没有带着他的嫔妃们到船上去呢？这一点孟元老没有交代。哦，对了，这一篇中的水上百戏和争标，以及上一篇中介绍的宝津楼前的百戏，主要都是参考了《东京梦华录》，而孟元老正是该书的作者。照笔者估计，赵佶很可能那么做了，因为那样才符合他风流天子的身份。

好了，赵佶一家人已经登船，争标马上就要开始啦。

▫ 诸军齐献艺，演过了特技争第一

这边厢正介绍着皇帝御用大龙船，那边厢小龙船、虎头船、飞鱼船、鳅鱼船早已列好了阵势——只见"所谓小龙船，列于水殿前，东西相向；虎头、飞鱼等船，布在其后，如两阵之势。"这些参赛船只都排好了队形，就等着发令了。

不一会儿，临水殿前的水棚里走出一名军校，挥舞起红旗，发出了号令。这时，两边的小龙船上锣鼓齐鸣，船头掌旗摇旗呐喊，桨手们奋力操桨，一艘艘龙船驰向池心，两边船队很快就汇拢在一起。接着，各小龙船或东或西或南或北一一转向，转眼间围成一个大圆圈，首尾相连，前后呼应，布下了战阵。这叫作"旋罗"，大概专以围歼敌船，又能四面迎敌，可攻可守，煞是厉害。

"旋罗"完成，招摇展示了一番，水棚中发令官又一次摇动红旗，池中小龙船阵势再变。这一次，小龙船分进东西，划出不远之后又兜转回来，每十艘为一队，再次盘旋围拢，合成两个小圆阵。这种阵势叫"海眼"，应该是取漩涡之意。如此两阵并列，既能分割包抄敌船，又能相互照应，防范阵外来犯之敌，也是一种很有效的水上战术。

待到临水殿前红旗再展，小龙船纷纷散开，又船首相对，交叉穿行。

这一次变阵，小龙船中桨手们运桨如飞，船在水面上错综而过，让人看起来眼花缭乱。那一条条战船疾驰穿插，令人应接不暇，仿佛闪电出击，瞬时间就能攻陷敌阵，令敌船个个自顾不暇，难以应战。此种战术也有一个名称，叫作"交头"。

三种战阵演示已过，红旗又是一招，小龙船各自荡开，向仙桥方面划去。在那边，早有一面面红旗插在水中，标出了出发点。小龙船划过去，在红旗处排成一列，那些虎头船、飞鱼船也都早早等在旁边，排在了一起。

这一边，一条小舟（大概就是那鳅鱼船吧）来到临水殿前，将一根长杆插在水中。杆头悬挂着锦缎、银碗，正是这场龙舟赛的彩头。这根长杆就是"标杆"，也是各船竞技的目标和终点。

等到发令官第五次发令，龙舟赛就正式开始了。那紧张激烈的场面不用说，您也能想象得出，船上鼓声震天，两岸锣鼓喧天，选手们意兴勃发，观众们齐声喝彩。最后，在一片欢呼声中，一条船勇拔头筹，夺得了锦标。这时候，得胜的选手们要向龙船或者临水殿中的皇帝跪拜舞蹈，口中三呼"万岁"，表示感谢皇帝的隆恩，一轮龙舟赛才算结束。

什么？这才一轮？没错。刚刚只有十条小龙船参加了比赛，另外十条小龙船还有第二轮比赛，而那十条虎头船，则要举行第三轮比赛。三轮赛过，各船还要重新集结，再把大龙船拖回奥屋，"春季水上百戏暨龙舟比赛"才算宣告胜利闭幕。接着，皇帝就要移驾宝津楼了。

《龙池竞渡图》（局部）·元·王振鹏

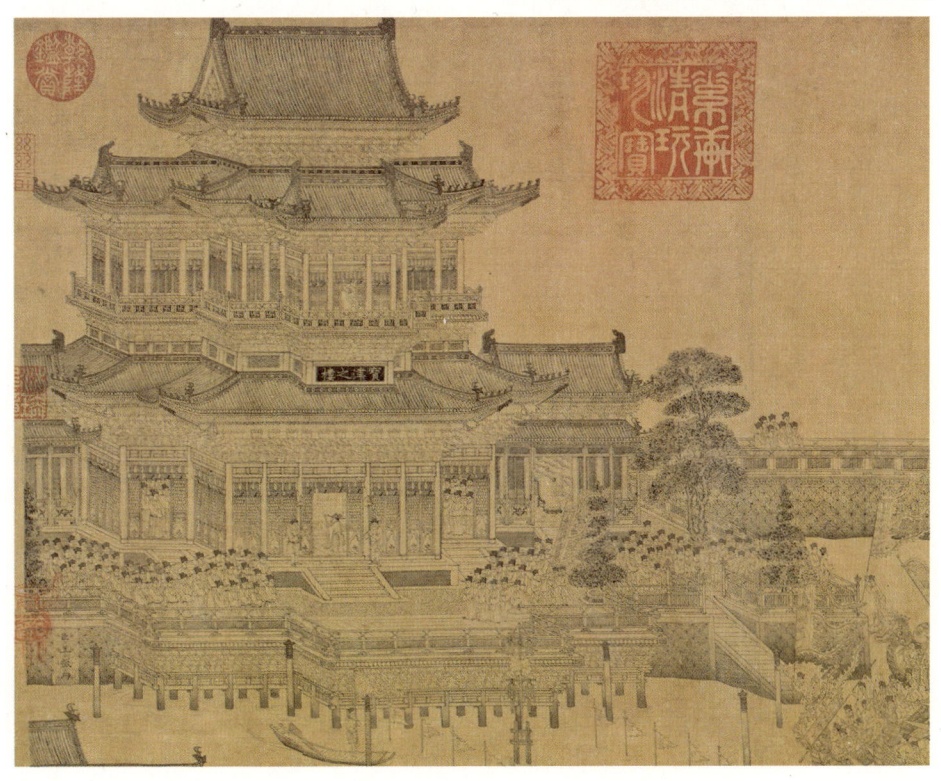

上元夜，大宋的狂欢节

——灯会撑起的夜生活

宝津楼诸军献艺够精彩，金明池水上百戏和争标也够新颖刺激，但是这些还都不是大宋最热闹的活动，也体现不出宋人"娱乐至上"的精神。您要问宋代啥时候最繁华鼎盛，哪一天人们娱乐无限。答案很简单，请到两宋元宵灯会看一看。

元宵灯会当然在元宵节，又叫上元节举办。这上元节在南北两宋是法定假日最长，官办活动最多，民间参与最广，同时也是最为炫目耀眼、喧闹繁盛的节日，堪称"大宋的狂欢节"。

叫灯会，主题当然是灯

身为中国人，您不可能不知道元宵节，也不可能不知道元宵节要闹花灯。正月十五又称上元节，从唐朝时期就是中国人重要的传统节日。前面已经说过，大宋节日多，假期也长，从赵光义开始元宵节就要接连庆祝五天，而且要举办元宵灯会，皇帝也要与民同乐，场面十分盛大，尤其是在北宋时的东京汴梁和或南宋的行在临安，那灯火通明、游人如织的景象在当时的世界算得上仅此一家，别无分号。

第七章 精神享受不放松，东京娱乐有攻略

既然叫元宵灯会，主题当然是灯。北宋的东京汴梁不必说，才过冬至，宣德楼前就开始搭建彩门山棚。彩门就是那上面写着"宣和与民同乐"的都门道和左右禁卫之门，两旁还有文殊普贤二位菩萨。彩门之前和文殊普贤菩萨中间，搭起一座山棚。这山棚就是一座灯山，上面不但同样用彩色的丝绸锦布装饰，还布置了不少花灯，重重叠叠，巍峨高耸，灯上绘着各种神仙故事。整座山棚显得"金碧相射，锦绣交辉"，非常有气势。更令人惊奇的是，左右两道门上还用草把扎成龙形，外面罩着青布，草把上点起灯烛，远远望去真如两条龙蜿蜒游动，仿佛要飞走一般。

到了南宋，临安的城市规模虽不及东京，而且只是偏安一隅，但元宵节灯会办得绝不比汴梁差。南宋小皇宫同样有宣德楼，楼前同样要搞灯展。在南宋宣德楼前，您能看到的可就不是山棚了，而是一整座鳌山，上面全是各地进献和宫廷御制的花灯，而且一种比一种名贵，一种比一种精巧。

当时比较出名的，有苏州的琉璃灯，用五彩琉璃制成，上面刻画着各种山水人物、花卉禽鸟，无不栩栩如生。还有福州的白玉灯，光听名字就知道用料珍贵、造型精巧、莹白剔透，在灯光辉映下更显耀眼夺目。后来又有一种新安的"无骨灯"，是用一种绢布做内衬，烧制而成的琉璃灯，整个灯连骨架都是琉璃，通体透明，更映射出绢布上的色彩图案，显得奇巧无比。但是这些灯都比不上皇家的宫灯高端大气上档次，那是一整座"琉璃灯山"，高度足有五丈，其中的人物都装有机关，能够活动，称得上是"超级走马灯"。不过这还不算啥，后来人家皇宫干脆把整栋楼当成了灯笼，在窗户上画连环画故事，加龙凤水波纹，里面点起灯烛，照耀映射出来，"冠绝群灯"，理所当然成了花灯之王。

皇家搞得声势浩大，民间也不闲着。上元时节，南北两京的道观寺院、豪宅贵府、酒楼店铺，甚至偏僻街巷的千家万户都要燃起灯火。规模大一点的，也要设灯棚、燃烟火；纵然是小家小户，都会在门首挂上琉璃灯，让人一眼望过去就有一种节日气氛。

▫ 街头艺人多，生意也不错

过元宵闹花灯，怎么少得了娱

乐项目和杂货买卖？每到这时候，就是艺人们大展身手、老百姓一饱眼福的好机会。当然，宣德楼前少不了官办文艺演出，内容无非百戏之类。王公大臣们也把家伎陈列街头，展示技艺。不过更精彩的，还是民间街头艺人的倾情演出。

在北宋东京，皇城宣德门外的御街上，早就有各种怀着"奇术异能"的人占据道两旁的御廊临街卖艺，其中不乏知名的"民间艺术家"。且看他们的表演：那边那位正倒立着把一碗凉粉呼噜呼噜吃下去，堪称一绝，记住了，人家叫赵野人；他旁边这位咬着剑把，不对，是将整把剑吞进了肚子里，此人姓张名九哥。再看对面，李外宁点燃了火药，将几个傀儡发射到半空，一边操纵丝线，演起了"药发傀儡"；小健儿嘴里吐着五色的水泡，一边还在"旋烧泥丸子"，至于那泥丸子是个啥，抱歉，咱也没看清。除了这几位，您还能欣赏到"大特落灰药；榾柮儿杂剧；温大头、小曹嵇琴；党千箫管；孙四烧炼药方；王十二作剧术；邹遇、田地广杂扮……"此外还有耍猴儿的、训练金鱼儿的，甚至还有"招蜂引蝶"的。您没听错，是招蜂引蝶，不过是

> **游大宋指南**
>
> 《东京梦华录》收录了一份上元夜"大宋元宵晚会"的节目名单与当红演员名录，内容如下：吞铁剑的张九哥；演傀儡戏的李外宁；表演魔术的小健儿；弹嵇琴的温大头；吹箫管的党千；表演杂扮的邹遇、田地广；说书的尹常卖；弄虫蚁的刘百禽；表演鼓笛的杨文秀等。

招呼指引使唤的意思。对，就像小龙女那样，厉害吧？

北宋有的东西到南宋当然一个都不能少，而且还新添了一种时髦，那就是即兴舞蹈队。走在临安的大街上，您要是遇到有人抬着几顶小轿，轿里坐着美女，旁边还跟着一帮手拿着管弦乐器的家伙，那就没错，准是他们了。这些人平时都是去高门大户有钱人家献艺，有时也走街串巷，到处找机会表演。他们去的最多的是三桥一带的旅馆区。天色渐黑，店里面刚点起灯挂上灯笼，他们就已经开始主动表演了。客人们听着音乐，欣赏着舞蹈杂剧，排遣思乡之情，花点钱也不觉得冤枉。

说到花钱，政府花这么多钱办元

杂剧《眼药酸》图·宋

⊙《眼药酸》是宋代著名的一出杂剧，表现的是两个穿戏装的演员，一人用手指着右眼，示意有眼病，另一人则背着布袋，袋上画着许多眼睛，手拿一瓶眼药酸，请有眼病的演员使用，这幅画形象生动，情趣盎然。

宵节灯会，不光是图个热闹，妆点一下太平盛世，也是为了拉动内需。有人流有市场就有消费，元宵节期间，生意那叫一个火！

大街小巷买卖的兴隆就不多说了，反正街头巷尾人群闹市之中到处都有卖药的、卖卦的，卖"玉梅、夜蛾、蜂儿、雪柳、菩提叶、科头圆子"等饰品玩物的，卖"鹌鹑馉饳儿、圆子、馉拍、白肠、水晶鲙、科头细粉……金橘、橄榄、龙眼、荔枝"等小吃鲜果的，还有买卖玉石珠宝、古玩字画，开设赌档的，数也数不清……单说这一天如果能做上几笔皇家的买卖，那可真就赚大发了。

宋徽宗在位时，专门让卖小吃鲜果的小贩到皇宫东北角的晨辉门聚集，赵佶也想吃哪一口了，就可以随传随到。能把小吃鲜果直销给皇家，自然价格不会太低。这其中有一个周待诏，他家做的瓠羹卖给皇家剩下的，"进贡转外销"到宫外，要卖到足足一百二十文钱一个。但是据说的确"其精细果别市店十文者"，价钱贵了十二倍，然而品质的确不同。

那么瓠羹是什么呢？瓠是一种葫芦状的植物果实，羹当然就是蒸煮而成的糊状或者冻状食物。瓠羹，根据《齐民要术》说，是"用瓠叶五斤，羊肉三斤，葱二升，盐蚁二合，口调其味"做出来的，想来也不是特别名贵的食物，竟然相当于四五十元一个，的确不便宜。

不过在临安，小商贩们赚钱更容易。临安的官员事先已经选了一批"华洁而善歌叫者"，就是摊位整洁，叫卖声美妙动听的商贩。等到皇帝一批准，立刻让他们进宫。这些人到宫中纷纷叫卖自己的商品，后妃宫女们见了简直开心到要死，"争买之"。而小商贩们"皆数倍得直"，甚至"有一夕而至富者"——一个晚上就变了富翁。

▫ 城门不设禁，夜夜闹狂欢

元宵佳节是喜庆欢乐的。在北宋时，这种喜庆欢乐的气氛从冬至之后搭彩门山棚开始，在上元十五之夜上灯和十六御驾亲临宣德楼观灯达到高潮，一直持续到正月十九收灯，前后延续一个月，几乎蔓延了整个正月。尤其在正月十五到正月十九这五天里，不单整个东京城灯火通明，人人笙歌、家家欢庆，就连各个外城城门都取消宵禁，准许百姓自由出入。

就说正月十六这一天，都说"十五的月亮十六圆"，大宋的上元十五，也是十六这一天最热闹。这一天，宋徽宗赵佶一大早吃完御膳就来到宣德楼，这里有专给他一个人准备的桌椅，专管帮他撑伞打扇子的侍从，专为他跑腿传话的近侍，反正全是专属的。

对老百姓来说，天子露面是大事，一年也没几次，所以早早就有人来到宣德楼下，等着一睹天颜。说话间，宣德楼上奏起乐来，赵佶正襟危坐地出现在正殿前，"大宋皇帝"正式展出。这时候您只要想象一下，就能明白当时场面的热烈：百姓们在楼下山呼着万岁，很多人在心里喊："终于看到活的啦！"而赵佶呢？他已经来到正殿前、城墙边，一手扶着城墙，一手举起轻轻挥动，面带着慈祥的微笑，满怀自豪和欣慰地看着他的子民……

"珍贵的一瞬"很快就过去了。帘子放下，赵佶又回到自己的座位，楼下的百姓们开始自由活动，到处一片喧闹声……此时在宣德楼左右朵楼下，排在左边的是以恽王赵楷为首的宗族子弟亲王代表，右边则是太师蔡京占据第一位，以下依次是宰执、高官，还有外戚——也就是皇帝的亲家们。他们都搭起帐篷，各自令自家的家伎表演文艺节目，表示和皇帝一起与民同乐。

咦，怎么楼上飞下一只凤凰？还金光闪闪的！但见那只凤凰飘飘摇摇飞

第七章 精神享受不放松，东京娱乐有攻略

仿宋人《观灯图》·现代·刘凌沧

到一座帐篷前，那帐篷中的人一边齐声欢呼，一边毕恭毕敬地接住凤凰，再跪倒楼前，向皇帝谢恩。原来，这是赵佶发放的"幸运奖"，一日多轮，中奖者随机产生，真是公平公开、各安天命。

这样一直热闹到夜半，三更三鼓响过，宣德楼上有红灯笼升到半空，人们知道皇帝已经回宫睡觉，宣德楼前的活动即将结束。接着，静鞭声响，楼前山棚的灯烛熄灭，太师和亲王带队，大家又一起组团，赶往大相国寺去了。这一整夜，全城的各大寺院都有人烧香拜佛、观灯看景；各处城门、闹市和商业区也都灯火辉煌、人声鼎沸、彻夜不休。就连"深坊小巷"之中，"绣额珠帘"之内，也有"春情荡漾，酒兴融怡"，而且"雅会幽欢……不觉更阑"——家家户户举行着酒会派对，一不小心就喝到了天亮。更不要说那些"五陵年少"的富豪帅哥，驾着"宝马"满街追看"香车"中的美女，一边大声唱着情歌，简直是竟夜狂欢！

当然啦，这样的日子不止十六一天——只要灯火不绝，城门不禁，"元宵狂欢周"也就不会结束。如此盛况，要一直持续到正月十九……

法制教育不放松

京城办元宵灯会，治安是个大问题，小偷小摸要防范，梁山好汉聚众闹事更要禁绝。所以，地方弹压是免不了的，而且，正好趁机抓一抓法制教育。

北宋东京，负责京城元宵灯会期间安保的主要是开封府，而且他们还在宣德楼前搞了个"法制教育宣传点"。宣传的手段是：抓一帮罪犯排在街头示众并当场判决，"以警愚民"。不过，楼上的徽宗皇帝赵佶比较仁慈，"时传口敕，特令放罪"，轻轻松松一句话就把人犯"无罪释放"了。

佳节从此普及，风俗南北小异

——⊙ 中秋赏月也观潮

转眼间"金风荐爽，玉露生凉，丹桂香飘，银蟾光满"，又是一年八月半，团圆的中秋佳节就要到来。您盘算着古人和现代人过中秋估计也都差不多，无非是家人聚在一起，吃点月饼赏赏月，没啥意思。

其实不然，平民百姓真正把中秋当成重大节日来过，正是从宋代开始。您要是能感受一下宋代人的中秋节，恰如听了一段同光十三绝的京剧，那才叫原汁原味、"原始"风貌呢。而且南宋和北宋过中秋也有小小的不同，由此正可以看出节日风俗的变化和发展，以及地域不同导致的风俗差异。

◘ 祭仪变节日

对于农历八月的这个重要传统节日，很多人只知道是中秋节，要家人团聚，而且可以休法定假日，却不知道中秋本是仲秋，最早并不是平民百姓的节日，只和礼仪制度有关。

仲秋之中的"仲"，可以是排行第二，也可以是位于三者中间（前面的称"孟"，后面的叫"季"）。孔老夫子的字是仲尼，所以也被人叫作孔老二。一年四季各有三个月，都可以论孟仲季，比如孟春（正月）、季夏（六月）。

《开芳宴图》画像砖·宋

⊙这块画像砖展现的是开芳宴中，一位手持酒注子的侍女，随时准备为客人添酒的场景。

没错，仲秋就是八月。在一本很早的儒家礼仪经典《大戴礼记》（西汉末戴德著）中就有"三代之礼，天子春朝朝日，秋暮夕月"的话。什么意思呢？上古夏商周三代的礼仪，天子春天祭日神，要白天举行，秋天祭月神，要晚上举行。看起来仲秋这个月是要祭祀月神的，不过当时倒不一定是十五这一天。

戴德的侄子戴圣还写了一本《小戴礼记》，其中《月令》说："是月也，养衰老，授几杖，行糜粥饮食……"这个月大搞爱老敬老活动，要给老人送小板凳加拐杖，还要煮稀烂的粥和易消化的食物给他们吃。在更早的一部估计是战国时编的《周礼》中也说，大司马（相当于宋代太尉）在"中秋"要"教治兵……遂以狝田"，司裘（管服装的官）要"献良裘"——都是说这个月该干点啥。不过，这里的"中秋"还是"仲秋"，"中"与"仲"通假。

话说仲秋时节光是搞搞祭祀练练兵，做做衣服敬敬老的确没有后世的中秋热闹。后来到魏晋时候，宫廷之中和上流社会有了赏月的习俗，并逐渐在文人士大夫中流行开来。但那时候还没听说有人过中秋节，只是有了几句吟风弄月的诗。大唐盛世，赏月更加成风，据说唐玄宗李隆基就曾经在八月中秋神游月宫，回来还编了首著名的《霓裳羽衣曲》。唐诗中描写赏月的也有不少，您张口就能成诵的像"海上生明月，天涯共此时"，"露从今夜白，月是故乡明"就是看月亮发感慨的极品。当然，这些诗描写的并不是中秋夜的月亮，所以只是赏月诗，很难说是中秋赏月诗。不过写过前面《月夜忆舍弟》的杜甫也写过《八月十五夜月》，唐诗中也有《中秋月》《中秋对月》《鹤林寺中秋夜玩月》这样的诗篇，可见"仲秋"已经成了"中秋"，文人雅士也有了中秋赏月的习惯。

根据史料，中秋在大唐就已经有了法定节日，而且一休就是三天。但那时法定假日主要还是公务员享受，平民百姓玩乐的风气不浓，城市里又有宵禁，所以中秋赏月还不普及——民间的活动并不多，也没有形成风俗；而且，中秋就是中秋，还不叫中秋节。

▫ 赏月伴酒乐

但是到了大宋，情况当然不同了。坊墙倒塌，宵禁取消，大宋百姓有了更多的自由，日夜娱乐消费也更方便了。因此，全民庆祝中秋佳节，开展各种活动，也就成了可能。而且这时候，中秋已经正式确定为中秋节！

无论在北宋东京还是南宋临安，中秋节这天晚上家家户户都要赏月。《东京梦华录》说，"中秋夜，贵家结饰台榭，民间争占酒楼玩月"。《梦粱录》也说，"王孙公子，富家巨室，莫不登危楼临轩玩月，或开广榭，玳筵罗列……至如铺席之家，亦登小小月台，安排家宴，团圆子女，以酬佳节。虽陋巷贫窭之人，解衣市酒，勉强迎欢，不肯虚度此夜。"

看看，上流社会就是不一样，人家有装饰好的楼台亭榭可以作为活动场地。北宋的"民间"就不同，要抢订占领酒楼饭店的座位；南宋又有不同，小家小户还有自家的"小小月台"摆一桌酒席没问题，贫苦人家甚至要当衣服买酒，才能勉强过个节。不过大家的目的一致，就是"玩月"，也就是赏玩月亮。

当然，要赏月就不能不赏乐：一边看着月亮，一边还得听着音乐。东京的街道上"丝篁鼎沸"，到处是官乐民乐"交响乐"，高中低音独奏合奏交织在一起，一派欢乐景象。临安的深宅大院里，也有"琴瑟铿锵，酬酒高歌"，伴着高雅的音乐，主人客人还时不时借着酒兴高歌一曲，来一个"大宋好声音"的比拼。

那么最是引领风气之先的皇帝们这时候在干什么呢？当然也在听着音乐，

赏着圆月。汴梁城中"近内廷居民，夜深遥闻笙竽之声，宛若云外"，暴露了皇帝的踪迹行动，也显出远离人间繁华的冷清。《武林旧事》则介绍"禁中是夕有赏月延桂排当，如倚桂阁、秋晖堂、碧岑，皆临时取旨，夜深天乐直彻人间。"皇帝们狡兔三窟，事先定下三个地点，但却临时才决定去哪一个。在那里不仅要赏月，估计还要赏桂花，八月桂花香嘛。当然，音乐也是少不了的，而且等到半夜，也会给附近的居民百姓"直播"。

除了赏月加赏乐，中秋节期间还有不少惊喜，喜庆家宴、欢聚时刻当然离不开美酒。八月中秋正是新酒开售的时节，东京各大正店都有刚刚酿造好的新酒准备批发零售，店门前广告宣传的招牌、迎宾造势的彩门都重新装点过，等着客人们光临。客人们也爱凑热闹，一大早就往酒店里钻，整个上午都不停地有人赶来喝酒买酒，害得店家才到中午就纷纷关门。为啥？酒都被喝光了！

这时节的下酒菜也好——鸡鸭鱼肉、珍馐肴馔、点心小吃之外，还有不少时令美味可供尝鲜。其中第一位的就是螃蟹，地处江南的南宋临安不

说，即使在北宋汴梁，人们也有机会"先品为快"。当然，这时候新鲜上市的水果也不少，各地的葡萄、石榴、梨、枣等纷纷运到京城，让天子脚下的臣民一饱口福。

▫ 月饼有渊源

一提到吃，您想起来中秋节应该吃月饼。前面说了这么多，怎么没有月饼的影子？抱歉，关于月饼这种东西，还真有点难说。

一种广为流传的说法，元朝末年朱元璋起事，刘伯温帮朱元璋发明了一种夹馅的饼，在里面塞入"八月十五杀鞑子"的纸条，定下了发动的日期。后来明朝统一全国，明太祖朱元璋下令吃月饼纪念，从此才有了中秋吃月饼的风俗。但是照这么说，宋人和月饼就没啥关系，吃不到月饼很正常。

不过还有一种说法，这次是隋朝末年，李渊起兵反隋。他攻城略地，降兵降将越来越多，但军粮也越来越成问题。这年八月十五，其谋士裴寂遥想空中圆月，突发灵感，"发明"了月饼，解决了军中缺粮的难题，故此留下八月中秋吃月饼的习俗。然而让人想不明白的是，月饼难道不是粮

黑漆嵌螺钿花蝶图盘·南宋

⊙螺钿是中国特有的一种艺术形式，就是将螺壳与海贝磨制成人物、花鸟、几何图形或文字等薄片，根据画面需要而镶嵌在器物表面作为装饰。由于螺钿是一种天然之物，外观天生丽质，具有十分强烈的视觉效果，被广泛应用于漆器、家具、乐器等工艺品上。

食做的？没粮食，又怎么能做出月饼？当然也有人说，胡饼就是月饼。证据是李靖出征突厥大捷，恰逢胡人进献胡饼，唐高祖李渊吟了一句"应将胡饼邀蟾蜍"的诗句，还把这些大饼分给大臣们吃。然而胡饼就是馕饼，硬硬的怎么看怎么嚼也不像月饼，把它们说成是月饼只怕有点牵强附会。

另外，网上流传的故事说一次唐僖宗吃月饼，觉得很香甜，恰好新科进士们正在曲江宴会，于是他下令用红绫包起月饼，赏给进士们。这故事据说出自《洛中见闻》，但这本书咱是没见过。而且曲江宴一般在科举发榜之后，也就是上巳节前后，这时距离中秋节还远，唐僖宗吃的也未必就是月饼。

由此可见，月饼什么时间问世的还真不好说，但古书上首次出现"月饼"这两个字，则大概是在《梦粱录》中，而与《梦粱录》年代相近的《武林旧事》中也有"月饼"二字。这两本书都是讲南宋临安的事，书中的月饼都是面食，大概应该接近现代的月饼了。但这种"月饼"天天摆在铺子里卖，也不一定就是中秋节的月饼。

第七章　精神享受不放松，东京娱乐有攻略

> **← ← 游大宋指南 → →**
>
> 宋代的中秋节欢乐指数有多高呢？史书记载，每到中秋节，王孙公子，豪富之家，一定要包下酒楼，登高赏月，通宵达旦地享受过节的快乐。普通人家呢，也要登上小小月台，安排家宴，团圆子女，欢度中秋。

再早一些的北宋就没有月饼吃了吗？倒也不一定。据说北宋宫廷中有一种"宫饼"，流传到民间，被称为"小饼"。大文豪苏轼有一首《留别廉守》，其中说"小饼如嚼月，中有酥与饴。"小小的饼一口咬下去像嚼着月亮，饼中夹着酥油和饴糖，真的是香酥绵软，口感一流。这倒真有点像月饼了。但它毕竟还不叫月饼，何况也没人能证明宋人中秋节要吃这种小饼，所以它是不是今天各种月饼的老祖宗，还是很成问题。

算了算了，中秋节有那么多好吃的，少了月饼也无所谓，还是不讨论它了。

放灯更观潮

过节就是吃喝玩乐。中秋节除了要大吃大喝外加听音乐，玩乐也很重要。宋人中秋节的娱乐，基本也和其他节日差不多，无非是走街串巷，逛逛勾栏瓦子之类。但是特别的娱乐方式也不是没有，下面我们就一一道来。

在北宋时的东京，"闾里儿童，连宵嬉戏。夜市骈阗，至于通晓。"中秋节这一天，孩子可以玩个通宵，夜市一样要热闹一晚上，看样子最感到开心的还是大宋未来的花朵们。至于南宋，"灯烛华灿，竟夕乃止。"这一晚的"灯烛"格外华美灿烂，一直辉煌照耀，整夜长明。这些"灯烛"有什么特别呢？因为它们又是花灯，八月十五的灯会虽然不及正月十五元宵佳节，也没有连续好几天，但肯定别有一番风味。

除了在城里办灯会，南下的宋人也学了当地的风俗，八月十五这一天到江边去放河灯。南宋的河灯质量肯定过硬，因为材质就不一样，人家那是羊皮做的，中间点起红烛，名叫"一点红"。您想象一下，数十万盏河灯漂流在钱塘江的江面上，那场面是何等壮观？江中明月倒映，更有万点荧光，不正如浩瀚星河一般吗？

说起钱塘江，就不能不提起钱塘江潮。"浙江之潮，天下之伟观也，自既望以至十八日为最盛。方其远出海门，仅如银线，既而渐近，则玉城雪岭，际天而来，大声如雷霆，震撼激射，吞天沃日，势极雄豪……"看看人家周密（《武林旧事》作者）的描述，就知道这个钱塘江潮有多么雄伟壮观了。而一年之中，钱塘江潮最壮观的时候，正是从八月既望（农历每月十五为望日，十六为既望日）到八月十八的这几天时间。

《月下观潮图》·宋·李嵩

实际上，临安人从八月十一开始就有陆陆续续感到钱塘江边去看大潮的，到十六、十七、十八这三天几乎是"倾城而出"，到十八日更是达到观潮高潮。为什么呢？不仅是因为这天潮头最高，也因为这天钱塘江上还有大宋水军的"军事演习"——水军将士们分成敌我两队，相互交战，直到最后"捷追敌舟，火箭群下，烧毁成功"，我军大胜而归。这样火爆的场面简直像上演好莱坞战争大片，大宋百姓不挤破了脑袋去看才怪。

"军演大戏"只有一场，不过钱塘观潮时还有一种刺激的运动可看，那就是"大旗冲浪"。"大宋冲浪队"运动员们手上举着大旗，脚踩着类似帆板的东西，迎着潮头冲上去，在浪潮中神出鬼没、踏浪而行，上演一幕幕惊险动作，引来岸边观众的一阵阵叫好声，更能得到金银财帛等各种赏赐，也算给大宋中秋节后加了个精彩节目和完美的结尾。

第七章 精神享受不放松，东京娱乐有攻略

> 专题

全民皆豪赌，屡禁不能绝
——汴梁是座大赌场

活在大宋，仅仅玩这一项您就已经目不暇接了。勾栏瓦子走一遭，看遍游艺百戏；金明池畔转一转，赏风景观竞渡还有水上表演……如果您是位女士，还可以搞搞斗百草、月下乞巧之类的活动，真是一年到头玩不够。

什么，这些都不够刺激？您早说嘛，要刺激的？这就来——法定假期、小长假、黄金周到了，全民开赌，关扑买卖随意，开玩吧您！

趣评大宋1：
过瘾就行别太难

赌博这种事儿，估计您在哪个封建王朝里都能碰上。人从有了社会就开始赌，与天赌，与地赌，与人赌，与神仙命运赌，没有什么是人不能赌或者不敢赌的。来到大宋，您很容易找到地方赌。宋朝虽然有严格的法令禁止赌博，但法归法，实际的执行是另外一回事。仅仅在北宋东京城，市面上或明或暗的赌场就有上百家。王公大臣、富商巨贾家中也有各式各样的赌局。百姓要赌，酒楼妓院、勾栏瓦子里少不了赌，兵将好赌，文武百官和他们家里的小姐、太太们没事也要赌两把，就连皇帝有事没事都要设局开赌。别看大宋是个禁赌的时代，您几乎找不到没有赌局的行业。

不过赌归赌，大家主要是为了体验那输赢瞬间的快感和刺激，很少有人愿意

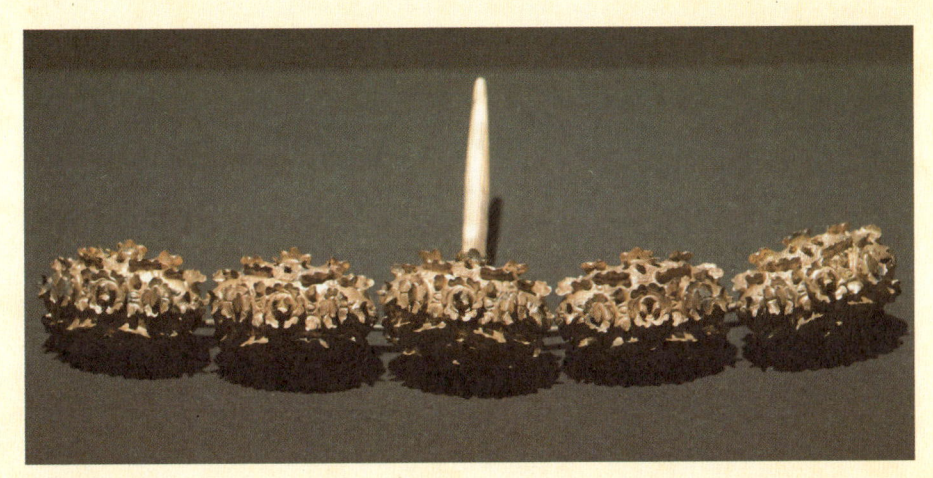

鎏金银簪·南宋

太费脑筋。赌博在中国古时候又称博戏，既要分输赢，而且还乐在其中。古书上记载的最早的博戏叫作"六博"，据说是由六筹（六支竹签）、十二棋（十二个棋子），当然还有棋盘构成的，其历史可以追溯到夏朝。既然是棋，就有行棋的方法，要讲究一定的规则，不会很简单。六博流行了一阵，渐渐没人会玩了；但后来又有了一种樗蒲，也是棋类，有点像飞行棋，在汉唐时流行，还留下"呼卢百万"的名句，形容玩这种游戏时豪赌的场面。

宋朝时樗蒲大概还没有绝迹，但玩的人肯定已经不多了，因为规则还是很复杂，而且又有了不少新博戏。比如，当时已经有了围棋和象棋（当时称象戏），这些也是棋，而且规则都很复杂，能掌握的人不多。此外还有像长行（即双陆）、叶子戏（后演变为马吊，再变为今天的麻将）之类需要掷骰子的博戏，又有打马、彩选等在女性中流行，但也非要预先得到教授或者有"说明书"（图谱），否则不会明白怎么玩。

上面说的这些都不是很容易学会的，而且有些（如象棋）只适合两个人玩，难以普及，更无法体现博戏那"人人参与"的性质和精神。那么有没有简单点、大众点的呢？当然有，而且太多啦：像赌球（蹴鞠）、赌马（时称走马）、掷骰子（不用棋，单凭骰子点数定胜负）、斗鸡、斗狗、斗蟋蟀，还可以押宝、掷钱币，就连买卖商品都可以赌，全都简单易学、容易上手，而且开局见输赢，最是刺激不过。

錾花金棺·北宋

趣评大宋2：君民男女总动员

说到赌，大宋朝那真是无人不与、无人不好。有一个广为流传的故事，说宋太祖赵匡胤当年还没当上皇帝时，曾经和道家的陈抟老祖在华山弈棋，赌输了整座华山。这真是一场"世纪豪赌"，虽然当不得真，可见在民间传闻中这位开国皇帝是个好赌之人。

大宋皇帝中好赌的还有不少。宋徽宗赵佶就是其中著名的一个。赵佶好踢球，踢球难免"涉赌"。他还喜欢下棋，一次和李师师"幽会"，玩双陆输了，下围棋没赢，最后"赐白金二千金"，估计是不好意思说赌输了要给钱，美其名曰"赐"，变成了皇帝的赏金。宋孝宗赵昚被誉为南宋最有作为的皇帝，岳飞的后人岳珂赞扬他"躬御鞍马，以习劳事"。孝宗干的是什么劳累活儿呢？马球。他没事就找将军们到宫中陪他打马球，就算刮风下雨也不影响。如果说他真是为了锻炼，恐怕没人会信，只怕是打马球上瘾倒是真的。为什么上瘾，因为有赌的性质在里面啊。

一次赵昚打马球，马都玩累了，不肯再陪他，自己跑向马厩。赵昚差点撞到屋檐，幸亏双手抓住檐下的横梁，悬在空中，才逃过一难。后来他年近六十，大概也玩不动了。有一次赵昚陪太上皇赵构过生日，两人自己不能赌，于是命令弄臣们下棋赌输赢给他们看，"各赐银绢"，赌资由皇帝出。

有皇帝带头并且号召，臣子们当然要学习领会发扬。南宋末年的宰相贾似道那样迷恋于斗蟋蟀，根本无心朝政的奸臣就不必说了，忠直能干如名相寇准，也在澶州防御辽军之际和大臣杨亿喝酒赌博，"歌谑欢呼"。当然啦，人家这叫镇定自若、名士风范，但也是平时生活常态的反映。不过这位和寇准对赌的杨亿虽然有才名，也算是名臣，却同时也是大赌徒，他曾和一个叫章象先的大臣同在李宗谔家聚赌，一夜之间的输赢就有几十万钱。

老百姓更不必说，男人到赌场赌，在酒楼赌，逛勾栏瓦子更要日夜开赌；女人不出门，在家里一样赌，李清照就宣扬女子应该玩打马。不过这个以后再说。咱们还是先说说平民百姓的赌。

趣评大宋3：高明促销讲手段

普通人要赌，最常见是去"柜坊"，也就是赌场。能开"柜坊"的人当然都有点势力，也多半不是良善之辈。像在任何时代一样，大宋朝开赌场的也基本都是恶霸地痞、豪强无赖一流的人物，因此官方想禁赌自然会困难重重。而且，大宋赌场已经具备了很多"现代特色"，比如设局骗赌，比如美女色诱。下面就是一桩典型的案例：

衢州（治所在今浙江衢州市）人支乙在闹市之中开了个门市，一楼是茶肆，二楼就是赌场。他的妻子本是"娼家女"，相貌想必还不错，"吸引"了不少客人，支乙也就有了不少穿一条裤子的"兄弟"，如徐庆三、何曾一、王寿、余济等。这些人既是嫖客又是赌客，同时也是支乙的"合作伙伴"，大家一起设局，对付那些新来的赌徒。

这一次的倒霉蛋名叫陆震龙，他兴高采烈地跟人来到支乙的茶肆，本想潇洒一番，享受一下人生，谁知却迈向了深渊。事情的经过大约是这样的：一开始，毫无经验的小陆想必只是喝喝茶、聊聊天，但美女在前、眉目传情，没多久估计他就飘飘然起来，早不记得自己姓甚名谁，只想在美人面前逞一把英雄。眼见时机成熟，支乙等人排下赌局，吆五喝六掷起骰子来，引得小陆手痒心热，很快就在美女的"鼓励"之下加入了战局。

十赌九骗，小陆很快成了饿狼们口中的肥羊，随身的二百五十贯会子（纸币）全都改了姓，变成了别人的囊中物。小陆输急了，更不甘心在美人面前丢脸，连忙回家又取来一百五十六贯，准备"收复失地"。结果这一百五十六贯也纷纷落入人家的口袋，连小陆的一件裙子都抵押出去，额外还欠了二十贯。本想

赢一个豪迈，却谁知输掉了未来，饿狼们又催逼着还债。小陆同学心灰意冷，回到家后用一条白绫，结束了自己的生命……

像这样的民间赌局虽然害惨了一大批人，但是大宋的百姓照样乐此不疲，不为别的，还是社会风气使然。商人们眼光敏锐，抓住了市民们的心理，于是一种带有赌博性质的促销手段诞生了，那就是关扑。作为一种全新的交易形式，关扑的创造性一点不比今天商家的创意营销差，而且在大宋风靡一时，深受各阶层广大人民群众的喜爱，着实流行了好长一段时间……

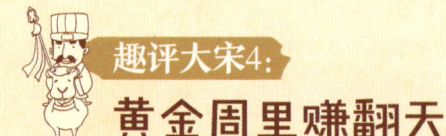

趣评大宋4：黄金周里赚翻天

所谓关扑，其实就是一种以货物为赌注的赌博。在大宋，商人们不搞打折，不搞抽奖，您想买东西不花钱或者少花钱？没问题，您出几枚"头钱"，往地上或者瓦罐里那么一扔，看铜钱朝上的一面是正是反，如果都是"幕"，也就是铜钱的背面朝上，那可得恭喜您，您"扑买"的东西免费归您！当然啦，如果不都是"幕"，您还得照规矩付钱。这要看您掷出的"幕"的多少；搞不好您还会血本无归，钱都归了卖家，您什么都得不到。

投硬币谁不会？这么简单的游戏，一把钱丢下去就有可能赢得您心仪已久的一款商品，何乐而不为？所以您就很容易想象关扑在当时受欢迎的程度了。小商小贩可以关扑，卖杂货可以关扑，大宗商品如车马、田宅、珠宝、金银，甚至人都可以关扑。做关扑买卖的人有的走街串巷，有的摆摊设点，形式多样，更显得灵活变通。

您可别小瞧了关扑，往小了说，跟挑担卖货的小商小贩或者在杂货摊上玩两把也就是图个乐，赚不上仨瓜俩枣，也输不了几个铜钱；往大了说，您要真去赌宝马押豪车，赢房子赢地，当然有望"一夜暴富"，但也同样可能转眼间倾家荡产。别忘了，关扑也是赌，赌瘾上来收不住手，一样会落得前面那位小陆同学的下场。更何况赌得越大，赔得越多，可千万不要迷恋。

当然啦，关扑这种赌博买卖在大宋差不多人人参与，也不见家家输个精光，

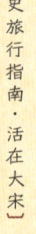

关键还得要谨慎理智，别热昏了头就好。不过大宋不是禁赌吗？难道关扑可以例外？倒也不是。大宋朝从开国就开始禁赌，"诸博戏财物者各杖一百"，抓住赌博的重打一百棍，后来更加重了惩罚，在京城赌博甚至要杀头。每逢重大节庆、法定假日、国家庆典的时候可以公开赌博，关扑买卖更是随意。

一开始，北宋政府只是规定元旦、寒食、冬至这三个节日"纵民关扑"，后来渐渐放宽，元宵节、上巳节金明池琼林苑，再加上七夕、中秋慢慢都可以关扑买卖了。到了南宋更少了限制，您每天走在临安街头都能听到关扑的吆喝声。小商人们更是抓住商机，在每年的"黄金周"大搞"购物节"，八仙过海，各显神通，赚一个盆满钵溢……

眼见得民间关扑买卖热闹有趣，皇帝们也都兴致勃勃，手痒心热。宋仁宗在宫里没事就和宫女关扑，但他实在是本事欠佳，估计是十赌九输，经常输了个"精光"。偏偏仁宗赌品又不好，输了赖账，有一次还想把钱要回来，真是丢人丢到家了。南宋理宗体面一点，他自己不玩，让内侍们摆摊设点，表演关扑给他看。当然啦，那些"道具"，包括钱和货物，都要从国库出。

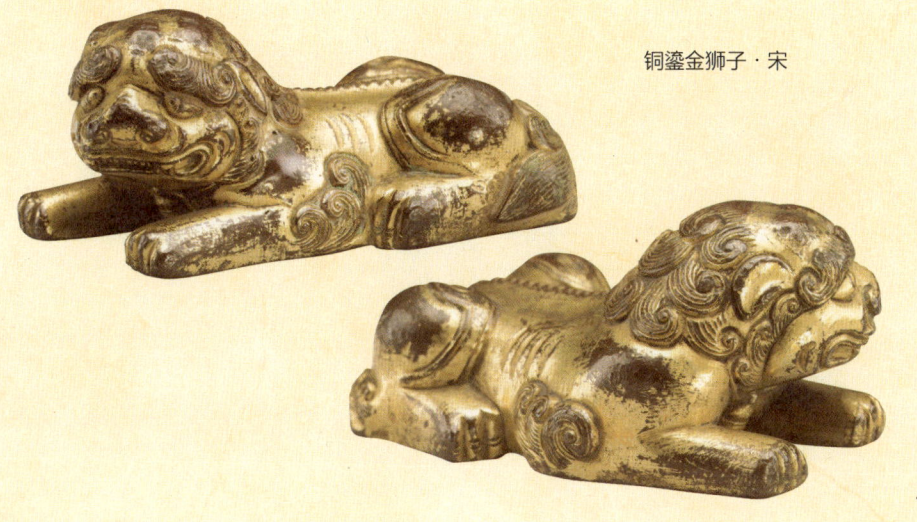

铜鎏金狮子·宋

附录
帝王世系表
宋朝

北宋

谥号	帝王原名	年号	公元
太祖	赵匡胤	建隆（4） 乾德（6） 开宝（9）	960—963 963—968 968—976
太宗	赵光义	太平兴国（9） 雍熙（4） 端拱（2） 淳化（5） 至道（3）	976—984 984—987 988—989 990—994 995—997
真宗	赵恒	咸平（6） 景德（4） 大中祥符（9） 天禧（5） 乾兴（1）	998—1003 1004—1007 1008—1016 1017—1021 1022
仁宗	赵祯	天圣（10） 明道（2） 景祐（5） 宝元（3） 康定（2） 庆历（8） 皇祐（6） 至和（3） 嘉祐（8）	1023—1032 1032—1033 1034—1038 1038—1040 1040—1041 1041—1048 1049—1054 1054—1056 1056—1063
英宗	赵曙	治平（4）	1064—1067
神宗	赵顼	熙宁（10） 元丰（8）	1068—1077 1078—1085
哲宗	赵煦	元祐（9） 绍圣（5） 元符（3）	1086—1094 1094—1098 1098—1100

谥号	帝王原名	年号	公元
徽宗	赵佶	建中靖国（1） 崇宁（5） 大观（4） 政和（8） 重和（2） 宣和（7）	1101 1102—1106 1107—1110 1111—1118 1118—1119 1119—1125
钦宗	赵桓	靖康（2）	1126—1127

960—1127

南宋

谥号	帝王原名	年号	公元
高宗	赵构	建炎（4） 绍兴（32）	1127—1130 1131—1162
孝宗	赵昚(shèn)	隆兴（2） 乾道（9） 淳熙（16）	1163—1164 1165—1173 1174—1189
光宗	赵惇	绍熙（5）	1190—1194
宁宗	赵扩	庆元（6） 嘉泰（4） 开禧（3） 嘉定（17）	1195—1200 1201—1204 1205—1207 1208—1224
理宗	赵昀	宝庆（3） 绍定（6） 端平（3） 嘉熙（4） 淳祐（12） 宝祐（6） 开庆（1） 景定（5）	1225—1227 1228—1233 1234—1236 1237—1240 1241—1252 1253—1258 1259 1260—1264
度宗	赵禥	咸淳（10）	1265—1274
恭帝	赵㬎(xiǎn)	德祐（2）	1275—1276
端宗	赵昰(shì)	景炎（3）	1276—1278
帝昺	赵昺(bǐng)	祥兴（2）	1278—1279

1127—1279

历史年表

960年	陈桥兵变，赵匡胤称帝，国号宋。
961年	杯酒释兵权，罢石守信等典禁兵。
962年	以赵普为枢密使。
965年	蜀主孟昶降，后蜀亡。
971年	初置市舶司于广州。南唐主自去国号，称江南国主。
973年	诏修五代史。
975年	曹彬克金陵，江南主李煜降，南唐亡。
976年	赵匡胤卒，弟光义即位，是为赵光义。
979年	赵光义亲征北汉，北汉亡。宋辽高梁河之战，宋军惨败。
986年	宋将曹彬、潘美等分路攻辽，败归。
993年	王小波、李顺起义。
997年	赵光义卒，太子恒即位，是为宋真宗。
1004年	宋辽和议成，宋岁以银、绢三十万予辽，史称澶渊之盟。
1022年	真宗卒，赵祯即位，是为仁宗，太后刘氏听政。
1029年	设立武举考试。
1033年	刘太后卒，仁宗亲政。范仲淹请削冗兵，削冗官、减冗费。
1036年	嵩阳书院建成。
1038年	元昊称皇帝，国号夏。
1041年	宋、西夏大战于好水川，宋军大败，大将任福战死。
1042年	宋建大名府，称为南京。
1044年	宋、西夏和议成，宋岁赐银、绢、茶二十万，史称庆历和议。
1053年	狄青击败侬智高。
1056年	以包拯知开封府。
1063年	仁宗卒，皇子赵曙立，是为英宗。
1067年	英宗卒，太子赵顼即位，是为神宗。
1069年	以王安石为参知政事，开始变法。
1082年	宋、西夏永乐城大战，宋军惨败。
1084年	《资治通鉴》书成。
1085年	宋神宗卒，子赵煦立，是为哲宗，皇太后高氏听政。
1086年	以司马光为相。
1093年	高太后卒，哲宗亲政。
1094年	恢复熙宁旧法，打击旧党。
1100年	哲宗死，弟赵佶立，是为徽宗。
1101年	诏蔡京为翰林学士承旨。
1102年	命童贯置苏杭制作局。立元党人碑于端礼门。
1103年	蔡京为相。
1105年	以朱领江南供奉局。
1111年	遣郑允中、童贯使辽。
1112年	加童贯太尉。
1117年	徽宗自称教主道君皇帝。

1118年	遣马政渡海约金夹攻辽国。
1120年	方腊起义于青州。
1121年	罢苏杭制作局及花石纲。
1122年	童贯伐辽,为耶律大石所败。
1125年	金大举两路攻宋。
1127年	靖康之变。康王赵构称帝于南京,是为高宗,改元建炎,史称南宋。
1128年	宋东京留守宗泽屡请高宗回京,高宗不听,宗泽忧愤而卒。 宋济南知府刘豫降金。
1129年	宋将苗傅、刘正彦发动兵变。
1130年	钟相起义失败。 韩世忠大破金兀术于黄天荡。 金徙徽、钦二宗于五国城。
1131年	以张俊为江淮路招讨使,岳飞副之。 宋将吴玠败金军于和尚原。
1140年	宋刘锜大破金军于顺昌。 岳飞军破金兵于颍昌。
1141年	宋以韩世忠、张俊为枢密使,岳飞为枢密副使,罢其兵权。
1142年	岳飞被害。
1161年	宋虞允文大败金兵于采石。
1162年	高宗赵构传位于太子眘,自称太上皇。 宋追复岳飞原官,以礼改葬。
1163年	罢斥秦桧党人。 张浚进为枢密使。 宋军大举伐金,大败于符离。
1164年	宋金和议成,宋尊金主为叔,割让海、泗、唐、邓等州。
1165年	宋以虞允文为参知政事兼同知枢密院事。
1168年	李焘上《续资治通鉴长编》。
1170年	宋修神宗、哲宗、徽宗、钦宗四朝会要成。
1171年	宋朱熹撰《资治通鉴纲目》成。
1177年	朱熹《论语集注》《孟子集注》成。
1178年	宋赐岳飞谥曰武穆。
1189年	赵昚自称太上皇,传位于太子,是为宋光宗。
1194年	宋光宗为太上皇,子扩即位,是为宋宁宗。
1195年	韩侂胄独掌朝政。
1206年	开禧北伐。
1207年	韩侂胄被杀。
1208年	宋以史弥远知枢密院事。
1234年	宋蒙联军灭金。
1239年	蒙古攻宋重庆。
1249年	宋以贾似道知江陵府。
1258年	蒙古大举攻宋。
1265年	宋加贾似道太师,封魏国公。
1267年	蒙古攻襄阳。
1279年	张世杰兵败崖山,陆秀夫负帝投海,宋亡。

活在大宋

选题策划： 上海古籍 日知图书
文图编辑： 李国斌
美术编辑： 罗筱玲　张鹤飞
特约审校： 佟　洵　孙　勐
特约校对： 慧眼校对

图片提供：

王　露　郝勤建　视觉中国
中国台北故宫博物院
美国纽约大都会艺术博物馆
美国洛杉矶郡美术馆
英国不列颠博物馆
日本东京国立博物馆